French Grammar Practice

for

Ambitious Learners

- Advanced Learner's Edition -

M. Rodary

Impressum:

The content of this book has been produced to the author’s best knowledge an ability. Even so, mistakes and lack of clarity may exist. The author does not guarantee correctness, completeness or quality and cannot be held responsible for damages of any kind that may be caused by using this book and its content.

To make suggestions or report errors please use the **contact form of the website**.

https://ambitiouslearners.jimdo.com

French Grammar Practice for Ambitious Learners – Advanced Learner’s Edition
First Edition
ISBN-13: 978-1493573493
ISBN-10: 1493573497

Table of Contents

Preface: Is this the right book for you?

Why learn grammar?

Grammar is powerful: Make minor changes to a verb and you will express doubt, courtesy, irony, non-reality and an abundance of time relations. Master the use of single words as well as complex sentences to reach your **goal: to express yourself with elegance and ease.**

This book offers:

=> a proficiency test to determine which topic to improve first;
=> a complete overview of the fundamentals;
=> additional paragraphs to extend your knowledge; and
=> lots of exercises along with their solutions.

For whom is this book appropriate?

For advanced learners who want to learn on their own. Are you revising for an exam? Do you need to fill gaps in your knowledge, or do you need to review a particular grammatical item? Do you travel to French-speaking countries? Do you want to brush up on your knowledge? This book is for you.

How do you get good results in the least amount of time?

Start with the **test**! It will give you a good indication of which subjects you should look at closely. Otherwise, test yourself by trying to solve the exercises directly in the chapters.
By the way: If the test does not appear in full in the **free preview** of your bookseller, you can find it on the book's website: https://ambitiouslearners.jimdo.com

The **theoretical parts** of the chapters cover essentials so you can reach a high level of proficiency.

For perfectionists: Here you will find additional information which is not tested in the exercises.

In some chapters you will find **lists** of expressions, verbs, irregular forms and the like. Take the time to review them, they will make your life easier. There is also a small **table of verbs** with the most commonly used irregular verbs at the end of the book.

Recommendation: Repeat the exercises for a specific topic two days after completion, then again after a week, and again after two weeks, and then on a monthly basis. This way, you will be able to memorize patterns of sentences, and chances are that you will apply them spontaneously.

Are you a beginner? Or do you want to make a fresh start?

If you want to practise on your own in additon to your course or if you want to reactivate your skills, have a look at this other book: *French Grammar Practice for Ambitious Learners – Beginner's Edition I, Basics*.

Should you get the e-book or the printed book?

The e-book contains links so that you can jump directly to chapters or from exercises directly to the solution. If you feel that little screens are not sufficient for such a topic, you can obtain the larger print edition.

By the way: The e-book contains several small **tables.** If they are not displayed correctly on your reader, try reducing the font size. Also, try using very small devices horizontally (landscape mode).

Was this book useful to you? Then support it by writing a review!

Reviews are important for people who are interested in buying books.They are also very important for books to reach new readers. If this book was useful to you, consider writing a recommendation at your online retailer or wherever you see fit. Verbal recommendations to friends are also welcome!

Other books in this series:

French Grammar Practice for Ambitious Learners – Beginner's Edition I, Basics
Description: This book offers beginner's knowledge, explained step by step, exercises with solution keys, a gradual increase in difficulty in each chapter and translations of the examples and translated vocabulary for each exercise. For real beginners or for a fresh start.

French Grammar Practice for Ambitious Learners – Beginner's Edition II, Tenses and Complex Sentences
Description: Follow-up to Beginner's Edition I covering the remaining fundamental yet more advanced topics. Review of basic grammatical structures allows learners to use it independently of Beginner's Edition I. Intended for anyone who has started to learn the *imparfait.*

In progress:

A large table of verbs for quick reference (conjugations and complements of verbs with examples) and a book to acquire and practise basic vocabulary.

=> When books are available, they will be listed at https://ambitiouslearners.jimdo.com; there you can also sign up to be on a mailing list to get notified about new releases.

Test: Find out which topic to improve!

A. Articles and their contractions
B. Asking questions
C. Negation
D. Nouns: gender and number
E. Adjectives and adverbs
F. The right preposition..!
G. All kinds of pronouns: (a) personal, (b) possessive, (c) demonstrative, (d) indefinite
H. Simple sentence construction with verbs
I. Object, adverbial and reflexive pronouns
J. Tenses and the sequence of tenses
K. Subordinate clauses

A. Articles and their contractions (=> chapter I.1, p. 28)

Mettez l'article qu'il faut et, si nécessaire, une préposition (à ou de). (solution p. 19)

1. Sur _____ chemin ______ bibliothèque:
2. Jérémie a besoin ______ livre à ______ bibliothèque de _____ université.
3. Il prend ______ métro pour gagner un peu ______ temps, mais comme d'habitude, la rame *(= train)* a ______ retard (m.).
4. Sur ______ quai (m.), il fait froid. En plus, Jérémie a ______ faim, parce qu'il n'a pas pris ______ petit déjeuner.
5. Dans _____ groupe ______ personnes qui attendent aussi, il reconnaît tout d'un coup quelqu'un: C'est Amandine, _____ étudiante.
6. «Salut Amandine. Tu as ______ temps de venir prendre ______ café avec moi? On dirait que ______ métro est en dérangement – et il fait vraiment froid.»
7. «Salut mon vieux. Je déteste ______ café. Par contre, j'aime bien ______ cacao. Si tu m'en offres ______, je viens avec toi.»
8. Jérémie n'a pas beaucoup ______ argent, mais il aime bien Amandine. Ils décident d'aller ______ bistro du coin.
9. Là, ils commandent ______ café, ______ cacao et ______ croissants. Amandine est étonnée de voir Jérémie mettre quatre cuillères ______ sucre dans sa minuscule tasse _____ café.
10. Jérémie explique: «Je ne bois jamais _____ café sans _____ sucre (m.). Par contre, je le bois rarement avec ______ lait (m.). Et toi, est-ce que tu veux _____ sucre?»
11. «Non, merci. Déjà, mon cacao est trop concentré. Il va me falloir ______ courage (m.) et ______ témérité (f.) pour le boire. Mais au fait, rappelle-moi le titre ______ livre que tu vas emprunter?»
12. «C'est «______ dangers du diabète». Pourquoi?»

B. Asking questions (=> chapter I.2, p. 35)

Voici les réponses. Posez les questions. Utilisez (a) «est-ce que» et (b) l'interrogation par inversion – si possible. (solution p.19)

1. Il travaille dans le salon. (Where..?)
2. Oui, Marc a raison. (Is Marc...?)
3. Je suis venu par le train. (How..?)
4. Nadja écrira la lettre. (Who..?)
5. J'ai vu M. Loiseau. (Whom..?)
6. J'ai fait mes devoirs. (What..?)
7. La tempête a abimé le toit. (What damaged the roof?)
8. J'ai parlé à mon prof. (To whom..?)
9. Nous avons parlé de mes notes. (About what..?)
10. Je compte sur ma chance. (On what..?)
11. Je vais emporter ces chemises-là (f.). (Which..?)
12. J'apprends la grammaire avec ce livre-ci. (With which..?)
13. J'ai deux paniers. Je mettrai mes œufs dans celui-ci. (In which will you ..?)
14. Je ne pense à rien. (Of what..?)
15. Marc est malade depuis lundi. (Since when..?)
16. Mme Poirot vient de Paris. (From where..?)
17. Ce manteau coûte cinquante euros. (How much..?)
18. Je t'accompagne jusqu'à la gare. (How far..?)

C. Negation (=> chapter I.3, p. 44)

Traduisez. (solution p. 20)

1. Amélie does not eat chocolate anymore.
2. I have no talent as a cook. (le talent de cuisinier)
3. We didn't meet anybody. (rencontrer qn.)
4. I will take neither the train nor the car.
5. Mme Daspremont also does not drink coffee.
6. The child is not tired either.
7. Nothing interests me.
8. No problem!
9. This path (le chemin) leads nowhere.
10. No window is open.
11. Xavier does not do any sports at all anymore. (faire)
12. I drink tea to avoid getting ill. (tomber malade)
13. Neither the dog nor the cat sleeps in my bed.
14. I have never been to the zoo.
15. Nobody helps me.

D. Nouns: gender and number (=> chapter I.4, p. 49)

Mettez (a) au féminin et (b) au pluriel. (solution p. 20)

(a)
1. le chanteur
2. le directeur
3. l'étudiant
4. le pharmacien
5. le boulanger
6. le roi
7. le fou
8. le chien
9. l'empereur

(b)
1. un œil
2. monsieur
3. madame
4. la fille
5. le nez
6. le bijou
7. le pneu
8. le journal
9. le festival
10. le noyau
11. le héros
12. le caillou
13. le bateau
14. le feu
15. le travail
16. le clou
17. le chacal
18. le cheval

E. Adjectives and adverbs (=> chapter I.5, p. 55)

Mettez l'adjectif ou l'adverbe. Attention à l'accord. (solution p. 20)

1. Je m'appelle Isabelle. Ce matin, j'ai trouvé une annonce ______ (bizarre) dans le journal.
2. «Cherche ______ (désespéré) chienne ______ (méchant).»
3. Ça m'a ______ (vrai) rendue ______ (curieux). Une chienne ______ (dangereux)? Pour faire quoi?
4. L'annonce demandait aussi un canari qui chante ______ (faux) et une ______ (vieux) machine à laver qui fonctionne ______ (mauvais), mais sans être ______ (cassé).
5. J'ai réfléchi ______ (long), mais je n'ai pas trouvé de ______ (bon) explication à cette annonce.
6. S'agissait-il d'une ______ (mauvais) plaisanterie, d'une ______ (gentil) farce ou peut-être d'une ______ (bas) escroquerie *(= dirty swindle)*? Impossible d'y voir ______ (clair)! Et quel ______ (beau) imbroglio (m.)!
7. J'ai décidé de faire ______ (prudent) une _____ (petit) enquête. Après tout, c'était mon jour de _____ (libre).
8. Je travaille ______ (dur) toute la semaine, du coup, j'ai ______ (absolu) besoin de me distraire quand il y a une occasion ______ (intéressant).
9. ______ (malheureux), je n'avais pas de chienne ______ (agressif), seulement deux chats ______ (amical) et un poisson rouge _____ (léger) sénile aux manières ______ (doux).
10. Je n'ai rien trouvé de ______ (bon; comparative = *better*) que de m'emparer ______ (secret) d'un ______ (vieux) mixer qui fonctionnait encore ______ (parfait) ______ (bon). _______ (heureux), ma mère n'a rien remarqué.
11. J'ai mis ma veste ______ (blanc), mes bottes ______ (vert) et des gants ______ (orange) ______ (terrible) chics et je suis partie à l'adresse ______ (indiqué).
12. ______ (évident), si j'étais en train de mettre mon nez dans une affaire ______ (criminel), je risquerais de payer ______ (cher) ma curiosité.
13. C'était une _____ (grand) maison ______ (frais) repeinte qui se trouvait au bord d'une place ______

(public). Il y avait beaucoup de _____ (jeune) gens dans le jardin qui sentait ______ (bon) la lavande.
14. Je n'étais plus ______ (tel) ______ (sûr) d'avoir eu une ______ (bon) idée, mais ils m'avaient déjà vue. Je n'ai pas osé faire ______ (lâche; = *cowardly*) demi-tour. Et puis, ils avaient l'air de s'amuser ______ (fou).
15. Les jeunes ont ______ (bon) rigolé quand ils ont vu mon mixer. D'autres personnes qui avaient lu l'annonce leur ont déjà proposé un tricycle _____ (bancal), une ______ (faux) horloge et un labrador ______ (collant; = *here: obtrusive*).
16. Ils m'ont ______ (final) expliqué: «On est des étudiants en psychologie en ______ (premier) année. On participe à un concours à l'échelle ______ (européen) sur la curiosité. Qu'est-ce que tu as pensé quand tu as lu notre _____ (petit) annonce?»

F. The right preposition..!
(=> chapter I.6, p. 67, and chapters III.1.5 and III.1.6, p. 111/116)

(a) Traduisez. Faut-il mettre une préposition? (solution p. 21)

1. Marc is ringing up Isabelle. (téléphoner)
2. Isabelle is listening to a song. (écouter)
3. I am happy to go on holiday. (content; partir en vacances)
4. I hope to be able to go on holiday. (espérer, pouvoir)
5. I love dancing. (adorer; danser)
6. Patrick prefers singing. (préférer; chanter)
7. Natalie is travelling to France, the Netherlands and Japan. (voyager)
8. I am going to sit down in an armchair in the shade. (s'asseoir; le fauteuil; l'ombre)
9. Marc is at the dentist's. (le dentiste)
10. He lives near Lyon next to a swimming pool. (habiter; la piscine)
11 I am walking behind you in the street. (la rue; marcher)
12. We will come in springtime, in May – not in autumn.
13. Two years ago I moved. (déménager)
14. We have known each other for two years. (connaître)
15. In two years I will be rich. (riche)
16. My car is in front of the house.
17. I am coming before the 30th September – by airplane, not on foot! (l'avion)
18. Nadja is good at maths. (fort)
19. M. Bonnot is smiling at the saleslady. (sourire; la vendeuse)
20. Zoé helps her mother. (aider)

(b) Mettez la bonne préposition – si nécessaire. (solution p. 22)

1. Je suis fier _____ toi!
2. L'assassin se trouve ______ ces cinq suspects.
3. Ce bateau est ______ bois. (= of wood)
4. Grand-père se souvient ______ sa jeunesse.
5. Il vaut mieux ______ partir.
6. L'inspecteur suit _____ un suspect. (= to follow)
7. En essayant ______ ma nouvelle voiture, j'essaie aussi ______ ne pas avoir d'accident.
8. Je parlerai ______ ma femme ______ cette histoire.

9. Je roule ______ l'autoroute ______ (direction) Paris.
10. Je suis sûr _____ réussir.

NOTE: There are plenty more prepositions – they are a constant source of difficulty. Even if you did not make any mistakes right here, have a look at the aforementioned chapters and do the exercises therein.

G. All kinds of pronouns

Abbreviations:
m. = masculine
f. = feminine
p. = person
sg. = singular
pl. = plural

(a) Personal pronouns: conjunctive (subject) and disjunctive (=> chapter II.1, 84)

Mettez le bon pronom personnel. (solution p. 22)

1. Regarde-_____ (1st p.sg.).
2. Marc est moins bon en français que _____ (2nd p.sg.).
3. ______ (3rd p.pl.m.), _____ (3rd p.pl.m.) ont gagné au loto.
4. ______ (3rd p.pl.f.), _____ (3rd p.pl.f.) ont fait fortune.
5. ______ (1st p.sg.) voyagerai avec ______ (3rd p.sg.m.).
6. Brigitte le fera ______-même.
7. ______ (1st p.pl.) n'avons pas envie, ______ (1st p.pl.) non plus. Comme ______ (2nd p.pl.).
8. Hé! C'est mon sac à _____ (1st p.sg.)!
9. Amandine et ______ (2nd p.sg.), ______ irez ensemble au marché.
10. Ce sont _____ (3rd p.pl.m.) qui ont raison.
11. Est-ce que Xavier est chez _____ (3rd p.sg.)?
12. _____ (2nd p.sg.) partiras sans _____ (1st p.sg.).

(b) Possessive pronouns and possessive adjectives (=> chapter II.2, p. 91)

Complétez par les déterminants ou les pronoms possessifs. (solution p. 22)

1. «Est-ce que ce sont _____ (2nd p.sg.) livres?» «Non, ce sont ______ (2nd p.sg.); j'ai rapporté ______ (1st p.sg.) à la bibliothèque.»
2. Christine cherche ______ affaires (f.): ______ brosse à dents (f.), _____ sac à dos (m.), et ______ crayons (m.).
3. Moi, je ne trouve pas ______ montre (f.), ______ pantalon (m.) et ______ chaussettes (f.).
4. Tu devrais ranger ______ chaussures (f.), laver ______ tasse (f.) et faire ______ lit (m.).
5. Vous avez retrouvé ______ enfants et ______ chien? Nous cherchons toujours ______ (1st p.pl.; children).
6. Les voisins ont planté ______ pommier (m.) et ______ bégonias près de ______ terrasse (f.).
7. Je prendrai ______ (1st p.sg.) voiture et tu prendras ______ (2nd p.sg.).

8. Ces lunettes (f.), ce sont ______ (2nd p.pl.)?
9. Nadja téléphone à _____ amie (f.). Brigitte est fâchée avec ______ (3rd p.sg., => amie).
10. Nous passons _____ vacances en Bretagne. Nos amis passent ______ (3rd p.pl.) au Pérou.

(c) Demonstrative pronouns and demonstrative adjectives (=> chapter II.3, p. 96)

Complétez par les déterminants ou les pronoms démonstratifs. (solution p. 23)

1. Regarde ce que j'ai acheté: ______ belle jupe, _____ pantalon (m.) à la mode et puis ______ anorak rouge. En plus, il y a ______ chaussures (f.) à talons hauts et ______ bas (m.pl.) de soie (silk stockings).
2. «Préfères-tu ______ voiture____ ou ______ voiture_____?» «Je préfère ______ (this one). _______ (that one) n'est pas assez grande.»
3. Je voudrais un ordinateur comme ______ de Natalie, des bottes (f.) comme ______ de maman et des gants (m.) en cuir comme ______ de papa.
4. _____ m'ennuie vraiment de faire ______ exercice.
5. _____ est moi qui ai fait tout le travail, mais _____ sont elles qui ont été récompensées. _____ n'est pas juste!
6. La mère fait des recommandations à son enfant. ______ n'écoute pas.
7. À quoi je pense? À _____ et à ______. (this and that)
8. _____ héros de film d'action est descendu à _____ hôtel.

(d) Indefinite pronouns and indefinite adjectives (=> chapter II.4, p. 102)

Mettez à la forme affirmative. (solution p. 23)

> ***Exemple:***
> Rien ne m'intéresse. (everything)
> => Tout m'intéresse.

1. Marc ne pense à rien. (something)
2. Des idées, je n'en ai pas. (some)
3. Nadja ne se brosse jamais les dents. (every day)
4. Zoé n'est amie avec aucune fille de sa classe. (all of the girls)
5. À Noël, elle n'offre de cadeau à aucune d'elles. (each one of them)
6. Personne ne viendra à la fête. (everybody)
7. Alexandre n'emporte pas de livres. (several)
8. Bastien n'est pas étonné. (totally/very)
9. Je ne mange aucune pomme. (some)
10. Personne n'a rangé ma chambre. (someone)

NOTE: For other indefinite pronouns and adjectives see chapter II.4, p. 102.

H. Simple sentence construction with verbs (=> chapter III.1, p. 108)

Faites des phrases avec ces mots en désordre. Conjuguez les verbes au présent, mais attention, il y a aussi des infinitifs. (solution p. 23; S = subject)

1. apporter – le journal – à – tous les matins – son maître – le chien
2. le conducteur – à cet endroit – un panneau (S) – de – prévenir – le mauvais état de la route.
3. de – à – Aurélie – sa nouvelle idée – Damien (S) – dans la cuisine – parler
4. s'abriter – à cause de l'orage (= storm) – de – sous un arbre – il est dangereux
5. promettre – je (S) – de – à – Marc – avec ma voiture – venir
6. Bénédicte – aujourd'hui – être capable – comprendre – de – le français
7. je (S) – par téléphone – de – venir me voir – rappeler – mon ami – à
8. Mme Clocher (S) – sa voisine – repeindre – à – aider – ses volets
9. faire des trous (= hole) – à – permettre – M. Daspremont (S) – son chien – dans le jardin – de
10. oublier – Patrick (S) – donner – de – à – sa nouvelle amie – une clé

NOTE: For more verbs as blueprints for sentences see chapter III.1, p. 108.

I. Object, adverbial and reflexive pronouns
(=> chapters III.2 and III.3 as well as II.1.2 for disjunctive personal pronouns; p. 127/134/86)

(a) Remplacez les mots soulignés par des pronoms. Attention à la place des pronoms! (solution p. 24)

> ***Exemple:***
> Je raconte mon histoire à Pierre.
> => Je la lui raconte.

1. Isabelle parle de ses films préférés à son amie Mathilde.
2. M. Bonnot conduit ses enfants à l'école.
3. Liliane donne ses crayons à Marc.
4. Bastien prête sa bicyclette à son ami Xavier.
5. J'enseigne le français à mes élèves.
6. La secrétaire répond à une lettre urgente.
7. L'homme d'affaires propose un cigare à son client.
8. Mme Clocher dit à la vendeuse: «Je voudrais trois kilos de tomates, s'il vous plaît. Non, attendez, ne me donnez pas trois kilos de tomates – donnez-moi quatre kilos de tomates.»
9. Je ne veux pas montrer mon appartement à mes parents.
10. Tu me présentes à tes amis?
11. À la fête, je danse avec mes amies.
12. Patrick se moque de Robert.
13. Je parle à mon père.
14. Je pense à mon père.
15. Le prof n'a pas expliqué l'exercice à ses élèves.
16. Apprends-moi cette chanson. Non, ne m'apprends pas cette chanson.
17. Le ministre va s'adresser au Président de l'Assemblée nationale.
18. Va à l'école. Ne va pas à l'école.

19. Il n'y a plus de livres sur l'étagère.
20. Je n'ai pas écrit de lettre à ma grand-mère.

(b) Mettez le pronom qui convient – à la bonne place. (solution p. 24)

1. Est-ce que vous ______ êtes ______ lavés ______?
2. Est-ce que vous ______ allez ______ laver ______?
3. ______ Lavez(/lavez) ______! (2nd p.pl.) Ne ______ lavez ______ pas!
4. Tu ______ es ______ réveillé ______ à quelle heure?
5. Nous ______ détestons ______ dépêcher ______.
6. Robert ______ plaint de tous et tous ______ plaignent de ______ (= de Robert).
7. Nadine a besoin d'aide? Eh bien, ______ aide ______. (= help her)
8. Je n'ai pas prévenu Amandine. Toi, ______ téléphone _____. (= phone her)
9. Marc et Philippe ____ veulent ____ dire _____ (2nd p.sg.) quelque chose. Alors, ______ écoute ______. (= listen to them)
10. Tu as besoin d'aide? Tiens, voilà Bastien. Alors, _____ demande _____ (= ask him) de _____ aider. (= to help you)

J. Tenses and the sequence of tenses (=> chapter IV, p. 147)

NOTE: These exercises are for all the tenses. If you would like to practise a particular tense (and for the most commonly used irregular verbs), complete the exercises at the end of the corresponding chapters.

=> Présent et impératif (IV.1, p. 149), accord du participe passé (IV.2, p. 158), passé (IV.3, p. 168), futur (IV.4, p. 180), conditionnel (IV.5 and V.2, p. 186/220), subjonctif (V.3, p. 227), discours indirect (IV.6 and I.2.3, p. 192/39), passif (IV.7, p. 197)

(a) Mettez le verbe au temps et au mode qui conviennent. Attention à l'accord du participe passé. (solution p. 24)

1. Hier, Pierre _______ (repasser) l'examen qu'il _______ (rater) l'année dernière. Il ______ (être) très nerveux, mais il _______ (réussir). Du moins, c'est ce qu'il ______ (dire) juste après. Il ______ (dire) aussi que l'année suivante, quand il ______ (finir) ses études, il ______ (aller) faire le tour du monde.
2. Aujourd'hui, Liliane ______ (être) de bonne humeur. C'_____ (être) sûrement parce qu'elle ______ (dormir) longtemps ce matin. Il ______ (falloir) dire qu'elle en ______ (avoir) bien besoin. Alors maintenant, elle ______ (prendre) un bon petit déjeuner. Plus tard, quand elle _______ (finir) ses devoirs, elle ______ (appeler) sa meilleure amie au téléphone et ensemble, elles ______ (aller) au cinéma.
3. ______ (2nd p.sg.) confiance en toi! ______ (1st p.pl.) confiance en nous! ______ (2nd p.pl.) confiance en vous! (3x avoir)
4. Le prof exige que nous _______ (savoir) tous notre leçon. Il ______ (être) mécontent que ses élèves ______ (faire) autant de fautes lors de la dictée de la semaine dernière.
5. Voici ce qui est arrivé aux Dubois: Il ______ (faire) beau. M. Dubois ______ (être) en train d'arroser les fleurs pendant que sa femme ______ (lire) un roman policier sur la terrasse. Tous les deux _______ (se sentir) bien tranquilles quand, tout à coup, le voisin ______ (arriver) en criant. «Mon chien! Vous ______ (ne pas voir) mon chien?» M. Dubois en _______ (lâcher) l'arrosoir de peur, tandis que Mme Dubois _______ (tomber) de sa chaise longue. Le chien du voisin ______ (être) une énorme bête hargneuse qui ______ (sauter) toujours les clôtures et qui ______ (enterrer) ses os dans tous les jardins du

voisinage. «Comment, vous ______ (perdre) votre sale cabot?», ______ (hurler) M. Dubois. Le voisin ______ (monter) l'escalier de la terrasse et _______ (s'excuser) mille fois. C'______ (arriver) la semaine d'avant aussi, et le chien _______ (retourner) le parterre de bégonias de M. Dubois d'un bout à l'autre. Après, il _______ (retourner) chez lui en emportant le nain de jardin *(= garden gnome)* préféré de Mme Dubois. M. Dubois ______ (jurer) qu'à l'avenir, il ______ (mettre) du poison dans ses parterres et qu'il ______ (acheter) des pièges. «Il ______ (ne pas être) encore ici, mais je ______ (aller) quand même appeler la police!», _______ (déclarer) M. Dubois. À ce moment-là, un camion de déménagement ______ (passer) sur la route devant la maison. Le chien du voisin ______ (regarder) par l'ouverture de la bâche arrière *(= tarpaulin)*, l'air tout content. Mais pas aussi content que M. Dubois quand il ______ (voir) que le camion _______ (porter) une plaque étrangère.

6. *Au restaurant:* _______ (vouloir, 2nd p.pl.) patienter en attendant que la serveuse ______ (finir) de débarrasser la table.
7. Si Pierre ______ (ne pas réussir) son examen cette fois-ci, il _______ (mourir) de honte. Heureusement, il a réussi!
8. Si Marc ______ (avoir) le temps, il ______ (venir) aujourd'hui. Mais il ______ (ne pas avoir) le temps.
9. Si Marc ______ (avoir) le temps, il ______ (venir) hier. Mais il ______ (ne pas avoir) le temps.
10. Si Marc ______ (avoir) le temps, il ______ (venir) aujourd'hui. C'est presque sûr, mais on ne sait jamais.

(b) Mettez le verbe au temps composé qui convient et accordez le participe passé. (solution p. 25)

1. Hier, Isabelle ______ (monter) au grenier. Elle en ______ (descendre) les vieilles valises de sa grand-mère qui ______ (mourir) récemment.
2. Ces photos? C'est Marc qui les ______ (prendre). Ah non, Mathilde lui ______ (offrir) celle-ci en souvenir.
3. Tout à l'heure, Maman ______ (se mettre) en colère parce que Zoé ______ (ne pas se brosser) les dents. Elle ______ (crier): «Je parie *(= to bet)* que tu _______ (ne pas se laver) non plus!»
4. Quelle blague *(= joke)* est-ce que tu ______ (raconter) à Patrick? Il n'arrêtait pas de rigoler!
5. Il ne reste rien de la tarte que Marc ______ (préparer) hier – nous l'______ (manger) à midi.
6. Hier soir, les filles ______ (faire) la fête et _______ (se coucher) tard. C'était une mauvaise idée: Elles ______ (devoir) se coucher tôt, parce qu'aujourdhui, elles ont un examen.
7. Vous êtes déjà de retour du supermarché? Combien de pommes est-ce que vous ______ (acheter)? Et est-ce que vous ______ (acheter) de la farine?

(c) Mettez au discours indirect. (solution p. 25)

1. Marc demande: «Est-ce que Valérie va à l'école?»
2. Bastien m'a demandé: «Où as-tu mis mon crayon?»
3. Papa veut savoir: «Qu'est-ce qui ne va pas?» Et maman me demande: «Qu'est-ce que tu as fait?»
4. Mon ami m'a demandé: «Qui est-ce que tu as rencontré à l'école?»
5. Olivier prétendra: «C'est moi le vainqueur!»
6. Les filles ont dit: «Demain, quand nous aurons tout préparé, nous inviterons tout le monde à la fête.»
7. Barbara a proclamé: «Julie est la meilleure amie du monde.»

(d) Mettez au passif. Attention à l'accord du participe passé. (solution p. 26)

1. Quelqu'un a peint la voiture en rose.
2. C'est Gustave Eiffel qui a construit la Tour Eiffel.
3. Cette carte postale se vend avec une enveloppe.
4. Olivier m'a invitée.
5. Aime! (= imperative of aimer)
6. Marc dit: «Mon ami m'aidera.»
7. On devrait passer l'aspirateur dans les coins.
8. On allait démolir *(= to pull down)* cette vieille maison, mais finalement, on a reporté la date *(= to postpone)*.
9. Mon père veut que mon frère reprenne l'entreprise familiale.
10. Le coureur cycliste est déçu que son concurrent ait remporté le prix.

K. Subordinate clauses

(a) Relative clauses (=> chapter V.1, p. 209)

Transformez la phrase soulignée en proposition relative. (solution p. 26)

1. Je cherche la clé. Je croyais l'avoir laissée à côté du téléphone.
2. L'arbre a été abattu *(= cut down)*. Il avait poussé de travers.
3. M. Daspremont revient au village. Il y est né.
4. Nous parlons d'une vieille histoire. Personne ne s'en souvient plus.
5. Ma sœur a toujours raison. Je trouve ça injuste.
6. Je mange trois biscuits. Un est au chocolat.
7. L'entreprise est en difficulté. C'est mauvais pour tout le monde.
8. Ma mère s'est remariée. J'en suis content.
9. La région se trouve dans le Nord. Les nuages sont venus de là.
10. Je suis venu avec un ami. L'ami habite à Bordeaux.
11. M. Broglie possède beaucoup d'œuvres d'art. Parmi elles, il y a des pièces uniques.
12. Un événement est arrivé. Je n'y étais pas préparé.
13. Ce château a été construit au douzième siècle. Dans le sous-sol se trouve un passage secret.
14. Voici le fleuve. Nous allons camper au bord. (au bord de = by, beside)
15. Amandine est ma meilleure amie. Son frère est étudiant.
16. Le pâtissier *(= pastry cook)* ouvre à 9 h. J'ai commandé une tarte chez lui.

(b) All kinds of other subordinate clauses (=> chapter V, p. 202)

Reliez les phrases à l'aide des mots entre parenthèses et changez le mode si nécessaire. Ne pas tenir compte des mots en italique. (solution p. 26)

1. Je me lève tôt. Je serai à l'heure au travail. (pour)
2. Je réveille mes enfants. Ils seront à l'heure à l'école. (pour)
3. Alexandre est triste. Son meilleur ami a déménagé. (que)
4. Le prof est en colère. Personne n'a appris les verbes irréguliers. (parce que)

5. Tu vas bien? Je *l'*espère. (que)
6. Fais attention. Je *le* veux. (que)
7. Je marche sur le trottoir. Je suis en sécurité. (gérondif)
8. Je prépare le cacao. Mireille met la table. (pendant)
9. Mon travail n'est pas intéressant. Je ne suis pas motivé. (If my work was...)
10. Le cinéma était fermé hier soir. Nous n'avons pas pu voir notre film préféré. (If... hadn't been...)
11. Mme Cendrillon met une robe élégante. *Puis*, elle va au bal. (avant)
12. Mme Cendrillon met une robe élégante. *Puis*, elle va au bal. (après)
13. Je viens avec toi. Nous prendrons ta voiture. (à condition)
14. Nous avons attendu longtemps. Godot n'est pas venu. (sans)
15. *Est-ce que* Marc sera prêt demain? Je ne crois pas. (que)
16. J'ai eu soif. Je me suis versé un verre d'eau. (participe présent)
17. Nous ne savons pas parler allemand. *Mais* nous arrivons à nous faire comprendre *quand même*. (bien que)
18. Il fait froid. Les filles mettent leurs manteaux. (comme)
19. Viens. Il *le* faut. (que)
20. Le suspect est innocent. C'est évident. (que)

Answer Keys

Solutions for A

L1. Sur le chemin de la bibliothèque:
L2. Jérémie a besoin d'un livre à la bibliothèque de l'université.
L3. Il prend le métro pour gagner un peu de temps, mais comme d'habitude, la rame a du retard.
L4. Sur le quai, il fait froid. En plus, Jérémie a (/) faim, parce qu'il n'a pas pris de petit déjeuner.
L5. Dans un groupe de personnes qui attendent aussi, il reconnaît tout d'un coup quelqu'un: C'est Amandine, une étudiante.
L6. «Salut Amandine. Tu as le temps de venir prendre un café avec moi? On dirait que le métro est en dérangement – et il fait vraiment froid.»
L7. «Salut mon vieux. Je déteste le café. Par contre, j'aime bien le cacao. Si tu m'en offres un, je viens avec toi.»
L8. Jérémie n'a pas beaucoup d'argent, mais il aime bien Amandine. Ils décident d'aller au bistro du coin.
L9. Là, ils commandent un café, un cacao et des croissants. Amandine est étonnée de voir Jérémie mettre quatre cuillères de sucre dans sa minuscule tasse de café.
L10. Jérémie explique: «Je ne bois jamais de café sans (/) sucre. Par contre, je le bois rarement avec du lait. Et toi, est-ce que tu veux du sucre?»
L11. «Non, merci. Déjà, mon cacao est trop concentré. Il va me falloir du courage et de la témérité pour le boire. Mais au fait, rappelle-moi le titre du livre que tu vas emprunter?»
L12. «C'est «Les dangers du diabète». Pourquoi?»

=> For explanations and more exercises see I.1, p. 28!

Solutions for B

L1. Où est-ce qu'il travaille? Où travaille-t-il?
L2. Est-ce que Marc a raison? (Marc a-t-il raison?)
L3. Comment est-ce que tu es venu? Comment es-tu venu?
L4. Qui est-ce qui écrira la lettre? (Qui écrira la lettre?)
L5. Qui est-ce que tu as vu? Qui as-tu vu?
L6. Qu'est-ce que tu as fait? Qu'as-tu fait?
L7. Qu'est-ce qui a abimé le toit?
L8. À qui est-ce que tu as parlé? À qui as-tu parlé?
L9. De quoi est-ce que vous avez parlé? De quoi avez-vous parlé?
L10. Sur quoi est-ce que tu comptes? Sur quoi comptes-tu?
L11. Quelles chemises est-ce que tu vas emporter? Quelles chemises vas-tu emporter?
L12. Avec quel livre est-ce que tu apprends la grammaire? Avec quel livre apprends-tu la grammaire?
L13. Dans lequel est-ce que tu mettras tes œufs? Dans lequel mettras-tu tes œufs?
L14. À quoi est-ce que tu penses? À quoi penses-tu?
L15. Depuis quand est-ce que Marc est malade? (Depuis quand Marc est-il malade?)
L16. D'où est-ce que Mme Poirot vient? D'où vient Mme Poirot?
L17. Combien est-ce que ce manteau coûte? Combien coûte ce manteau?
L18. Jusqu'où est-ce que tu m'accompagnes? Jusqu'où m'accompagnes-tu?

=> For explanations and more exercises see I.2, p. 35!

Solutions for C

L1. Amélie ne mange plus de chocolat.
L2. Je n'ai aucun talent de cuisinier.
L3. Nous n'avons rencontré personne.
L4. Je ne vais prendre ni le train, ni la voiture./Je ne prendrai ni le train, ni la voiture.
L5. Mme Daspremont ne boit pas de café non plus.
L6. L'enfant n'est pas fatigué non plus.
L7. Rien ne m'intéresse.
L8. Pas de problème! (/Aucun problème!)
L9. Ce chemin ne mène nulle part.
L10. Aucune fenêtre n'est ouverte.
L11. Xavier ne fait plus de sport du tout.
L12. Je bois du thé pour ne pas tomber malade.
L13. Ni le chien, ni le chat ne dorment dans mon lit.
L14. Je n'ai jamais été au zoo.
L15. Personne ne m'aide.

=> For explanations and more exercises see I.3, p. 44!

Solutions for D

(a)
L1. la chanteuse
L2. la directrice
L3. l'étudiante
L4. la pharmacienne
L5. la boulangère
L6. la reine
L7. la folle
L8. la chienne
L9. l'impératrice

(b)
L1. des yeux
L2. messieurs
L3. mesdames
L4. les filles
L5. les nez
L6. les bijoux
L7. les pneus
L8. les journaux
L9. les festivals
L10. les noyaux
L11. les héros
L12. les cailloux
L13. les bateaux
L14. les feux
L15. les travaux
L16. les clous
L17. les chacals
L18. les chevaux

=> For more exercises see I.4, p. 49!

Solutions for E

L1. Je m'appelle Isabelle. Ce matin, j'ai trouvé une annonce bizarre dans le journal.
L2. «Cherche désespérément chienne méchante.»
L3. Ça m'a vraiment rendue curieuse. Une chienne dangereuse? Pour faire quoi?
L4. L'annonce demandait aussi un canari qui chante faux et une vieille machine à laver qui fonctionne

mal, mais sans être cassée.
L5. J'ai réfléchi longuement, mais je n'ai pas trouvé de bonne explication à cette annonce.
L6. S'agissait-il d'une mauvaise plaisanterie, d'une gentille farce ou peut-être d'une basse escroquerie? Impossible d'y voir clair! Et quel bel imbroglio!
L7. J'ai décidé de faire prudemment une petite enquête. Après tout, c'était mon jour de libre.
L8. Je travaille dur toute la semaine, du coup, j'ai absolument besoin de me distraire quand il y a une occasion intéressante.
L9. Malheureusement, je n'avais pas de chienne agressive, seulement deux chats amicaux et un poisson rouge légèrement sénile aux manières douces.
L10. Je n'ai rien trouvé de mieux que de m'emparer secrètement d'un vieux mixer qui fonctionnait encore parfaitement bien. Heureusement, ma mère n'a rien remarqué.
L11. J'ai mis ma veste blanche, mes bottes vertes et des gants orange terriblement chics et je suis partie à l'adresse indiquée.
L12. Évidemment, si j'étais en train de mettre mon nez dans une affaire criminelle, je risquerais de payer cher ma curiosité.
L13. C'était une grande maison fraîchement repeinte qui se trouvait au bord d'une place publique. Il y avait beaucoup de jeunes gens dans le jardin qui sentait bon la lavande.
L14. Je n'étais plus tellement sûre d'avoir eu une bonne idée, mais ils m'avaient déjà vue. Je n'ai pas osé faire lâchement demi-tour. Et puis, ils avaient l'air de s'amuser follement.
L15. Les jeunes ont bien rigolé quand ils ont vu mon mixer. D'autres personnes qui avaient lu l'annonce leur ont déjà proposé un tricycle bancal, une fausse horloge et un labrador collant.
L16. Ils m'ont finalement expliqué: «On est des étudiants en psychologie en première année. On participe à un concours à l'échelle européenne sur la curiosité. Qu'est-ce que tu as pensé quand tu as lu notre petite annonce?»

For explanations and more exercises see I.5, p. 55!

Solutions for F (a)

L1. Marc téléphone à Isabelle.
L2. Isabelle écoute une chanson.
L3. Je suis content(e) de partir en vacances.
L4. J'espère pouvoir partir en vacances.
L5. J'adore danser.
L6. Patrick préfère chanter.
L7. Natalie voyage en France, aux Pays-Bas et au Japon.
L8. Je m'assois (/m'assieds) dans un fauteuil à l'ombre. (/Je vais m'asseoir...)
L9. Marc est chez le dentiste.
L10. Il habite près de Lyon, à côté d'une piscine.
L11. Je marche derrière toi dans la rue.
L12. Nous viendrons (/venons) au printemps, en mai – pas en automne.
L13. Il y a deux ans, j'ai déménagé.
L14. Nous nous connaissons depuis deux ans.
L15. Dans deux ans, je serai riche.
L16. Ma voiture est devant la maison.
L17. Je viendrai (/viens) avant le 30 septembre – par avion (/en avion), pas à pied!
L18. Nadja est forte en maths.
L19. M. Bonnot sourit à la vendeuse.
L20. Zoé aide sa mère.

Solutions for F (b)

L1. Je suis fier de toi!
L2. L'assassin se trouve parmi ces cinq suspects.
L3. Ce bateau est en bois.
L4. Grand-père se souvient de sa jeunesse.
L5. Il vaut mieux (/) partir.
L6. L'inspecteur suit (/) un suspect.
L7. En essayant (/) ma nouvelle voiture, j'essaie aussi de ne pas avoir d'accident.
L8. Je parlerai à ma femme de cette histoire.
L9. Je roule sur l'autoroute vers (/en direction de) Paris.
L10. Je suis sûr de réussir.

=> For explanations and more exercises see I.6, p. 67 (as well as III.1.5 and 1.6, p. 111/116)!

Solutions for G (a)

L1. Regarde-moi.
L2. Marc est moins bon en français que toi.
L3. Eux, ils ont gagné au loto.
L4. Elles, elles ont fait fortune.
L5. Je voyagerai avec lui.
L6. Brigitte le fera elle-même.
L7. Nous n'avons pas envie, nous non plus. Comme vous.
L8. Hé! C'est mon sac à moi!
L9. Amandine et toi, vous irez ensemble au marché.
L10. Ce sont eux qui ont raison.
L11. Est-ce que Xavier est chez lui?
L12. Tu partiras sans moi.

=> For explanations and more exercises see II.1, p. 84!

Solutions for G (b)

L1. «Est-ce que ce sont tes livres?» «Non, ce sont les tiens; j'ai rapporté les miens à la bibliothèque.»
L2. Christine cherche ses affaires: sa brosse à dents, son sac à dos, et ses crayons.
L3. Moi, je ne trouve pas ma montre, mon pantalon et mes chaussettes.
L4. Tu devrais ranger tes chaussures, laver ta tasse et faire ton lit.
L5. Vous avez retrouvé vos enfants et votre chien? Nous cherchons toujours les nôtres.
L6. Les voisins ont planté leur pommier et leurs bégonias près de leur terrasse.
L7. Je prendrai ma voiture et tu prendras la tienne.
L8. Ces lunettes, ce sont les vôtres?
L9. Nadja téléphone à son amie. Brigitte est fâchée avec la sienne.
L10. Nous passons nos vacances en Bretagne. Nos amis passent les leurs au Pérou.

=> For explanations and more exercises see II.2, p. 91!

Solutions for G (c)

L1. Regarde ce que j'ai acheté: cette belle jupe, ce pantalon à la mode et puis cet anorak rouge. En plus, il y a ces chaussures à talons hauts et ces bas de soie.
L2. «Préfères-tu cette voiture-ci ou cette voiture-là?» «Je préfère celle-ci. Celle-là n'est pas assez grande.»
L3. Je voudrais un ordinateur comme celui de Natalie, des bottes comme celles de maman et des gants en cuir comme ceux de papa.
L4. Cela (/Ça) m'ennuie vraiment de faire cet exercice.
L5. C'est moi qui ai fait tout le travail, mais ce sont elles qui ont été récompensées. Ce n'est pas juste!
L6. La mère fait des recommandations à son enfant. Celui-ci n'écoute pas.
L7. À quoi je pense? À ceci et à cela.
L8. Ce héros de film d'action est descendu à cet hôtel.

=> For explanations and more exercises see II.3, p. 96!

Solutions for G (d)

L1. Marc pense à quelque chose.
L2. Des idées, j'en ai quelques-unes.
L3. Nadja se brosse les dents chaque jour (/tous les jours).
L4. Zoé est amie avec toutes les filles de sa classe.
L5. À Noël, elle offre un cadeau à chacune d'elles.
L6. Tous viendront (/Tout le monde viendra) à la fête.
L7. Alexandre emporte plusieurs livres.
L8. Bastien est tout étonné.
L9. Je mange quelques pommes.
L10. Quelqu'un a rangé ma chambre.

=> For explanations and more exercises see II.4, p. 102!

Solutions for H

L1. Tous les matins, le chien apporte le journal à son maître. (*or:* Le chien apporte le journal à son maître tous les matins.)
L2. À cet endroit, un panneau prévient le conducteur du mauvais état de la route. (*or:* Un panneau prévient le conducteur du mauvais état de la route à cet endroit.)
L3. Dans la cuisine, Damien parle à Aurélie de sa nouvelle idée. (*or:* Damien parle de sa nouvelle idée à Aurélie dans la cuisine.)
L4. Il est dangereux de s'abriter sous un arbre à cause de l'orage. (*or:* À cause de l'orage, il est dangereux...)
L5. Je promets à Marc de venir avec ma voiture.
L6. Aujourd'hui, Bénédicte est capable de comprendre le français.
L7. Par téléphone, je rappelle à mon ami de venir me voir.
L8. Mme Clocher aide sa voisine à repeindre ses volets.
L9. M. Daspremont permet à son chien de faire des trous dans le jardin.
L10. Patrick oublie de donner une clé à sa nouvelle amie.

=> For explanations and more exercises see III.1, p. 108!

Solutions for I (a)

L1. Isabelle lui en parle.
L2. M. Bonnot les y conduit.
L3. Liliane les lui donne.
L4. Bastien la lui prête.
L5. Je le leur enseigne.
L6. La secrétaire y répond.
L7. L'homme d'affaires lui en propose un.
L8. Mme Clocher lui dit: «J'en voudrais trois kilos, s'il vous plaît. Non, attendez, ne m'en donnez pas trois kilos – donnez-m'en quatre kilos.»
L9. Je ne veux pas le leur montrer.
L10. Tu me présentes à eux?
L11. À la fête, je danse avec elles.
L12. Patrick se moque de lui.
L13. Je lui parle.
L14. Je pense à lui.
L15. Le prof ne le leur a pas expliqué.
L16. Apprends-la-moi. Non, ne me l'apprends pas.
L17. Le ministre va s'adresser à lui.
L18. Vas-y. N'y va pas.
L19. Il n'y en a plus.
L20. Je ne lui en ai pas écrit.

Solutions for I (b)

L1. Est-ce que vous vous êtes lavés?
L2. Est-ce que vous allez vous laver?
L3. Lavez-vous! Ne vous lavez pas!
L4. Tu t'es réveillé à quelle heure?
L5. Nous détestons nous dépêcher.
L6. Robert se plaint de tous et tous se plaignent de lui. *(se plaindre de qn./qc. = to complain about s.o./sth.)*
L7. Nadine a besoin d'aide? Eh bien, aide-la.
L8. Je n'ai pas prévenu Amandine. Toi, téléphone-lui.
L9. Marc et Philippe veulent te dire quelque chose. Alors, écoute-les.
L10. Tu as besoin d'aide? Tiens, voilà Bastien. Alors, demande-lui de t'aider.

=> If this was difficult, see chapter III for a review (p. 108)!

Solutions for J (a)

L1. Hier, Pierre a repassé l'examen qu'il avait raté l'année dernière. Il était très nerveux, mais il a réussi. Du moins, c'est ce qu'il a dit juste après. Il a dit aussi que l'année suivante, quand il aurait fini ses études, il irait faire le tour du monde.
L2. Aujourd'hui, Liliane est de bonne humeur. C'est sûrement parce qu'elle a dormi longtemps ce matin.

Il faut dire qu'elle en avait bien besoin. Alors maintenant, elle prend un bon petit déjeuner. Plus tard, quand elle aura fini ses devoirs, elle appellera (/va appeler) sa meilleure amie au téléphone et ensemble, elles iront au cinéma.
L3. Aie confiance en toi! Ayons confiance en nous! Ayez confiance en vous!
L4. Le prof exige que nous sachions tous notre leçon. Il est mécontent que ses élèves aient fait autant de fautes lors de la dictée de la semaine dernière.
L5. Voici ce qui est arrivé aux Dubois: Il faisait beau. M. Dubois était en train d'arroser les fleurs pendant que sa femme lisait un roman policier sur la terrasse. Tous les deux se sentaient bien tranquilles quand, tout à coup, le voisin est arrivé en criant. «Mon chien! Vous n'avez pas vu mon chien?» M. Dubois en a lâché l'arrosoir de peur, tandis que Mme Dubois est tombée de sa chaise longue. Le chien du voisin était une énorme bête hargneuse qui sautait toujours les clôtures et qui enterrait ses os dans tous les jardins du voisinage. «Comment, vous avez perdu votre sale cabot?», a hurlé M. Dubois. Le voisin a monté l'escalier de la terrasse et s'est excusé mille fois. C'était arrivé la semaine d'avant aussi, et le chien avait retourné le parterre de bégonias de M. Dubois d'un bout à l'autre. Après, il était retourné chez lui en emportant le nain de jardin préféré de Mme Dubois. M. Dubois avait juré qu'à l'avenir, il mettrait du poison dans ses parterres et qu'il achèterait des pièges. «Il n'est pas encore ici, mais je vais quand même appeler la police!», a déclaré M. Dubois. À ce moment-là, un camion de déménagement a passé sur la route devant la maison. Le chien du voisin regardait par l'ouverture de la bâche arrière, l'air tout content. Mais pas aussi content que M. Dubois quand il a vu que le camion portait une plaque étrangère.
L6. Veuillez patienter en attendant que la serveuse finisse (/ait fini) de débarrasser la table.
L7. Si Pierre n'avait pas réussi son examen cette fois-ci, il serait mort de honte. Heureusement, il a réussi!
L8. Si Marc avait le temps, il viendrait aujourd'hui. Mais il n'a pas le temps.
L9. Si Marc avait eu le temps, il serait venu hier. Mais il n'a pas eu le temps.
L10. Si Marc a le temps, il viendra aujourd'hui. C'est presque sûr, mais on ne sait jamais.

Solutions for J (b)

L1. Hier, Isabelle est montée au grenier. Elle en a descendu les vieilles valises de sa grand-mère qui est morte récemment.
L2. Ces photos? C'est Marc qui les a prises. Ah non, Mathilde lui a offert celle-ci en souvenir.
L3. Tout à l'heure, Maman s'est mise en colère parce que Zoé ne s'était pas brossé les dents. Elle a crié: «Je parie que tu ne t'es pas lavée non plus!»
L4. Quelle blague est-ce que tu as racontée à Patrick? Il n'arrêtait pas de rigoler!
L5. Il ne reste rien de la tarte que Marc avait préparée hier – nous l'avons mangée à midi.
L6. Hier soir, les filles ont fait la fête et se sont couchées tard. C'était une mauvaise idée: Elles auraient dû (see IV.5.3 at 6, p. 189) se coucher tôt, parce qu'aujourdhui, elles ont un examen.
L7. Vous êtes déjà de retour du supermarché? Combien de pommes est-ce que vous avez achetées? Et est-ce que vous avez acheté de la farine?

Solutions for J (c)

L1. Marc demande si Valérie va à l'école.
L2. Bastien m'a demandé où j'avais mis son crayon.
L3. Papa veut savoir ce qui ne va pas. Et maman me demande ce que j'ai fait.
L4. Mon ami m'a demandé qui j'avais rencontré à l'école.
L5. Olivier prétendra que c'est lui le vainqueur.
L6. Les filles ont dit que le lendemain, quand elles auraient tout préparé, elles inviteraient tout le monde à la fête.
L7. Barbara a proclamé que Julie était la meilleure amie du monde.

Solutions for J (d)

L1. La voiture a été peinte en rose (par quelqu'un).
L2. La Tour Eiffel a été construite par Gustave Eiffel.
L3. Cette carte postale est vendue avec une enveloppe.
L4. J'ai été invitée par Olivier.
L5. Sois aimé!
L6. Marc dit: «Je serai aidé par mon ami.»
L7. L'aspirateur devrait être passé dans les coins.
L8. Cette vieille maison allait être démolie, mais finalement, la date a été reportée.
L9. Mon père veut que l'entreprise familiale soit reprise par mon frère.
L10. Le coureur cycliste est déçu que le prix ait été remporté par son concurrent.

=> Do exercises for the passive voice in chapter IV.7, p. 197!

Solutions for K (a)

L1. Je cherche la clé que je croyais avoir laissée à côté du téléphone.
L2. L'arbre qui avait poussé de travers a été abattu.
L3. M. Daspremont revient au village où il est né.
L4. Nous parlons d'une vieille histoire dont personne ne se souvient plus.
L5. Ma sœur a toujours raison, ce que je trouve injuste.
L6. Je mange trois biscuits dont un (est) au chocolat.
L7. L'entreprise est en difficulté, ce qui est mauvais pour tout le monde.
L8. Ma mère s'est remariée, ce dont je suis content.
L9. La région d'où les nuages sont venus (/d'où sont venus les nuages) se trouve dans le Nord.
L10. L'ami avec qui (/avec lequel) je suis venu habite à Bordeaux.
L11. M. Broglie possède beaucoup d'œuvres d'art parmi lesquelles il y a des pièces uniques.
L12. Un événement auquel je n'étais pas préparé est arrivé.
L13. Ce château, dans le sous-sol duquel se trouve un passage secret, a été construit au douzième siècle.
L14. Voici le fleuve au bord duquel nous allons camper.
L15. Amandine, dont le frère est étudiant, est ma meilleure amie.
L16. Le pâtissier chez qui (/chez lequel) j'ai commandé une tarte ouvre à 9 h.

=> If this was difficult, see chapter V.1 and do the exercises (p. 209)!

Solutions for K (b)

L1. Je me lève tôt pour être à l'heure au travail.
L2. Je réveille mes enfants pour qu'ils soient à l'heure à l'école.
L3. Alexandre est triste que son meilleur ami ait déménagé.
L4. Le prof est en colère parce que personne n'a appris les verbes irréguliers.
L5. J'espère que tu vas bien.
L6. Je veux que tu fasses attention.
L7. En marchant sur le trottoir, je suis en sécurité.
L8. Je prépare le cacao pendant que Mireille met la table.
L9. Si mon travail était intéressant, je serais motivé.
L10. Si le cinéma n'avait pas été fermé hier soir, nous aurions pu voir notre film préféré.

L11. Mme Cendrillon met une robe élégante avant d'aller au bal. (Or: Avant d'aller au bal, Mme Cendrillon...)
L12. Après avoir mis une robe élégante, Mme Cendrillon va au bal.
L13. Je viens avec toi à condition que nous prenions ta voiture.
L14. Nous avons attendu longtemps sans que Godot vienne.
L15. Je ne crois pas que Marc soit prêt demain.
L16. Ayant eu soif, je me suis versé un verre d'eau.
L17. Bien que nous ne sachions pas parler allemand, nous arrivons à nous faire comprendre.
L18. Comme il fait froid, les filles mettent leurs manteaux.
L19. Il faut que tu viennes.
L20. Il est (/C'est) évident que le suspect est innocent.

=> Review the following chapters and complete the exercises!
V.0 Connecting clauses (p. 202); V.1 Relative clauses (p. 209); V.2 Conditional clauses (p. 220); V.3 Clauses with or without subjonctif (p. 227); V.4 Infinitive clauses (p. 241); V.5 Clauses with gérondif or participe présent(p. 244)

I. Miscellaneous items

1. Articles

1.1 Definite articles

	sg.	pl.
m.	**le** livre	**les** livres
f.	**la** table	**les** tables
*before vowel**	**l'**anniversaire	**les** anniversaires

(*) and silent h, e.g., l'hôtel; but not before aspirated h, e.g., le héros, le haricot, le hall

The definite article does the following:
(a) marks unique, already mentioned or known things, living beings or facts; or
(b) has a generalizing function.

Example:
Les fruits sont bons pour la santé. (Fruits *in general* are good for your health.)

Contraction with the prepositions à and de

à + le => au	Marc va **au** bureau.
à + les => aux	Marc va **aux** courses.
de + le => du	Amélie revient **du** bureau.
de + les => des	Amélie revient **des** courses.

! Do not confuse this contracted, definite "des" with the indefinite article "des"! Distinguish also this contracted, definite article sg. "du" from the indefinite partitive article "du" (1.3, p. 29).

NOTE: There may also be confusion with the direct object personal pronouns "le" and "les" (III.3.1, p. 134) – no contraction is made with them. (*Example:* Je viens de le voir. = I have just seen him.)

1.2 Indefinite articles

	sg.	pl.
m.	**un** livre	**des** livres
f.	**une** table	**des** tables

The indefinite article marks **indefinite, unknown** but **countable** things, living beings or facts.
Example: Marc apporte des cadeaux.

! In English *no* article in the plural (or translated with some/any): Marc is bringing (some) presents.

1.3 Partitive articles

de + definite article sg.

du (de + le)	Je mange du pain.
de la	J'écoute de la musique.
de l'	Je bois de l'eau.

The partitive article marks **indefinite quantities of indefinite, non-countable things** or only measurable **substances**.

Example:
de la farine, du sucre, de l'eau, de la viande

This includes **abstract terms**:

Example:
faire du sport, écouter de la musique, avoir de la chance, avoir du courage
(*Compare*: avoir le courage *de faire qc.* => The courage is specified, hence the definite article.)

! In English *no* article (or translated with some/any): I'm buying (some) flour. He does sports.

CAUTION:
After **sans** there is no partitive article.

Example:
Je mange mon yaourt sans sel, mais avec du sucre.

Likewise: After **verbs** (III.1, p. 108) and **expressions which connect to their complement with "de"**, the partitive article is omitted; yet mistakes happen rarely because of the similarity of usage in English.

Example:
J'ai besoin de sucre! Nous parlons de musique.
(I need sugar! We talk about music.)

Summary

Make the distinction:

Est-ce que tu veux du café?
(Do you want *some, an indefinite quantity of* coffee? 1.3, p. 29)
Non, je n'aime pas le café.
(No, I do not like coffee *in general*. 1.1, p. 28)
Mais est-ce que tu as des biscuits?
(But do you have *some, indefinite but countable* biscuits? 1.2, p. 29)

1.4 Expressions of quantity

de + noun without article

Examples:

un kilo de viande	beaucoup de...
200gr de sucre	assez de...
une bouteille de lait	peu de...
un million d'habitants	trop de...
une douzaine d'œufs	plus/moins de...
un tas de sable	Combien de...?

Etc.

Exceptions:
la plupart des gens, **la moitié du** gâteau, **la majorité des** électeurs, **le reste de la** journée

For perfectionists:
Distinguish however:
un quart de gâteau (a quarter of a cake)
un quart du gâteau (a quarter of the cake)
Here, the noun after the expression of quantity is specified, making it definite:
«Je voudrais 100gr du fromage que vous m'avez conseillé hier.»
(I would like 100 grams of the cheese you recommended to me yesterday.)

1.5 Articles and negation

The definite article remains unchanged

Examples:
Tu aimes **le** café?
Non, je *n'*aime *pas* **le** café.

The indefinite article and the partitive become "de" without article:

Examples:
Tu as **une** gomme?
Non, je *n'*ai *pas* **de** gomme.

Tu veux **du** café?
Non, je *ne* bois *jamais* **de** café.

Exception: No changes after negative être.
Example: Ce n'est pas **du** café! Ce n'est pas **une** bonne idée!

=> For negation see chapter I.3, p. 44!

For perfectionists:
There are many detailed rules for the usage of articles in special contexts and figures of speech. It makes more sense to learn these by using the language – reading, speaking, writing, and learning vocabulary.

Example: figures of speech without an article
avoir faim/soif, prendre/perdre courage, porter bonheur/malheur, demander pardon, prendre/perdre patience, avoir raison/tort, faire/avoir peur, avoir envie (de faire qc.), avoir besoin (de qc.), avoir mal (aux dents/ au dos/ à la tête), être + profession (il est médecin), etc.

Example: In some cases, "des" may be reduced to "de" before an adjective preceding a plural noun.
J'ai de belles chaussures.
=> **de + adj. + noun (pl.)**; this isn't always respected today (it *is* respected though when the adjective starts with a vowel or when it is an adjective that expresses degree or quantity, like "nombreux"). With e.g., petit, grand, bon and vrai both is possible. Furthermore, if the adjective belongs to the sense of the noun (e.g., des petits pois = green peas) you have to use "des".

Example concerning the negation: In some cases the partitive and the indefinite articles may be kept.
Je n'achète pas une voiture – j'achète une moto!
Je n'ai pas une maison bien grande. (= my house isn't very big)
=> the negation isn't absolute – I *am* buying something, even if it isn't a car! I *do* own a house, even if it isn't big!
Ma fille ne m'a pas écrit une seule lettre!
=> This puts emphasis on a negation with a direct object, meaning "not a single".

Examples:
masculine country names:
le Portugal
aller au Portugal (à + le)
revenir du Portugal (de + le)

feminine country names:
la France
aller en France (en, no article)
revenir de France (de, no article)

plural country names:
les États-Unis
aller aux États-Unis (à + les)
revenir des États-Unis (de + les)
=> chapter I.6 Prepositions, p. 67

Exercises

A. Mettez l'article qu'il faut et, si nécessaire, une préposition (à ou de). (solution p. 33)

1. Martine rentre _____ travail. «J'ai faim! Est-ce qu'il reste ____ œufs? J'ai envie _____ omelette.»
2. Elle regarde dans ____ frigo, mais il est vide. Il n'y a même plus ____ lait.
3. Sans ____ lait, sans _____ œufs, sans ____ pain, sans ____ rien – pas _____ dîner!
4. Lucien entre dans ____ cuisine. Il a eu beaucoup ___ ennuis ____ bureau, il ne veut pas ____ dispute ce soir à cause ____ frigo vide.
5. «Allons ____ restaurant!», propose-t-il. «Nous n'avons pas assez ____ argent pour ça», répond Martine. «Il faut faire ____ économies! D'ailleurs, il nous faut aussi un tube ____ dentifrice.»
6. Lucien et Martine décident d'aller _____ supermarché. On y trouve la plupart ____ choses qui manquent à la maison.
7. Malheureusement, le compteur _____ voiture indique qu'il n'y a presque plus _____ essence.
8. Zut! Pas ____ chance! Mais ce n'est pas ____ peine de s'énerver, la station d'essence est près ____ supermarché.
9. Finalement, ils achètent ____ nouilles, une douzaine ___ œufs, ____ tube ____ dentifrice qui manquait, trois litres ____ lait, ____ salade verte, ____ poisson frais et ____ bouteille ____ vin.
10. Lucien n'aime pas tellement ____ poisson, il aurait préféré ____ viande. Mais il décide de prendre ____ glace au chocolat pour ____ dessert.

B. Traduisez. (solution p. 33)

1. I need time.
2. I need the phone.
3. The door of the office is open.
4. I have no money.
5. I don't have the money.
6. He orders coffee and biscuits.
7. He orders no coffee and no biscuits.
8. It is not a catastrophe.
9. Too much sun is bad for the skin.
10. Storms are dangerous.
11. They are talking about the different options.
12. I eat apples.
13. Without eggs, no omelette!
14. He is afraid of spiders.
15. I crave lemonade. (envie)
16. I crave spaghetti. (envie)
17. I crave my mother's cake. (envie)

C. Mettez l'article qu'il faut et, si nécessaire, une préposition (à ou de). (solution p. 34)

Chez l'épicier.
1. Je voudrais _____ pommes, s'il vous plaît.
2. Combien _____ pommes?
3. Un kilo _____ pommes bien rouges. Est-ce que vous avez _____ tomates de la région?
4. Désolé, je n'ai plus _____ tomates de la région. Par contre, il me reste _____ radis tout frais. Voulez-

vous une botte _____ radis?
5. Non merci, je n'aime pas _____ radis. Tant pis. Mais il me faudrait encore _____ jambon. Alors, quatre tranches _____ jambon, s'il vous plaît.
6. Voilà, Madame. Peut-être désirez-vous un peu _____ fromage? Cette semaine, il y a _____ promotions.
7. Alors, un quart _____ reblochon, s'il vous plaît. Et la moitié _____ camembert qui est dans le coin, là-bas. C'est tout. Ça fait combien?
8. Excusez-moi, je n'ai plus assez ____ argent. Je dois aller _____ banque. Ou alors, est-ce que vous prenez _____ cartes bancaires?
9. Non, Madame. C'est ____ petit magasin, ici. Mais il n'y a pas _____ problème. _____ banque la plus proche est à cinq minutes.
10. Ah oui, à côté _____ poste. Je vais en profiter pour prendre _____ timbres.

Answer Keys

Solutions for A

L1. Martine rentre du travail. «J'ai faim! Est-ce qu'il reste des œufs? J'ai envie d'une omelette.»
L2. Elle regarde dans le frigo, mais il est vide. Il n'y a même plus de lait.
L3. Sans lait, sans œufs, sans pain, sans rien – pas de dîner!
L4. Lucien entre dans la cuisine. Il a eu beaucoup d'ennuis au bureau, il ne veut pas de dispute ce soir à cause du frigo vide.
L5. «Allons au restaurant!», propose-t-il. «Nous n'avons pas assez d'argent pour ça», répond Martine. «Il faut faire des économies! D'ailleurs, il nous faut aussi un tube de dentifrice.»
L6. Lucien et Martine décident d'aller au supermarché. On y trouve la plupart des choses qui manquent à la maison.
L7. Malheureusement, le compteur de la voiture indique qu'il n'y a presque plus d'essence.
L8. Zut! Pas de chance! Mais ce n'est pas la peine de s'énerver, la station d'essence est près du supermarché.
L9. Finalement, ils achètent des nouilles, une douzaine d'œufs, le tube de dentifrice, trois litres de lait, une salade verte, du poisson frais et une bouteille de vin.
L10. Lucien n'aime pas tellement le poisson, il aurait préféré de la viande. Mais il décide de prendre de la glace au chocolat pour le dessert.

Solutions for B

L1. J'ai besoin de temps.
L2. J'ai besoin du téléphone.
L3. La porte du bureau est ouverte.
L4. Je n'ai pas d'argent.
L5. Je n'ai pas l'argent.
L6. Il commande du café et des biscuits.
L7. Il ne commande pas de café et pas de biscuits.
L8. Ce n'est pas une catastrophe.

L9. Trop de soleil est mauvais pour la peau.
L10. Les orages sont dangereux.
L11. Ils parlent des différentes options.
L12. Je mange des pommes.
L13. Sans œufs, pas d'omelette!
L14. Il a peur des araignées. (de + les = des)
L15. J'ai envie d'une limonade.
L16. J'ai envie de spaghettis.
L17. J'ai envie du gâteau de ma mère.

Solutions for C

L1. Je voudrais des pommes, s'il vous plaît.
L2. Combien de pommes?
L3. Un kilo de pommes bien rouges. Est-ce que vous avez des tomates de la région?
L4. Désolé, je n'ai plus de tomates de la région. Par contre, il me reste des radis tout frais. Voulez-vous une botte de radis?
L5. Non merci, je n'aime pas les radis. Tant pis. Mais il me faudrait encore du jambon. Alors, quatre tranches de jambon, s'il vous plaît.
L6. Voilà, Madame. Peut-être désirez-vous un peu de fromage? Cette semaine, il y a des promotions.
L7. Alors, un quart de reblochon, s'il vous plaît. Et la moitié du camembert qui est dans le coin, là-bas. C'est tout. Ça fait combien?
L8. Excusez-moi, je n'ai plus assez d'argent. Je dois aller à la banque. Ou alors, est-ce que vous prenez les cartes bancaires?
L9. Non, Madame. C'est un petit magasin, ici. Mais il n'y a pas de problème. La banque la plus proche est à cinq minutes.
L10. Ah oui, à côté de la poste. Je vais en profiter pour prendre des timbres.

2. Asking questions

2.1 Forms

(a) Informal questions: intonation and question words placed at the end of the sentence

The structure of these questions is the same as that of a clause of statement, namely subject (S) – predicate (P) (III.1, p. 108; also definitions of terms). Just **raise your voice** at the end of the sentence to signal that it is a question.

> *Example:*
> Tu veux du café?
> (raise your voice on -fé)

This way of phrasing a question as well as placing **the interrogative (i.e., question word, e.g., why, how, etc.) at the end** of a sentence are features of colloquial language, not formal language.

> *Example:*
> Tu habites **où**?

(b) Questions with "est-ce que"

The construction of the sentence remains the same, but **est-ce que is put either directly at the beginning of a phrase or after a question word at the beginning of a phrase**.

> *Example: Question without question word*
> Est-ce que tu rentres tard ce soir?

> *Example: Question with question word*
> Où est-ce que tu habites?

This form is used in colloquial as well as formal language.

(c) Questions with inversion

Subject and conjugated verb change positions. Subject pronouns are connected to the conjugated verb with a hyphen. (This does not work of course when the interrogative itself is the subject, e.g., Qui vient?)

> *Examples:*
> Vas-tu au bureau aujourd'hui?
> Où habites-tu?
> Comment va ton frère?
> Est-ce un problème?

=> If the question is without a question word (the required answer in this case is yes or no) and a noun is the subject, then this "simple" inversion is not possible; see "For perfectionists".
(Therefore this is NOT possible: Vient Marc?)

NOTE: If two vowels collide because of the inversion, a **"t"** is inserted between two hyphens.

Examples:
Va-t-il faire beau demain? *(a collides with i)*
Se **repose-t-elle** bien en vacances? *(e collides with e)*
Y **a-t-il** des risques? *(a collides with i)*

This form is preferable in formal situations and in written language; however, some short expressions are **also popular in informal language.**

Example:
Comment vas-tu?

NOTE: It isn't always possible to construct an inversion with the **personal pronoun "je".** The following examples are common, though.

Examples:
ai-je, dois-je, sais-je, suis-je, vais-je and puis-je (*!* not: peux-je!)

Summary

Intonation	Tu as faim? Tu habites où?
est-ce que	Est-ce que tu as faim? Où est-ce que tu habites?
Inversion	As-tu faim? Où habites-tu?

For perfectionists:
In addition to this "simple" inversion there is a complex inversion. The **subject, a noun,** is placed before the conjugated verb and repeated after it with the corresponding subject pronoun. This is mandatory if you want to construct an inversion into a **question without an interrogative**.
Examples:
Marc vient-il?
Marc a-t-il réussi son examen?
Les chats sont-ils dans la cuisine?

The same rule applies if the question contains a **direct** object (except: que as a relative pronoun).
Example:
Comment Patrick a-t-il fait fortune?

This is also the case with **pourquoi** as a question word without a direct object.
Example: Pourquoi la police ne vient-elle pas?

2.2 Interrogatives

(a) Inquiry about the subject: Who or what?

Who? (persons): *Qui (est-ce qui)…?*
Examples:
Qui a pris la dernière banane?
Qui est-ce qui va m'aider?

NOTE: Who is it? => Qui est-ce? (inversion of c'est)

What? (things): *Qu'est-ce qui…?*
Example:
Qu'est-ce qui se passe?

=> The interrogative is the subject of the interrogative clause (hint: there is no other subject).
Consequently: est-ce que becomes **est-ce qui**!
(Don't confuse this with qui/que as relative pronouns, chapter V.1.1, p. 210)

(b) Inquiry about the direct object: Who(m) or what?

Whom? (persons): *Qui (est-ce que)…?*
Examples:
Qui a-t-elle vu?
Qui est-ce que tu as rencontré?

What? (things): *Qu'est-ce que...?*
Example:
Qu'est-ce qu'elle cherche?

Summary:

Who...?	Qui (est-ce qui)...?
What...? (Subject)	Qu'est-ce qui...?
Whom...?	Qui (est-ce que)...?
What...? (Object)	Qu'est-ce que...?

(c) Quoi? (What?)
Quoi can be used in questions without a verb as well as in questions where it is placed at the end of the phrase. It can also be used with prepositions (see d).

Examples:
Quoi donc?
Tu fais quoi? *(fam.)*

(d) Inquiry about the prepositional complements

à qui…? => to whom? whom?
de qui...? => from whom? whose?
pour/avec qui…? => for whom? with whom?

à quoi…? => about what?
de quoi…? => from what?
avec/sur/dans quoi...? => with/on/in what?

Example:
penser **à** qc. => **À** quoi penses-tu?

See also:
For information on prepositional complements and other complements see III.1 (Verbs as blueprints for sentences, p. 108) and I.6 (Prepositions, p. 67).

(e) The interrogative adjective quel and its pronoun lequel (Which...?)

Both agree in number and gender with the noun they refer to:

adjective	pronoun
quel livre…?	lequel?
quelle chaise…?	laquelle?
quels livres…?	lesquels?
quelles chaises…?	lesquelles?

They can be used with prepositions.
Examples:
De quelle ville venez-vous?
(From which town do you come?)
Avec quel bus arrivez-vous?
(With which bus do you arrive?)
Mes crayons sont dans un carton. Mais **dans lequel** des deux?
(... But in which of the two?)

NOTE: Remember the contractions of the articles **le** and **les** with **à** and **de** (chapter I.1.1, p. 28)? It's the same with lequel:

	sg.	pl.
m.	**auquel?** **duquel?**	**auxquels?** **desquels?**
f.	**à laquelle?** **de laquelle?**	**auxquelles?** **desquelles?**

See also lequel as a relative pronoun (V.1.4, p. 213).

(f) Further interrogatives

pourquoi…? => why?
quand…? => when?
depuis quand? => since when?
où…? => where?
d'où…? => from where?
jusqu'où…? => till where?
comment…? => how?
combien…? => how much? how many?
(with a noun: combien de...?)

Possible sources of mistakes
The English "how" has multiple meanings: distinguish in particular between how = in what manner and how = to what extent (how much, how long etc.; see For perfectionists).

Examples:
How do I get home?
=> **Comment** vais-je rentrer chez moi?
Do you know how much I love you?
=> Est-ce que tu sais **comme/combien/à quel point** je t'aime?

2.3 Indirect questions

Indirect questions require **neither est-ce que nor inversion.** The question without interrogative begins now with **si/s' (if)**, otherwise the interrogative is maintained.

Examples:

Direct:	***Indirect:***
Est-ce que Valérie va à l'école?	Il demande *si* Valérie va à l'école.
Où as-tu mis mon crayon?	J'aimerais savoir *où* tu as mis mon crayon.

NOTE: interrogatives that need to be changed
qui est-ce qui/que => qui (who? whom?)
qu'est-ce qui => ce qui (what? as subject)
qu'est-ce que => ce que (what? as object)
(See also qui, ce qui and ce que as relative pronouns V.1, p. 209.)

Examples:

Direct:	***Indirect:***
Qui est-ce que tu as rencontré?	Raconte **qui** tu as rencontré.
Qu'est-ce qui ne va pas?	Explique-moi **ce qui** ne va pas.
Qu'est-ce que tu fais?	Dis-moi **ce que** tu fais.

NOTE: For information on the *sequence of tenses* in indirect questions see chapter IV.6, p. 192.

For perfectionists:
Questions concerning measures, weights, distances and age often can't be translated literally.
Examples:
How long/wide/high is you car?
=> Quelle est la longueur/la largeur/la hauteur de ta voiture?
How old are you?
=> Quel âge as-tu?
How long have you been alone?
=> Depuis combien de temps es-tu seul?

The same is valid for many expressions.
Examples:
How is the weather?
=> Quel temps fait-il?
What time is it?
=> Quelle heure est-il?

Note that there is a "predicative" usage of quel, i.e., the structure of the question is "quel + être".
Examples:
Quel est ton nom?
Quelle est l'adresse?
Quels sont les avantages?

Questions with pouvoir/devoir + infinitif can be shortened.
Examples: Que dois-je faire? => Que faire?
Comment pourrais-je faire? => Comment faire?

Exercises

A. Voici les réponses. Posez les questions. Utilisez «est-ce que», puis l'interrogation par inversion – si possible. (solution p. 42)

1. Elles sont dans la cuisine.
2. Il prépare son examen.
3. C'est Nicole.
4. C'est mon journal.
5. Amélie vient du Poitou.
6. Oui, il aime la salade.
7. Derrière la maison, il y a un jardin.
8. Je m'appelle Marc.
9. Elle a 18 ans.
10. Je travaille dans une boulangerie. (polite)
11. Je rentre à deux heures.
12. Il invite Céline à son anniversaire.
13. Elle pense à son dîner.
14. Je vais acheter le sac bleu.
15. Il fait la connaissance de Marc.
16. C'est Jérôme qui a réussi.
17. C'est sa voiture qui est cassée.
18. Je compte sur toi.
19. Je regarde dans le frigo parce que j'ai faim.
20. J'ai versé le lait dans la casserole.

B. Traduisez. (solution p. 43)
(You don't know which prepositions to use after the verbs? See chapter III.1, p. 108!)

1. What do you do?
2. Who has taken the salt?
3. What happened?
4. Whom did you meet?
5. What are you talking about?
6. Which language are you learning?
7. I have two dresses (la robe). Which one will I put on?
8. I have many shoes. Which ones will I put on?
9. Who are you thinking of?
10. How much is it? (coûter)
11. Whose pencil is this? (appartenir)
12. With whom did he go out?
13. Where are you from? (venir)
14. On which balcony did it happen?
15. Which school does she attend? (aller)
16. Why is Marc sad?
17. Are you satisfied with your work?
18. Since when have you been sick?

C. Mettez au discours indirect. (solution p. 43)

1. Maman me demande: «As-tu fait tes devoirs?»
2. (Je veux savoir) «Qu'est-ce que tu as mangé ce matin?»
3. (Raconte-moi) «À quoi est-ce que tu penses?»
4. Martine demande: «Pourquoi n'y a-t-il plus rien dans le frigo?»
5. Mon ami demande: «Qu'est-ce qui se passe?»
6. (Marc voudrait savoir) «Où sont mes affaires?»
7. Grand-mère demande: «Qui est-ce qui a laissé la porte ouverte?»
8. Patrick demande à Suzanne: «Quel chanteur est-ce que tu préfères?»
9. Lucas demande: «Est-ce que je peux avoir encore un peu de dessert?»
10. Myrna se demande: «Comment est-ce que je vais faire?»
11. Le jour de l'examen, Amélie se demande: «Vais-je réussir?»
12. Après l'examen, son père demande: «Ça s'est bien passé?»
13. (Il veut savoir aussi) «Qu'est-ce que la prof a dit?»

Answer Keys

Solutions for A

L1. Où est-ce qu'elles sont? Où sont-elles?
L2. Qu'est-ce qu'il prépare? Que prépare-t-il?
L3. Qui est-ce?
L4. Qu'est-ce que c'est?
(elevated: Qu'est-ce? = inversion of c'est)
L5. D'où est-ce qu'Amélie vient? D'où vient Amélie?
L6. Est-ce qu'il aime la salade? Aime-t-il la salade?
L7. Qu'est-ce qu'il y a derrière la maison? Qu'y a-t-il derrière la maison?
L8. Comment est-ce que tu t'appelles? Comment t'appelles-tu?
L9. Quel âge est-ce qu'elle a? Quel âge a-t-elle?
L10. Où est-ce que vous travaillez? Où travaillez-vous?
L11. À quelle heure/Quand est-ce que tu rentres? À quelle heure/Quand rentres-tu?
L12. Qui est-ce qu'il invite? Qui invite-t-il?
L13. À quoi est-ce qu'elle pense? À quoi pense-t-elle?
L14. Quel sac est-ce que tu vas acheter? Quel sac vas-tu acheter?
L15. De qui est-ce qu'il fait la connaissance? De qui fait-il la connaissance?
L16. Qui est-ce qui a réussi? (Qui a réussi?)
L17. Qu'est-ce qui est cassé? (*or:* Quelle voiture est cassée?)
L18. Sur qui est-ce que tu comptes? Sur qui comptes-tu?
L19. Pourquoi est-ce que tu regardes dans le frigo? Pourquoi regardes-tu dans le frigo?
L20. Dans quoi est-ce que tu as versé le lait? Dans quoi as-tu versé le lait?

Solutions for B

L1. Qu'est-ce que tu fais? / Que fais-tu?
L2. Qui (est-ce qui) a pris le sel?
L3. Qu'est-ce qui s'est passé? (Que s'est-il passé?)
L4. Qui est-ce que tu as rencontré? / Qui as-tu rencontré?
L5. De quoi est-ce que tu parles? / De quoi parles-tu?
L6. Quelle langue est-ce que tu apprends? / Quelle langue apprends-tu?
L7. J'ai deux robes. Laquelle est-ce que je vais mettre? / Laquelle vais-je mettre?
L8. J'ai beaucoup de chaussures. Lesquelles est-ce que je vais mettre? / Lesquelles vais-je mettre?
L9. À qui est-ce que tu penses? / À qui penses-tu?
L10. Combien est-ce que ça coûte?
L11. À qui est-ce que ce crayon appartient? / À qui appartient ce crayon?
L12. Avec qui est-ce qu'il est sorti? / Avec qui est-il sorti?
L13. D'où est-ce que tu viens? / D'où viens-tu?
L14. Sur quel balcon est-ce que c'est arrivé (*or* ça s'est passé)? / Sur quel balcon est-ce arrivé?
L15. À quelle école est-ce qu'elle va? / À quelle école va-t-elle?
L16. Pourquoi est-ce que Marc est triste? / (Pourquoi Marc est-il triste?)
L17. Est-ce que tu es content de ton travail? / Es-tu content de ton travail?
L18. Depuis quand est-ce qu'ils sont malades? / Depuis quand sont-ils malades?

Solutions for C

L1. Maman me demande si j'ai fait mes devoirs.
L2. Je veux savoir ce que tu as mangé ce matin.
L3. Raconte-moi à quoi tu penses.
L4. Martine demande pourquoi il n'y a plus rien dans le frigo.
L5. Mon ami demande ce qui se passe.
L6. Marc voudrait savoir où sont ses affaires.
L7. Grand-mère demande qui a laissé la porte ouverte.
L8. Patrick demande à Suzanne quel chanteur elle préfère.
L9. Lucas demande s'il peut avoir encore un peu de dessert.
L10. Myrna se demande comment elle va faire.
L11. Le jour de l'examen, Amélie se demande si elle va réussir.
L12. Après l'examen, son père demande si ça s'est bien passé.
L13. Il veut savoir aussi ce que la prof a dit.

3. Negation

Important: For negation and articles see chapter I.1.5, p. 30, and try the exercises.

See also the indefinite adjectives and pronouns in chapter II.4, p. 102.

3.1 Forms

ne... pas	*not*
ne... rien	*nothing*
ne... personne	*nobody, no one*
ne... plus	*no more*
ne... jamais	*never*
ne... guère	*hardly, scarcely*
ne... aucun,e	*none*
ne... ni... ni	*neither... nor*
ne... pas non plus	*also not*
ne... nulle part	*nowhere*

Emphasizing by "du tout":
Je ne l'aime plus du tout.
(I don't love him at all anymore.)

Note concerning aucun,e:
ne... aucun,e can be used alone (as a pronoun) as well as with a noun (as an indefinite adjective).

Mes amis? **Aucun** ne m'a aidé. *(None of them...)*
Je ne trouve **aucune idée**. *(... not...any idea)*

! ne... que (= seulement; *only*) isn't considered a negation; it's a restriction and so there is no change of the article (I.1.5, p. 30). *Example:* Nous n'avons qu'un sandwich pour deux.

3.2 Position

(a) With a conjugated verb

The components of negation enclose the **conjugated part of the verb and its preceding object and adverbial pronouns** (III.3, p. 134).
In other words, neither participles (été, allé, venu) nor infinitives (avoir, faire) are conjugated forms!

Examples:
Amélie **ne *mange* plus** de chocolat.
Les maths? Il **n'*en a* aucune** idée.
L'école? Olivier **n'*y a* pas** été.
Ce livre? Je **ne *l'ai* pas** encore rendu.
Je **ne *vais* pas** le lui dire.

EXCEPTIONS:
ne... personne, ne... aucun, ne... nulle part and **ne... ni... ni** enclose the conjugated verb, the participe passé and the infinitive.

Examples:
Je n'ai rencontré **personne**.
Je ne vais voyager **nulle part**.
Je n'ai pris **aucune brochure** sur l'étalage.
Je ne vais prendre **ni thé ni café**.

With **ne... pas non plus** (also not) only *non plus* comes after the past participle or the infinitive, likewise with the emphasis *du tout*:

Je ne l'ai pas vu **non plus**.
Je ne vais pas l'aimer **du tout**.

(b) With the infinitive alone

To negate an infinitive alone, both components of the negation are placed directly before it and its preceding pronouns.

Examples:
Je mets une veste pour **ne pas avoir** froid.
Il vaut mieux **ne plus y penser**.

(c) With the gérondif and the participe présent (V.5, p. 244)

Just like in (a), the components of the negation enclose these verb forms and their preceding pronouns (but not the "en" of the gérondif).

Examples:
N'*y prenant* **pas** garde, il s'est trompé de route.
En **ne *marchant*** **pas** sur le trottoir, on risque l'accident.

(d) Rien, aucun, personne and ni... ni... as subjects

As with every subject, the components of negation come before the verb, but with inversed positions.

Examples:
Rien ne se passe aujourd'hui.
Aucune robe ne me plaît dans ce magasin.
Personne n'est venu me voir.
Ni la chaleur **ni** le froid **ne** me sont agréables.

(e) In clauses without a verb

...the "ne" is dropped.

Examples:
Pas de chance!
Aucun problème!
Qu'est-ce qu'il y a? Rien!

For perfectionists:
There are some expressions that have only "ne" (without "pas").
Example: cesser de + infinitive
Il ne cessait de pleurer.

"Jamais" (without "ne") can also be used in the sense of "ever", in which case it is not a negation.
Example:
Si jamais tu passes par ici, viens me voir!
(If ever you pass by here,...)

Note: There are still more forms of negation, e.g., combined ones:
ne... jamais plus/plus jamais *(never again)*
ne... jamais personne *(not anybody)*
ne... jamais rien *(not anything)*
ne... jamais aucun *(not any)*
ne... plus personne *(no more anybody)*
ne... plus non plus *(no longer either)*
ne... plus guère/guère plus *(no more, hardly anymore)*
ne... plus aucun *(no more a single)*
ne... plus rien *(no more anything)*
NOTE: In colloquial language the "ne" is often dropped.

Exercises

A. Mettez les phrases à la forme négative. Faites attention à l'article (I.1.5, p. 30). (solution p. 48)

1. Julie est rentrée à la maison. (pas)
2. Tout me préoccupe. (rien)
3. Je dois aller voir quelqu'un. (personne)
4. Mon café? Je l'ai toujours aimé avec du lait. (jamais)
5. La pluie et le beau temps m'empêchent de travailler. (ni)
6. Je mets un chapeau pour avoir l'air bête. (2x pas)
7. Des bonbons? Marc en a encore. (plus)
8. Cet auteur de roman a trouvé des idées partout. (nulle part)
9. Tous les romans policiers me passionnent. (aucun)
10. J'ai tout vu! (rien)
11. Perdre patience, c'est stupide! (2x pas)
12. Des gens sont dans la rue. (personne)
13. Sa trousse? Je vais la lui rendre! (pas)
14. Des biscuits? Je vais en faire aussi. (pas non plus)
15. Je l'ai fait exprès. (pas du tout) *(exprès = on purpose)*
16. Je vais prendre le train ou l'avion. (ni)
17. En pensant à autre chose, on risque l'erreur. (2x pas)
18. Je vais acheter une veste dans ce magasin. (aucun)
19. Ce livre, je l'aime beaucoup. (guère)
20. Son idée, je la lui trouverai demain! (pas)

B. Traduisez. (solution p. 48)

1. Nobody comes to visit me. (venir voir)
2. Marcel does not want any more biscuits. (avoir envie de qc.)
3. (Conjuring trick:) Nothing up the sleeves! Nothing in the pockets!
4. No car passes by here. (passer par ici)
5. To avoid falling asleep, I'll have one more coffee. (s'endormir)
6. The neighbo(u)r likes neither dogs nor cats.
7. I have never met him.
8. He has gone nowhere. (partir, p.c.)
9. Lucie will not go either. (partir, futur composé)
10. It is better not to go out today. (Il vaut mieux...)

Answer Keys

Solutions for A

L1. Julie n'est pas rentrée à la maison.
L2. Rien ne me préoccupe.
L3. Je ne dois aller voir personne.
L4. Mon café? Je ne l'ai jamais aimé avec du lait.
L5. Ni la pluie ni le beau temps ne m'empêchent de travailler.
L6. Je ne mets pas de chapeau pour ne pas avoir l'air bête.
L7. Des bonbons? Marc n'en a plus.
L8. Cet auteur de romans n'a trouvé d'idée nulle part.
L9. Aucun roman policier ne me passionne.
L10. Je n'ai rien vu!
L11. Ne pas perdre patience, ce n'est pas stupide!
L12. Personne n'est dans la rue.
L13. Sa trousse? Je ne vais pas la lui rendre!
L14. Des biscuits? Je ne vais pas en faire non plus.
L15. Je ne l'ai pas fait exprès du tout.
L16. Je ne vais prendre ni le train ni l'avion.
L17. En ne pensant pas à autre chose, on ne risque pas l'erreur.
L18. Je ne vais acheter aucune veste dans ce magasin.
L19. Ce livre, je ne l'aime guère.
L20. Son idée, je ne la lui trouverai pas demain!

Solutions for B

L1. Personne ne vient me voir.
L2. Marcel n'a plus envie de biscuits.
L3. Rien dans les manches! Rien dans les poches!
L4. Aucune voiture ne passe par ici.
L5. Pour ne pas m'endormir, je prends encore un café. *(III.2 for reflexive pronouns)*
L6. Le voisin n'aime ni les chiens ni les chats.
L7. Je ne l'ai jamais rencontré. *(III.3 for object pronouns)*
L8. Il n'est parti nulle part.
L9. Lucie ne va pas partir non plus.
L10. Il vaut mieux ne pas sortir aujourd'hui.

4. Nouns

4.1 Gender

(1) Essentials

In French, nouns are either **masculine (m.)** or **feminine (f.)**. Learn new words together with their articles, then you should have no problems – and if a noun has a **feminine form** with the same stem, learn it as well.

Examples:

le chien, la chienne
le loup, la louve
le chat, la chatte
le lion, la lionne
un ours, une ourse
le chanteur, la chanteuse
un acteur, une actrice
un directeur, une directrice
le mort, la morte *(the dead man, the dead woman)*
un étudiant, une étudiante
le pharmacien, la pharmacienne
le boulanger, la boulangère
le paysan, la paysanne
le patron, la patronne
un ambassadeur, une ambassadrice
un député, une députée
un dieu, une déesse
un empereur, une impératrice
le roi, la reine
le fou, la folle

Note: Many animals have totally different words for the male and for the female, e.g., le coq *(the cock)* and la poule *(the hen)*.

(2) Homonyms

Some nouns change their meaning but keep the same spelling when you change the gender (= homonyms):

Examples:
le livre *(the book)* – la livre *(the pound)*
le mode *(the mode)* – la mode *(the fashion)*
le mort *(dead man)* – la mort *(death)*
le manche *(the handle)* – la manche *(the sleeve)*
le poêle *(the stove)* – la poêle *(the frying pan)*
le tour *(the tour)* – la tour *(the tower)*
le vase *(the vase)* – la vase *(mud)*
le voile *(the veil)* – la voile *(the sail)*
le poste *(post, station)* – la poste *(the post office)*
le somme *(the nap)* – la somme *(the sum, amount)*
le garde *(watchman)* – la garde *(the watch)*
le moule *(the mould)* – la moule *(the mussel)*
un aide *(assistant)* – une aide *(the help)*
le critique *(the critic)* – la critique *(the criticism)*

For perfectionists:
There are fixed expressions in which an obsolete gender has been preserved, i.e., in these expressions only, the gender is different from the real gender of the noun.
Example:
les gens (m. pl.)
BUT: les petites gens (people of modest means), les vieilles gens (old people)

4.2 Plural forms

(1) with -s

Most French nouns form the plural with an added "-s".
Examples:
le livre => les livres
une fille => des filles

Exception:
No "s" is added if the singular noun ends with -s, -x or -z.
Examples:
le héros => les héros
la croix => les croix
le nez => les nez

The plural of the following **seven** nouns ending in ***-ou*** is formed with **-x**, all others usually are formed with -s:
le bijou => les bijoux *(jewellery)*
le caillou => les cailloux *(pebbles)*
le chou => les choux *(cabbages)*
le genou => les genoux *(knees)*
le hibou => les hiboux *(owls with ear tufts)*
le pou => les poux *(lice)*
le joujou => les joujoux *(toys; baby talk)*

(2) with -x

The plural of nouns endings in ***-au, -eau, -eu*** is formed (with some exceptions) with -x.
Examples:
le noyau => les noyaux *(cores, stones in a fruit)*
le tuyau => les tuyaux *(hoses, tubes)*
likewise: le fléau *(plagues)*, l'étau *(vices/vises)*

le bureau => les bureaux
l'eau (f.) => les eaux
likewise: le bateau, le taureau, le château

le feu => les feux
le jeu => les jeux
likewise: l'aveu *(confession)*, le cheveu *(hair)*, le lieu *(place)*, le vœu *(vow)*

EXCEPTIONS:
le landau => les landaus *(prams)*
le bleu => les bleus *(bruises)*
le pneu => les pneus *(tyres)*
le lieu => les lieus *(! coalfish)*

(3) Special plurals

The plural of some nouns ending in ***-al*** and ***-ail*** is formed with ***-aux***.

Examples:
le cheval => les chevaux
le journal => les journaux
le mal => les maux
(***But with -s:*** le bal, le chacal, le régal, le carnaval, le festival, le récital)

le corail => les coraux
le travail => les travaux
le vitrail => les vitraux
(***But with -s***: le rail, le chandail, le détail, l'éventail)

NOTE:
un œil => des yeux
le ciel => les cieux
monsieur => messieurs
madame => mesdames
mademoiselle => mesdemoiselles

For perfectionists:
In some cases there are ***two valid plural forms of a plural noun.***
Example:
un idéal => des idéaux OR des idéals

There are different rules for **compound nouns**; yet the usage may vary. Here is a selection, but I recommend using a dictionary.
Compounds written in one word: plural marks at the end:
Example: des autoroutes

Compounds with hyphen:
Noun + specifying noun: first noun in pl.
Example: des stations-service (service stations)
Noun + noun of equal importance: both
Example: des choux-fleurs (cauliflowers)
Verb + noun: only the noun
Example: des ouvre-bouteilles (bottle openers)
Adjective + noun or noun + adj.: both
Example: des grands-pères, des grands-mères (*!*) (grandfathers, grandmothers)
Adjective + adjective: both

Example: les sourds-muets (deaf-mutes)
Prep. + noun: noun in pl.
Example: des arrière-boutiques (back shops)

Abreviated nouns are invariable, as are family names.
Example:
les ciné-clubs (cinema clubs)
les Duval (the Duvals)

(4) Plural forms with different meaning as in singular

le ciseau *(chisel)* – les ciseaux *(scissors)*
la lunette *(spy glass)* – les lunettes *(spectacles)*
la toilette *(personal hygiene; dress)* – les toilettes *(place: toilet/washroom)*
l'échec *(failure)* – les échecs *(also: chess)*
le devoir *(duty)* – les devoirs *(also: homework)*

Exercises

A. Mettez au féminin. (solution p. 54)

1. le chien
2. le chat
3. le lion
4. le loup
5. le coiffeur
6. un instituteur
7. un informaticien
8. le patron
9. le boulanger
10. le fou
11. un empereur
12. le paysan
13. un étudiant

B. Mettez au pluriel. (solution p. 54)

1. l'œil
2. le cheval
3. le tuyau
4. le clou
5. la souris
6. le prix
7. le travail
8. le chacal
9. le feu
10. le landau
11. une eau
12. la danse
13. le chou
14. le journal
15. le pneu
16. le bateau
17. le cheveu
18. le hibou
19. le bal
20. le détail
21. le trou
22. le nez
23. le jeu
24. une étudiante
25. le château
26. monsieur

C. Traduisez. (solution p. 54)

1. the spectacles
2. the pound
3. the sleeve
4. the tower
5. the vase
6. the veil
7. the handle
8. the scissors
9. death
10. chess

Answer Keys

Solutions for A

L1. la chienne
L2. la chatte
L3. la lionne
L4. la louve
L5. la coiffeuse
L6. une institutrice
L7. une informaticienne
L8. la patronne
L9. la boulangère
L10. la folle
L11. une impératrice
L12. la paysanne
L13. une étudiante

Solutions for B

L1. les yeux
L2. les chevaux
L3. les tuyaux
L4. les clous
L5. les souris
L6. les prix
L7. les travaux
L8. les chacals
L9. les feux
L10. les landaus
L11. des eaux
L12. les danses
L13. les choux
L14. les journaux
L15. les pneus
L16. les bateaux
L17. les cheveux
L18. les hiboux
L19. les bals
L20. les détails
L21. les trous
L22. les nez
L23. les jeux
L24. des étudiantes
L25. les châteaux
L26. messieurs

Solutions for C

L1. les lunettes
L2. la livre
L3. la manche
L4. la tour
L5. le vase
L6. le voile
L7. le manche
L8. les ciseaux
L9. la mort
L10. les échecs

5. Adjectives and adverbs

5.1 Adjectives

Adjectives modify a **noun** or **pronoun** (II, p. 84) and **agree** with it in gender and number.

(1) Gender

Usually the **feminine** gets an additional -e (except if the adjective already ends in -e).

Examples:

Marc est fatigué.	=> Amélie est fatigu**e**́e.
C'est un petit garçon.	=> C'est un**e** petit**e** fille.
BUT:	
un banc confortable	=> une chaise confortable

Learn the SPECIAL ENDINGS:

Duplication of the final consonant:
-el
criminel, criminelle
réel, réelle
=> likewise: all adjectives ending in -el.
-il
gentil, gentille
-ien, -on, -an-, -en
bon, bonne
moyen, moyenne
italien, italienne
paysan, paysanne
=> likewise: européen, ancien, breton, piéton etc.
-s
bas, basse
=> likewise: épais, gras, gros
-et, -t
muet, muette
sot, sotte
=> likewise: cadet, coquet, violet, vieillot
BUT:
idiot, idiote
complet, complète (see below: additional accent grave)

-x becomes -se:
dangereux, dangereuse
jaloux, jalouse
=> likewise: heureux, précieux, sérieux, curieux etc.

BUT:
faux, fausse
doux, douce
roux, rousse

Additional accent grave with -ier, -et and -er:
premier, première
complet, complète
léger, légère
=> likewise: dernier, entier, secret, concret, discret, inquiet, étranger, cher etc.

Other irregular forms:
blanc, blanche (likewise: franc)
long, longue
frais, fraîche
actif, active (likewise: neuf, naïf, vif, définitif etc.)
bref, brève
menteur, menteuse (likewise: other adj. in -eur)
conservateur, conservatrice (likewise: destructeur, consolateur, directeur)
public, publique (likewise: turc)
grec, grecque
sec, sèche
favori, favorite
jumeau, jumelle

beau, nouveau, vieux
When placed **before a vowel** (or a silent h), these three adjectives have **a third, singular masculine** form:

un **beau** jour	=> des **beaux** jours
un **bel** oranger	=> des **beaux** orangers
une **belle** femme	=> des **belles** femmes

COMPARE: un beau héros; un bel hôtel

un **vieux** monsieur	=> des **vieux** messieurs
un **vieil** arbre	=> des **vieux** arbres
une **vieille** voiture	=> des **vieilles** voitures

likewise:
nouveau, nouvel, nouvelle (e.g., un nouvel espoir)
fou, fol, folle (e.g., un fol amour)
mou, mol, molle (mol is very rare because this adjective is mostly placed behind its noun, see (3) Position; e.g., un abricot mou)

(2) Plural

Usually the **plural** gets an additional -s (except if the adjective ends with -s or -x).

Examples:
une table basse => des tables basse**s**
le bon pain => les bon**s** pains
BUT:
un gros chat => des gros chats
un sport dangereux => des sports dangereux

Learn the SPECIAL ENDINGS:

The plural form of adjectives ending in -eau is with -x:
un beau cadeau => des beaux cadeaux

The masculine plural form of most adjectives ending in -al is with -aux, but not the feminine plural:
un geste amical => des gestes amicaux
une pensée amicale => des pensées amicales
EXCEPTIONS: banal, bancal, fatal, final, naval (regular, i.e., banals, ...)

NOTE:
The following colour adjectives are invariable...
... because they are nouns used as adjectives:
orange, marron, citron, olive, azur, argent, etc.
=> des chaussures orange
... because they are compound:
vert bouteille (bottle green)
bleu ciel (sky-blue)
rouge foncé (dark red)

With several nouns of different gender...
... the adjective that refers to them takes the masculine plural:
Amélie et Marc sont **derniers**.

For perfectionists:
Abbreviated adjectives are invariable too:
des gens *sympa* (from: sympathiques)
Invariable are also “super” and “ultra”, as well as some set phrases:
des produits *bon marché*
des idées super (fam.)

(3) Position

Adjectives can be used in an “attributive” and “predicative” way.
attributive:
un cheval rapide; un beau jardin
(The adjective is placed directly before or after its noun.)

predicative:
ce cheval est rapide
(The adjective is connected to the noun with être or a similar verb, e.g., devenir, rester, sembler.)

Concerning the attributive usage:
In most cases the adjective is placed after the noun.

Example:
un exercice facile

EXCEPTIONS which are placed in front are usually short:
grand, petit, jeune, vieux, bon, mauvais, beau, joli, gros, vilain, long, court, haut

Examples:
une petite fille
un bon gâteau
un long moment (time)
(but rather: une table longue => space)

For perfectionists:
As soon as these short adjectives are lengthened by e.g., a complement or an adverb, they are placed after the noun as well.
Examples:
une fille **assez petite**
un moment **long de plusieurs secondes**
(An exception to this is if the complement is monosyllabic e.g.,une très petite fille)

Some adjectives change their meaning according to their position.
Examples:

cher Daniel	*(Dear Daniel)*
une voiture **chère**	*(expensive)*
un **ancien** professeur	*(former)*
une table **ancienne**	*(old/ancient)*
mon **propre** avis	*(my own opinion)*
une chambre **propre**	*(a clean room)*
une **drôle d'**histoire	*(a strange story)*
une histoire **drôle**	*(a funny story, a joke)*

(4) Comparison: the comparative

Superiority:
Amélie est ***plus*** grande ***que*** Damien.

Inferiority:
Un vélo est ***moins*** rapide ***qu'***une voiture.

Equality:
Mon chien est ***aussi*** beau ***que*** le tien.

CAUTION: Do not confuse this with the expression of quantity (I.1.4, p. 30) **plus de/moins de**.

(5) Comparison: the superlative

NOTE: There is a **definite article** before plus/moins even if this means that it gets repeated in the case of an adjective that is placed behind the noun. (With the superlative, adjectives that are normally placed before the noun may be placed after it, except meilleur, moindre and pire.)

Superiority:
C'est **le** cheval **le plus rapide** du monde.
C'est **le plus beau** chien du monde.

Inferiority:
C'est **un des** exercices **les moins** faciles de ce livre.
C'est **l'**arbre **le moins grand** du jardin.

EXCEPTION: Irregular comparison of "bon":
Comparative: meilleur(e,s) que
Amélie est **meilleure** en maths **que** Damien.
(BUT: Damien est moins bon en maths qu'Amélie.)

Superlative: le/la/les meilleur(e,s)
C'est **la meilleure** élève de sa classe.
(BUT: C'est l'élève la moins bonne.)

NOTE:
"mauvais" is regular:
plus/moins/aussi mauvais(e,s) que
le/la/les plus/moins mauvais(e,s)
yet in some expressions you need to use its irregular forms:

Comparative: pire que
La guerre est **pire que** tout.

Superlative: le/la/les pire(s)
C'est **la pire** chose du monde.

(There are also irregular forms for "petit": petit,e => moindre => le/la/les moindre(s)
Example: Je n'en ai pas la moindre idée. = ... the slightest idea)

5.2 Adverbs

(1) Definition and usage

Adverbs modify a **verb**, an **adjective, another adverb** or a **whole sentence**; they are invariable.

Verb:
Amélie marche **rapidement**.
Adjective:
Mon chien est **rapidement** fatigué.
Another adverb:
Olivier marche **très** rapidement.
Whole sentence:
Malheureusement, il arrive trop tard.

(2) Forms and formation

Simple adverbs:
très, toujours, bien, mal, trop, vite, beaucoup, demain, déjà, souvent, tôt, tard, ici, partout, etc.

Derived adverbs:
BASIC RULE: Feminine form of the adjective + ment
Examples:
heureux => heureuse => heureusement
agréable => agréablement
gai => gaie => gaiement
actif =>active => activement
NOTE: Not every adjective can form an adverb (see "For perfectionists").

Adjectives ending in -ent and -ant => -emment/-amment:
méchant => méchamment
prudent => prudemment

Exceptions: Derivation from the masculine form:
poli => poliment
vrai => vraiment
absolu => absolument

Additional accent aigu:
énorme => énormément
précis => précisément
profond => profondément

Special forms:
gentil => gentiment
bon => bien

meilleur => mieux
mauvais => mal
grave => gravement; with injuries also: grièvement (*Example:* Il est grièvement blessé.)

(3) Comparison

The comparison of adverbs follows basically the same rules as the comparison of adjectives; the superlative takes always the article "le".

Comparative:
Je cours aussi vite que toi.
Je cours moins vite que toi.
Je cours plus vite que toi.

Superlative:
Je cours le plus vite de tous.
Je cours le moins vite de tous.

Irregular forms:
bien => mieux => le mieux (equality: aussi bien que)
peu => moins => le moins (equality: aussi peu que)
beaucoup => plus => le plus (equality: autant que)

(4) Exceptions: Set phrases

The following set phrases use an **invariable adjective** instead of an adverb. Learn them!

coûter cher, acheter/vendre/payer cher	*(to cost a lot, to buy or sell at a high price, to pay a high price)*
chanter juste, chanter faux	*(to sing in tune/out of tune)*
sonner juste, sonner faux	*(to sound right/wrong)*
sentir bon, sentir mauvais	*(to smell good/bad)*
travailler dur	*(to work hard)*
deviner juste	*(to guess right)*
gagner gros	*(to earn a lot)*
peser lourd	*(to weigh a lot)*
parler haut/bas	*(to speak loudly/quietly)*
voir clair	*(to see clearly)*
tenir bon	*(to stand firm)*
refuser net	*(to refuse immediately)*
etc.	

There are also some set phrases in which the adverbs **bien, mal** and **mieux** are used instead of the adjective:
Compare:

C'est bon.	= *This tastes good.*
C'est bon, c'est bon.	= *Okay, okay. (playing down, appeasing)*
C'est bien.	= *This is good. (opinion)*
C'est mal.	= This is bad. *(opinion, value judgement)*

Other examples:
C'est mal de mentir. = *It is bad/not good to lie.*
Tout est bien qui finit bien. = *All's well that ends well.*
Il est bien cet appartement. = *meaning: I like it*
Ces chaussures ne sont pas mal. = *...not bad.*
J'ai trouvé quelque chose de mieux. = *I found something better.*
But:
Il est bon de faire attention. = *It is advisable ...*
C'est bon de se trouver en vacances. = *It feels good .../ It's good ...*

For perfectionists:
The **position** of adverbs varies; rules can be formulated, but it is better to learn their positions by reading, listening and speaking the language. Most of the time adverbs are placed after a conjugated verb:
*Marc réfléchit **longtemps**.*
Adverbs of place (partout, nulle part), some adverbs of time (aujourd'hui) and longer adverbs usually follow the participe passé:
*J'ai regardé **partout**.*
If the adverb refers to an infinitive, is frequently used and short (bien, mal, beaucoup, peu, trop) it is usually placed in front of the infinitive; others come mostly after the infinitive:
*Je sais **bien** travailler.*
*Je le vois marcher **lentement**.*
Adverbs which refer to a whole sentence often are placed at the beginning, separated by a comma, after the conjugated verb or separated by a comma at the end of the sentence.
***Malheureusement**, je ne pourrai pas venir ce soir.*
*Je ne pourrai **malheureusement** pas venir ce soir.*
*Je ne pourrai pas venir ce soir, **malheureusement**.*

In cases where no adverb can be derived from the adjective, circumscriptions are used, like "de manière (+ adj.)" or "d'une manière (+ adj.)", "de façon (+ adj.)" or "d'une façon (+ adj.)" and "d'un air (+ adj.)".
Examples:
Il me regarde d'un air agacé.
Elle expose ses théories de manière convaincante.

Exercises

A. Accordez les adjectifs et mettez-les à la bonne place. (solution p. 65)

1. C'est une ____ robe ____ pour une _____ fille _____. (joli, petit)
2. Un _____ jour _____, j'ai eu une _______ idée ______. (beau, dangereux)
3. Aurélie met des _____ chaussures _____ et des _____ chaussettes _____. (jaune, émeraude)
4. Sur cette _____ table _____, il y a des _____ fleurs _____. (grand, décoratif)
5. Dans les _____ haricots _____, il faut de la _____ crème _____. (vert, frais)
6. C'est la _____ fois _____ que je mets une _____ chemise _____ pour manger de la sauce tomate. (dernier, blanc)
7. Marc me fait des _____ signes _____ par la _____ fenêtre _____. (amical, ouvert)
8. Ces vêtements ne sont pas _____, surtout cette _____ chemise _____. (banal, extravagant)
9. Ce _____ imbécile _____ m'a dit de me garer à un _____ endroit _____! (vieux, interdit)
10. Sur la _____ place _____, une _____ foule _____ entoure l'artiste de rue qui jongle avec des _____ balles _____ et des _____ cerceaux _____. (public, curieux, noir, orange)
11. L'acteur principal est un ____ homme _____, mais je préfère l'actrice _____ dans le rôle de la _____ femme _____. (beau, roux, muet)
12. Xavier a _____ caractère ______, il parle d'une _____ voix _____ et critique les _____ gens _____. (mauvais, bref, normal)
13. Cette _____ barbe _____ est trop _____ pour moi. (faux, long)
14. Pour mes _____ vacances _____, je prends toujours un ____ hôtel ____ avec _____ pension _____. (grand, beau, complet)
15. Ma tante est _____ et _____ et a toujours des _____ manières _____. (gentil, doux, consolateur)
16. Mon chien est malade, il a la truffe *(= a dog's snout)* _____ et _____. (chaud, sec)
17. Ces _____chaises _____ doivent être remplacées par des _____ chaises _____. (vieux, neuf)
18. Denise est une _____ élève _____, mais sa _____ sœur _____ est plutôt _____. (bon, jumeau, moyen)
19. C'est une ____ pierre ____, mais on en ignore la ____ valeur _____. (précieux, réel)
20. La ____ semaine ____, je prendrai ma _____décision _____. (prochain, définitif)

B. Mettez l'adjectif ou l'adverbe. Attention à l'accord. (solution p. 65)

1. Mon _____ voisin me parlait toujours _____, mais je préfère ma _____ voisine qui est _____ ______. (ancien, poli, nouveau, vrai, gentil)
2. ______, quand je travaille ____ et que j' ai besoin d'un _____ café contre la fatigue, je constate que la boîte est _____! (évident, dur, bon, vide)
3. Louis se remet _____ d'un _____ rhume. (difficile, mauvais)
4. Mon _____ ami Claude m'a rendu une visite _____; je lui en suis _____ reconnaissant. (vieux, imprévu, profond)
5. Les étudiants discutent ______ le pour et le contre de cette théorie _____. (long, intéressant)
6. «Je suis _____ désolée de ne pas pouvoir vous aider», dit la réceptionniste d'un ton ______ ______. (absolu, faux, sincère)
7. ______, j'ai vu une pièce de théâtre ______ ______. (récent, fou, comique)
8. Isabelle s'installe _____ dans un _____ fauteuil avec un _____ livre et une tasse de chocolat _____. (confortable, énorme, bon, chaud)
9. Cette voiture me coûte _____ en réparations; l'ennui, c'est que je ne gagne pas _____ dans mon métier.

(cher, gros)
10. «C'est _____ vrai que ça sent _____ dans la chambre de Patricia. Elle a acheté un _____ parfum?» «Tu as deviné _____!» (bon, bon, nouveau, juste)
11. Marc dessine très _____ mais il chante assez _____. ______ pour lui! (mauvais, juste, heureux)
12. Un ____ oiseau se pose _____ sur une branche _____ du cerisier. C'est très ______! (beau, élégant, mort, poétique)
13. Cette radio fonctionne _____, c'est _____ pour les oreilles. (mauvais, mauvais)
14. Dommage que tu parles toujours trop _____, tu as une _____ voix. (bas, beau)
15. Lucas se promène _____ dans le jardin _____ en rêvant ______. (lent, public, agréable)
16. Mon sac d'école pèse déjà trop _____ pour moi; avec mon sac de sport en plus, je suis _____ trop ______ chargé! (lourd, vrai, lourd)
17. Le patron de ce magasin m'a proposé du travail pour un salaire ______. J'ai refusé ______. (misérable, net)
18. Cette maison a été ______ endommagée pendant un tremblement de terre ______. (grave, terrible)
19. Sophie conduit _____, mais pas très _____. (prudent, bon)
20. Les adverbes? J'ai _____ compris ce chapitre. Mais les formes _____ de l'adjectif sont ______ ______ (parfait, irrégulier, vrai, ennuyant)

C. Traduisez. (solution p. 66)

1. My sister is as light as a feather (une plume).
2. Fortunately, Sylvie is better at French than last year.
3. My apartment is smaller than a doghouse (une niche de chien).
4. My grandmother cooks best. (C'est ma grand-mère qui...)
5. My dog is less intelligent than my cat.
6. Michel draws (dessiner) worse than Aurélie.
7. These are my most brilliant (génial) ideas.
8. This is my oldest (ancien) friend.
9. I feel as bad as you do.
10. Olivier plays tennis better than Lucas, but he doesn't play as well as Sandra. Sandra is the best player of all.
11. This is the most beautiful gift in the world.
12. This chocolate? It tastes really good. (le chocolat)
13. You are learning French? That's good.
14. This idea is not bad.

Answer Keys

Solutions for A

L1. C'est une jolie robe pour une petite fille.
L2. Un beau jour, j'ai eu une idée dangereuse.
L3. Aurélie met des chaussures jaunes et des chaussettes émeraude.
L4. Sur cette grande table, il y des fleurs décoratives.
L5. Dans les haricots verts, il faut de la crème fraîche.
L6. C'est la dernière fois que je mets une chemise blanche pour manger de la sauce tomate.
L7. Marc me fait des signes amicaux par la fenêtre ouverte.
L8. Ces vêtements ne sont pas banals, surtout cette chemise extravagante.
L9. Ce vieil imbécile m'a dit de me garer à un endroit interdit!
L10. Sur la place publique, une foule curieuse entoure l'artiste de rue qui jongle avec des balles noires et des cerceaux orange.
L11. L'acteur principal est un bel homme, mais je préfère l'actrice rousse dans le rôle de la femme muette.
L12. Xavier a mauvais caractère, il parle d'une voix brève et critique les gens normaux.
L13. Cette fausse barbe est trop longue pour moi.
L14. Pour mes grandes vacances, je prends toujours un bel hôtel avec pension complète.
L15. Ma tante est gentille et douce et a toujours des manières consolatrices.
L16. Mon chien est malade, il a la truffe chaude et sèche.
L17. Ces vieilles chaises doivent être remplacées par des chaises neuves.
L18. Denise est une bonne élève, mais sa sœur jumelle est plutôt moyenne.
L19. C'est une pierre précieuse, mais on en ignore la valeur réelle.
L20. La semaine prochaine, je prendrai ma décision définitive.

Solutions for B

L1. Mon ancien voisin me parlait toujours poliment, mais je préfère ma nouvelle voisine qui est vraiment gentille.
L2. Évidemment, quand je travaille dur et que j'ai besoin d'un bon café contre la fatigue, je constate que la boîte est vide!
L3. Louis se remet difficilement d'un mauvais rhume.
L4. Mon vieil ami Claude m'a rendu une visite imprévue; je lui en suis profondément reconnaissant
L5. Les étudiants discutent longuement le pour et le contre de cette théorie intéressante.
L6. «Je suis absolument désolée de ne pas pouvoir vous aider», dit la réceptionniste d'un ton faussement sincère.
L7. Récemment, j'ai vu une pièce de théâtre follement comique.
L8. Isabelle s'installe confortablement dans un énorme fauteuil avec un bon livre et une tasse de chocolat chaud.
L9. Cette voiture me coûte cher en réparations; l'ennui, c'est que je ne gagne pas gros dans mon métier.
L10. «C'est bien vrai que ça sent bon dans la chambre de Patricia. Elle a acheté un nouveau parfum?» «Tu as deviné juste!»
L11. Marc dessine très mal mais il chante assez juste. Heureusement pour lui!
L12. Un bel oiseau se pose élégamment sur une branche morte du cerisier. C'est très poétique!

L13. Cette radio fonctionne mal, c'est mauvais pour les oreilles.
L14. Dommage que tu parles toujours trop bas, tu as une belle voix.
L15. Lucas se promène lentement dans le jardin public en rêvant agréablement.
L16. Mon sac d'école pèse déjà trop lourd pour moi; avec mon sac de sport en plus, je suis vraiment trop lourdement chargé!
L17. Le patron de ce magasin m'a proposé du travail pour un salaire misérable. J'ai refusé net.
L18. Cette maison a été gravement endommagée pendant un tremblement de terre terrible.
L19. Sophie conduit prudemment, mais pas très bien.
L20. Les adverbes? J'ai parfaitement compris ce chapitre. Mais les formes irrégulières de l'adjectif sont vraiment ennuyantes.

Solutions for C

L1. Ma sœur est aussi légère qu'une plume.
L2. Heureusement, Sylvie est meilleure en français que l'an dernier (/l'année dernière).
L3. Mon appartement est plus petit qu'une niche de chien.
L4. C'est ma grand-mère qui cuisine le mieux.
L5. Mon chien est moins intelligent que mon chat.
L6. Michel dessine plus mal qu'Aurélie.
L7. Ce sont mes idées les plus géniales.
L8. C'est mon ami le plus ancien.
L9. Je me sens aussi mal que toi.
L10. Olivier joue mieux au tennis que Lucas, mais il ne joue pas aussi bien que Sandra. Sandra est la meilleure joueuse de tous.
L11. C'est le plus beau cadeau du monde. (OR: C'est le cadeau le plus beau du monde.)
L12. Ce chocolat? Il est très bon. (5.2 at 4, p. 61)
L13. Tu apprends le français? C'est bien.
L14. Cette idée n'est pas mal.

6. Prepositions

This chapter contains some essential applications for French prepositions. In most cases you will need to learn them together with the expressions and vocabulary to which they belong. Also, look up the **usage of prepositions in connection with verbs** at III.1, p. 108 (especially III.1.5 and III.1.6, p. 111/116).

NOTE: Frequently used prepositions may have a different meaning depending on their context (place, time, etc.). Do not try to translate them from English; learn them within their particular context.

Remember the contraction of "de" and "à" with the definite articles le and les (I.1.1, p. 28)!

Also:
There are prepositions that may become conjunctions when adding a "que"(conjunction = introduces a subordinate clause; V.0.2, p. 203).
pendant => pendant que
depuis => depuis que
jusqu'à => jusqu'à ce que
sans => sans que
etc., V.0.3, p. 207

6.1 Place

(1) General places; towns

à Paris, à Londres *(in/to Paris, in/to London)*
à la mer, à la montagne *(at the sea, in the mountains)*
à l'école, à l'université *(at school, at university)*
au travail, au bureau *(at work, at the office)*
à la maison *(at home)*
à la fenêtre *(at the window)*
à la banque *(at/to the bank)*
à la boulangerie *(at/to the bakery)*
au restaurant *(at/to the restaurant)*
à l'ombre *(in the shade)*
au soleil *(in the sun)*
s'asseoir à une table *(to sit down at a table)*
habiter au premier étage *(to live on the first (/second) floor)*

BUT:
habiter en ville *(to live in town)*
habiter en province *(to live in the country)*
en prison *(in prison)*
se mettre en route *(to set off)*
marcher dans la montagne *(to walk in the mountains)*
plonger dans la mer *(to dive into the sea)*

(2) Countries, continents

***Masculine country names:* à + article**
***Feminine country names:* en**
***Country names in the plural:* à + article**

masculine country names:
le Portugal
aller au Portugal (à + le)
revenir du Portugal (de + le)
=> le Danemark, le Canada, le Japon, le Maroc, le Venezuela, le Mexique, le Sénégal, le Chili...

feminine country names:
la France
aller en France (en, *no article*)
revenir de France (de, *no article*)
=> la Suisse, l'Allemagne, l'Italie, la Bretagne, l'Afrique, l'Asie, l'Europe...

plural country names:
les États-Unis
aller aux États-Unis (à + les)
revenir des États-Unis (de + les)
=> les Pays-Bas *(the Netherlands)*

(3) at somebody's place

chez le dentiste *(at the dentist's)*
chez le coiffeur *(at the hairdresser's)*
chez toi *(at your home)*
chez Marc *(at Marc's place)*

NOTE:
Je vais chez le boulanger. *(the baker = a person)*
Je vais à la boulangerie. *(the baker's shop = a place)*

(4) in a "surrounding" place

dans une forêt *(in a forest)*
dans un coin *(in a corner)*
dans la cour *(in the courtyard)*
dans la chambre *(in the room)*
dans l'escalier *(in the stairwell)*
dans les champs *(in the field)*
dans le monde entier *(in the whole world)*
dans le ciel *(in the sky)*
dans les Alpes, dans la montagne *(in the Alps, in the mountains)*
s'asseoir dans un fauteuil *(to sit down in an armchair)*
monter dans la voiture *(to get into the car)*

marcher dans la rue *(to walk in the street inside town)*
(BUT: marcher sur la route = *to walk on the road outside town*)

NOTE:
Je vais à la banque. *(I go to the bank.)*
J'entre dans la banque. *(I enter the bank.)*

Je vais au restaurant. *(I go to the restaurant (in general).)*
Je mange dans mon restaurant préféré. *(I eat in my favo(u)rite restaurant.)*

EXPRESSIONS:
boire dans un verre *(to drink out of a glass)*
manger dans une assiette *(to eat off of a plate)*
copier qc. dans un livre *(to copy sth. from a book)*
=> BUT: boire à la bouteille *(to drink from a bottle)*
also: dans un accident *(in an accident)*

(5) "on" a place

sur l'arbre *(on the tree)*
sur le sol *(on the ground)*
sur la lune *(on the moon)*
sur la table *(on the table)*
sur le trottoir *(on the pavement)*
sur le balcon (on the balcony; BUT: apparaître au balcon = *to appear on the balcony*)
s'asseoir sur une chaise *(to sit down on a chair)*
monter sur un vélo *(to get on a bicycle)*
marcher sur la route *(to walk on the road)*
passer sur un pont *(to cross a bridge)*
naviguer/surfer sur le Web, le Net *(to surf the net)*
être sur Internet *(to be on the net)*
aller sur le site de X *(to visit the homepage of X)*

Towns "on" rivers, coasts, seas:
Châlons-sur-Marne
sur la Loire
sur le Rhône
Paris se situe sur la Seine. *(Paris lies on the river Seine.)*
Saint Malo se situe sur la côte. *(Saint Malo is located on the coast, at the seaside.)*
Boulogne-sur-Mer
SEE ALSO: au bord de *(near, on the edge of, at the border of)*
Example:
Je me promène au bord de la Seine.

Also:
sur demande *(on demand)*
sur-le-champ *(at once)*
sur le conseil de qn. *(following the advise of s.o.)*

la fenêtre donne sur le jardin *(the window looks onto the garden)*
avoir qc. sur soi *(to have something with oneself)*

(6) Other prepositions of place

devant *(in front, local)*
Example:
Ma voiture est garée devant la maison.
BUT: **avant** *(before, chronological and local order)*
Examples:
Ne mange pas de sucreries avant le déjeuner! *(Don't eat sweets before lunch!)*
Mes enfants passent avant tout. *(My children come before everything/are priority.)*

derrière *(behind, local)*
Example:
Je marche derrière toi. *(I'm walking behind you.)*
BUT: **après** *(after, chronological and local order)*
Examples:
Après vous! *(After you! Courtesy; set phrase at the door)*
La poste se trouve juste après le croisement. *(The post office comes just after the crossroads.)*

près de *(near, nearby)*
loin de *(far away from)*
aux environs de Paris *(in the vicinity of Paris)*
dans la région parisienne *(in the district of Paris)*
s'asseoir auprès de qn. *(to sit down next to s.o.)*
faire des démarches auprès des autorités *(at the local authorities)*
à côté de *(next to; see below "Watch out")*
autour de *(around)*
au milieu de *(in the middle of)*
au bout de *(at the end of)*
à droite de; à gauche de *(to the right side of; to the left side of)*
à l'intérieur de *(inside)*
à l'extérieur de *(outside)*
en dehors de *(outside, beyond, out of)*
en haut de *(above)*
en bas de *(below)*
au pied de *(at the foot of)*
en face de *(opposite)*
vis-à-vis de *(facing)*
BUT: envers qn. *(towards s.o.; e.g., he is courteous towards me:* Il est poli envers moi.*)*
entre *(between)*
sous *(under)*
le long de *(along)*
par-dessus *(passing over sth.)*
par-dessous *(passing underneath)*
au-dessus de *(above sth.; generally higher position)*
au-dessous de *(under sth.; generally lower position)*
au-delà de *(beyond)*

vers *(towards)*
en direction de *(in direction of)*
à partir de *(from...on)*
contre *(against)*
jusque *(to, up to, as far as; also temporal; mostly with another preposition e.g., à)*
Example:
Je nage jusqu'au pont. *(I swim up to the bridge.)*

parmi *(in the midst/among)*
Example:
L'assassin se trouve parmi ces cinq suspects.

par *(through, by, via)*
Examples:
Je passe par Strasbourg. *(I go by* Strasbourg.*)*
Le chien regarde par la fenêtre. *(The dog gazes through the window.)*

à travers *(through, right through the middle)*
Examples:
Je marche à travers la forêt. *(I walk through the forest.)*
Je marche à travers champs. *(I walk across country.)*

WATCH OUT:
à côté de *(next to)*
de ce côté de *(this side of)*
de l'autre côté de *(the other side of)*
du côté de *(also: in direction of, in the vicinity of)*

Distinguish also:
La soupe est **dans** la casserole. *(in the pot)*
=> La soupe est **dedans**. *(in there)*
Je mets la lettre **sur** le livre. *(on top of the book)*
=> Je mets la lettre **dessus**. *(on top)*
Il y a de la poussière **sous** le tapis. *(under the carpet)*
=> Il y a de la poussière **dessous**. *(below)*

Some other prepositions can be used like this but without changing their form.

Examples:
Je suis **pour**. *(I am in favo(u)r/for.)*
Je suis **contre**. *(I am against.)*
La voiture? Marc est parti **avec**. *(Marc has left with it.)*
Vous voyez la poste? La mairie se trouve **derrière**. *(behind)*
Je marche **devant**. *(I'm walking in front, ahead.)*
Un chien? On est mieux **sans**. *(You are better off without one.)*

The four points of the compass:
au sud de; au nord de; à l'ouest de; à l'est de *(south of, but outside)*

dans le sud de; etc. *(in the south of, inside)*
Examples:
Orléans se trouve au sud de Paris. *(Orléans is south of Paris.)*
J'habite dans le sud de Paris. *(I live in the south of Paris.)*

6.2 Time

(1) months, seasons, dates

en mai *(in May)*
au mois de mai *(in the month of May)*
=> janvier, février, mars, avril, mai, juin, juillet, août, septembre, octobre, novembre, décembre *(January, February, etc.)*

en été *(in summer)*
en automne *(in autumn)*
en hiver *(in winter)*
! **au** printemps *(in spring)*

le lundi *(on Monday)*
WATCH OUT:
Je viens lundi. *(I'm coming this Monday.)*
Je viens le lundi *(I always come on Mondays.)*
=> lundi, mardi, mercredi, jeudi, vendredi, samedi, dimanche *(Monday, Tuesday, etc.)*

en 2012
=> Je suis né en 1969. *(in the year...)*
Je réussirai **l'année prochaine**. *(next year)*
Elle est partie **l'année dernière**. *(last year)*

Dates:
Je viendrai le 15 septembre. *(I will come on September 15.)*
Je suis né le premier (1er) janvier. *(I was born on January first.)*
Nous sommes le 21 mars. *(Today is March 21.)*
=> see appendix: numbers, p.253

(2) Particular points in time

à midi *(midday, noon)*
à deux heures *(at two o'clock)*
à Noël *(at Christmas)*
à ce moment-là *(at that moment precisely)*
BUT: **en** ce moment *(for/at the moment; for the time being)*

dans deux ans *(in two years)*
=> point in time in the future

il y a deux ans *(two years ago)*
=> point in time in the past
Examples:
Il est parti **il y a** deux ans. *(He left two years ago.)*
OR with subordinate clause:
Il y a deux ans **qu**'il est parti. *(It is two years now that he has gone.)*

ALSO:
Il est parti **depuis** deux ans. *(for two years)*
Voilà deux ans qu'il est parti. *(It is now two years...)*
Ça fait deux ans qu'il est parti. *(It is now two years...)*

avant *(before; temporal and order)*
avant Noël *(before Christmas)*
avant le 30 septembre *(before September 30)*
avant moi *(before me)*

après *(after; temporal and order)*
après l'école *(after school)*
après lundi *(after this Monday)*
après toi *(after you)*

lors de *(during, at the time of; also:* au moment de*)*
=> lors de mon mariage *(when I married; at the time of my marriage)*
depuis lors *(ever since)*
dès lors *(ever since)*

(3) Approximate points in time

vers midi *(around midday)*
vers le 10 juin *(around June 10)*
autour de cinq heures *(around five o'clock)*
en fin d'après-midi *(towards late afternoon)*
en début de soirée *(in the early evening)*

(4) Periods of time

pendant *(during, for)*
Examples:
pendant les vacances *(during the holidays)*
pendant des heures *(for hours)*
pendant longtemps *(for a long time)*

durant *(during; entire duration)*
Il a travaillé durant toute sa vie. *(his whole life)*
OR: Il a travaillé toute sa vie durant.

en deux ans *(in two years)*
en ce moment *(for the time being)*
en peu de temps *(within a short time)*

pour une semaine *(for the duration of one week)*

Distinguish:
Je travaille **pendant** deux heures. *(for two hours)*
J'ai fini **en** deux heures. *(in two hours = it took two hours)*
J'aurai fini **dans** deux heures. *(I will have finished in two hours.)*
J'avais déjà fini **il y a** deux heures. *(I had already finished two hours before.)*
J'aurai fini **d'ici** deux jours. *(In two days time I will have finished = elapsing of a period of time)*

(5) Other temporal prepositions

à partir de *(from...on)*
depuis *(since)*
entre... et... *(between.... and....)*
de... (jusqu') à... *(from... till...)*
dès *(from, since)*
à la fin de *(at the end of)*
au bout de *(after the end of a period of time)*
au début de *(at the beginning of)*
au cours de *(during)*
une fois par semaine *(once a week)*
pour la première fois *(for the first time)*
jusque *(until; mostly with another preposition)*
Examples:
jusqu'à Paris *(until Paris)*
jusqu'après onze heures *(until after 11 o'clock)*
jusque chez Martine *(until Martine's home)*
jusqu'en mars *(until March)*
jusque vers quinze heures *(until around 3 o'clock)*

Set phrases:
à demain *(see you tomorrow)*
à ce soir *(see you this evening)*
à bientôt *(see you soon)*
à la prochaine fois *(see you next time/later)*
(fam.: à la prochaine)

6.3 Mode, causality

(1) Means, tool, manner

avec qc. *(with sth.)*
avec un outil *(with a tool)*

manger avec les doigts *(to eat with the fingers)*
manger avec une cuillère *(to eat with a spoon)*
ouvrir avec la clé *(to open with the key)*
etc.

à l'aide de qc. *(with the help of, by means of)*
BUT: **avec** l'aide de qn. *(with the help of a person)*

par *(by)*
par écrit *(in writing)*
par téléphone *(by phone)*
par avion *(by airplane)*
par mégarde *(by mistake)*
par la poste *(by post)*
par ce moyen, ... *(in this way, by this means)*
par cet argument, ... *(by this argument)*
Qu'est-ce que tu entends par...? *(What do you mean by...?)*

(2) Procedure, way of functioning

à *(with, by)*
laver qc. à la main *(to wash sth. with the hands)*
laver qc. à la machine *(to wash sth. with the washing machine /washer)*
une machine à vapeur *(a steam engine)*
un moulin à vent *(a windmill*)
écrire au stylo *(to write with a pen)*
écrire au crayon *(to write with a pencil)*
=> see below at (4): purpose

(3) Manner of locomotion

en voiture *(by car)*
en avion *(by airplane)*
en bus *(by bus)*
en vélo *(by bicycle)*
en moto *(by motorcycle)*

BUT:
à pied *(on foot)*
à cheval *(on horseback)*

Distinguish:
Je viendrai **en** train. *(by train in general)*
Je viendrai **par le** train de 9 heures. *(with this specific train; often also used generally:* par le train*)*

(4) Other prepositions of mode and causality

à cause de *(because of)*
en raison de *(by reason of, on account of, owing to)*
mourir de soif *(to die of thirst)*
trembler de froid *(to shiver from the cold)*
danser de joie *(to dance for joy)*
hurler de rage *(to shout with rage)*
tomber de fatigue *(to be dying of exhaustion)*
montrer qn **du** doigt *(to point at s.o. with the finger)*
un signe **de** la main *(a sign with the hand)*
de toutes ses forces *(with all his strength)*

Further determination; purpose
un café au lait *(coffee with warm milk)*
un sandwich au fromage *(cheese sandwich)*
un pull à 20 euros *(a 20-euro pullover)*
la salle à manger *(dining room)*
la machine à coudre *(sewing machine)*
la machine à laver *(washing machine/washer)*

Material
en pierre *(of stone)*
en bois *(of wood, wooden)*
en béton *(of concrete)*

Distinguish:
une tasse de café *(a cup of coffee)*
une tasse à café *(a coffee cup = receptacle)*
un verre de vin *(a glass of wine)*
un verre à vin *(a wine glass = receptacle)*

6.4 Prepositional expressions

partir pour une destination *(to leave for a destination)*
partir en vacances, en voyage, en guerre
(to leave for vacation, to leave for a journey, to go to war)
rentrer dans un arbre *(to crash into a tree)*
vivre dans la misère *(to live in misery)*
être dans la politique, la recherche, etc. *(to **be active** in politics, research, etc.)*
écrire en français *(to write in French)*
être en colère *(to be angry)*
être entre amis *(to be among friends)*
être pour qc. *(to be in favo(u)r of/for sth.)*
être contre qc. *(to be against sth.)*
une personne sur deux *(one person out of two)*
grâce à qn. *(thanks to s.o.)*

aller à Strasbourg **via** Paris *(to go to Strasbourg via Paris)*
par rapport à qc. *(in relation to s.th.)*
en faveur de *(in favour/favor of)*
en cas de *(in case of)*

Possession

Ce livre est à moi. *(is mine)*
C'est le livre de Marc. *(Marc's book)*

With adjectives

(1) en
être...
fort en qc. *(to be good at something)*
faible en qc. *(to be weak at something)*
bon en qc. *(to be good at something)*
mauvais en qc. *(to be bad at something)*
riche en qc. *(to be rich in something)*
pauvre en qc. *(to be poor in matters of something)*

(2) de
être...
content de *(pleased with)*
satisfait de *(satisfied with)*
étonné de *(astonished, amazed by)*
fier de *(proud of)*
surpris de *(surprised by)*
heureux de *(happy about)*
inquiet de *(worried about)*
responsable de *(responsible for)*
sûr de *(sure of)*
typique de *(typical for)*
synonyme de *(synonymous with)*
haut de (cinq mètres) *(... high)*
large de (dix centimètres) *(... wide)*
long de (deux kilomètres) *(... long)*
profond de (six millimètres) *(... deep)*

(3) à
être...
semblable à *(similar to, comparable to)*
comparable à *(comparable to)*
dû à *(due to, owing to; from "devoir", m.sg. dû, f.sg. due)*
essentiel à *(essential, important to)*
identique à *(identical to)*
nuisible à *(harmful for)*

(4) pour
être...
connu pour *(to be known for something)*
célèbre pour *(to be renowned for something)*
fameux pour *(to be famous for something)*

=> remember the specific feminine and plural forms of adjectives (I.5.1, p. 55)

Other prepositions
selon *(according to)*
selon elle *(according to her)*
d'après xy *(according to xy)*
sauf *(except, unless)*
excepté *(except)*
au lieu de *(instead of)*
malgré *(in spite of/despite)*
sans *(without)*
outre *(besides, beyond)*
en dehors de *(outside of, apart from)*
quant à *(concerning, as regards, as for)*
envers qn. *(towards s.o.)*
hors (de) qc. *(out of, except, outside)*
=> être hors de prix *(excessively expensive)*
=> être hors de question *(out of question)*
=> être hors de doute *(unquestionable)*
=> être hors de soi *(to be beside oneself)*
=> hors la loi *(outlaw)*
=> hors jeu *(soccer: offside)*
=> hors service *(out of service)*

For perfectionists:
Some prepositions can be additional to a verb which already has "de":
Tu viens **de chez** toi? (Are you coming from home?)
Le chat sort **de dessous** le banc. (The cat is coming out from under the bench.)
Brigitte sort **de derrière** la porte. (Brigitte is coming out from behind the door.)
Mme Durand a divorcé **d'avec** son mari.(Mrs Durand divorced her husband.)

Exercises

A. Mettez les prépositions qui conviennent. (solution p. 81)

1. Bastien se met _____ route pour l'université.
2. Mireille voyage _____ le monde entier.
3. J'ai du mal à me diriger _____ les rues de Paris.
4. Il y a beaucoup d'embouteillages _____ les routes. Ça me met _____ colère.
5. M. Feuillet s'assoit _____ une chaise et sa femme _____ un fauteuil.
6. Je dois vérifier l'information ____ Internet.
7. Bon week-end et ____ lundi!
8. Marcel lave ses chemises _____ la main et envoie des lettres _____ la poste. Il n'aime pas les machines.
9. Je meurs _____ faim et je tombe _____ fatigue!
10. Nous partons _____ voyage _____ Chili.
11. Frédéric s'est blessé _____ un accident. Il est rentré _____ un arbre _____ sa voiture.
12. Ça, c'est le sac _____ Nadine, mais celui-ci est ____ moi.
13. Le lait est riche _____ calcium. C'est un élément essentiel _____ la santé.
14. Madeleine est contente _____ son travail.
15. Ce chanteur est célèbre _____ sa voix de basse.
16. Cette tour est haute _____ trente mètres.
17. Je suis surpris _____ la note que j'ai eue au dernier examen.
18. Dans ce pays, les gens vivent _____ la misère.
19. Le chat saute _____ la fenêtre et grimpe _____ l'arbre.
20. Les randonneurs se sont perdus _____ la forêt.
21. Ce train passe _____ Reims.
22. J'avais acheté cette voiture _____ cinq ans. J'en rachèterai une autre _____ deux ans.
23. J'ai mis la mauvaise adresse _____ mégarde.
24. On tremble _____ froid _____ cette cave!
25. C'est un argument _____ béton.

B. Traduisez. (solution p. 81)

1. Brigitte is at home.
2. Marc is in the house.
3. I'm sitting on the terrace of the café. (s'asseoir)
4. I live in Canada. (habiter)
5. I live in France.
6. I live in the Netherlands.
7. Philippe is going to the dentist's.
8. Martine is going to the bakery.
9. Patrick is at work.
10. Do not run on the stairs!
11. My shoes are in front of the door.
12. I bought the red shoes before the blue ones.
13. Orléans is situated on the river Loire. (se situer)

14. A bird is flying in the sky.
15. Today I'll come to you.
16. The dog is going into the shade, the cat is going into the sun. (se mettre)
17. The garden is situated behind the house. (se trouver)
18. Do you see this file (le classeur)? The letter is inside.
19. I met her two years ago, in May.
20. I take my holidays in spring, not in summer.
21. I'm coming on Thursday at noon. I always come on Thursdays, but at six o'clock.
22. In two years I will be rich.
23. Marc has been studying for two years, but next year he wants to work – at least for a month.
24. He will succeed within two years. (réussir; = it will take two years)
25. At that moment I got an idea.
26. At the moment (= for the time being) I am busy. (être occupé)
27. Jean was born in 1999.
28. I must finish before Sunday. (devoir finir)
29. I will contact you in writing.
30. Are you coming by bus, by bicycle or on foot?
31. I will come on the nine o'clock train.
32. Luc always writes with a pencil.
33. He is sharpening (tailler qc.) his pencil with a pencil sharpener (le taille-crayon).
34. The ring (l'anneau, m.) is gold (l'or, m.).
35. I repaired the car with the help of my brother.
36. Marc is opening the drawer (le tiroir) with (by means of) a screwdriver. (le tournevis).
37. This child eats off (of) a plate – with his fingers.
38. Parents are responsible for their children.

C. Traduisez. (other prepositions; solution p. 82)

1. Mme Danglard is coming late (arriver en retard) because of a traffic jam.
2. I have received all the parcels (recevoir), except one.
3. Despite the rain, I am going out without an umbrella. (sortir)
4. In relation to its size (la taille), the ant (la fourmi) is a very strong animal.
5. We are free from 6pm on.
6. I am available (disponible) at the office between 10am and 5pm, but only until March.
7. Over the course of the day, work accumulates. (s'accumuler)
8. As for Daniel, he doesn't understand anything.
9. Except for the basic model, all these cars are excessively expensive.
10. Nina is proud of her work; her boss (le chef) is happy with her as well.
11. Today I set out for Paris.
12. The contract expires after two years. (prendre fin)
13. Daniel has been sick for one week.
14. The file (le dossier) is among the papers on the desk.
15. In case of a breakdown (la panne), inform (prévenir) the porter (le concierge).
16. A coffee for five euros is far too expensive (cher).
17. At the beginning of summer it always rains here.
18. The workman (l'ouvrier) is coming in the late afternoon, at around five o'clock.
19. Marc felt bored during the entire film. (s'ennuyer, p.c.)
20. Isabelle is taking an airplane for the first time.
21. The minister is writing his speech (le discours) in French.

22. According to my sister, this restaurant is great (formidable).
23. I'm going to buy a bicycle instead of a car.
24. This bag (le sac) is similar to mine.
25. One answer out of five is correct (bon).

Answer Keys

Solutions for A

L1. Bastien se met <u>en</u> route pour l'université.
L2. Mireille voyage <u>dans</u> le monde entier.
L3. J'ai du mal à me diriger <u>dans</u> les rues de Paris.
L4. Il y a beaucoup d'embouteillages <u>sur</u> les routes. Ça me met <u>en</u> colère.
L5. M. Feuillet s'assoit <u>sur</u> une chaise et sa femme <u>dans</u> un fauteuil.
L6. Je dois vérifier l'information <u>sur</u> Internet.
L7. Bon week-end et <u>à</u> lundi!
L8. Marcel lave ses chemises <u>à</u> la main et envoie des lettres <u>par</u> la poste. Il n'aime pas les machines.
L9. Je meurs <u>de</u> faim et je tombe <u>de</u> fatigue!
L10. Nous partons <u>en</u> voyage <u>au</u> Chili.
L11. Frédéric s'est blessé <u>dans</u> un accident. Il est rentré <u>dans</u> un arbre <u>avec</u> sa voiture.
L12. Ça, c'est le sac <u>de</u> Nadine, mais celui-ci est <u>à</u> moi.
L13. Le lait est riche <u>en</u> calcium. C'est un élément essentiel <u>à</u> la santé.
L14. Madeleine est contente <u>de</u> son travail.
L15. Ce chanteur est célèbre <u>pour</u> sa voix de basse.
L16. Cette tour est haute <u>de</u> trente mètres.
L17. Je suis surpris <u>de</u> la note que j'ai eue au dernier examen.
L18. Dans ce pays, les gens vivent <u>dans</u> la misère.
L19. Le chat saute <u>par</u> la fenêtre et grimpe <u>sur</u> l'arbre.
L20. Les randonneurs se sont perdus <u>dans</u> la forêt.
L21. Ce train passe <u>par</u> Reims.
L22. J'avais acheté cette voiture <u>il y a</u> cinq ans. J'en rachèterai une autre <u>dans</u> deux ans.
L23. J'ai mis la mauvaise adresse <u>par</u> mégarde.
L24. On tremble <u>de</u> froid <u>dans</u> cette cave!
L25. C'est un argument <u>en</u> béton.

Solutions for B

L1. Brigitte est chez elle. (*or* Brigitte est à la maison.)
L2. Marc est dans la maison. (*or* Marc est à l'intérieur de la maison.)
L3. Je suis assis(e) à la terrasse du café.
L4. J'habite au Canada.
L5. J'habite en France.
L6. J'habite aux Pays-Bas.
L7. Philippe va chez le dentiste.
L8. Martine va à la boulangerie.
L9. Patrick est au travail.

L10. Ne cours pas dans l'escalier! (imperative IV.1, p. 149)
L11. Mes chaussures sont devant la porte.
L12. J'ai acheté les chaussures rouges avant les bleues.
L13. Orléans se situe sur la Loire. (*or* Orléans se situe au bord de la Loire.)
L14. Un oiseau vole dans le ciel.
L15. Je viens (/viendrai) chez toi aujourd'hui. (*or* Aujourd'hui, je...)
L16. Le chien se met à l'ombre, le chat se met au soleil.
L17. Le jardin se trouve derrière la maison.
L18. Tu vois ce classeur? La lettre est dedans.
L19. Je l'ai rencontrée il y a deux ans, en mai.
L20. Je prends mes vacances (/mes congés) au printemps, pas en été.
L21. Je viens jeudi, à midi. Je viens toujours le jeudi, mais à six heures.
L22. Dans deux ans, je serai riche.
L23. Marc étudie depuis deux ans, mais l'année prochaine, il veut travailler – au moins pour un mois.
L24. Il réussira en deux ans.
L25. À ce moment(-là), j'ai eu une idée.
L26. En ce moment, je suis occupé.
L27. Jean est né en 1999.
L28. Je dois finir avant dimanche.
L29. Je vous contacte par écrit. (/Je vous contacterai...)
L30. Est-ce que tu viens en bus, en vélo ou à pied?
L31. Je viendrai par le train de 9 heures.
L32. Luc écrit toujours au crayon.
L33. Il taille son crayon avec un taille-crayon.
L34. L'anneau est en or.
L35. J'ai réparé la voiture avec l'aide de mon frère. (Avec l'aide de mon frère, j'ai réparé la voiture.)
L36. Marc ouvre le tiroir à l'aide d'un tournevis.
L37. Cet enfant mange dans une assiette – avec les doigts.
L38. Les parents sont responsables de leurs enfants. (possessive adjectives II.2.1, p. 91)

Solutions for C

L1. Mme Danglard arrive en retard à cause d'un embouteillage. (*or* en raison d'un embouteillage)
L2. J'ai reçu tous les paquets sauf un.
L3. Malgré la pluie, je sors sans parapluie.
L4. Par rapport à sa taille, la fourmi est un animal très fort.
L5. Nous sommes libres à partir de 18 heures.
L6. Je suis disponible au bureau entre 10 heures et 17 heures, mais seulement jusqu'en mars.
L7. Au cours de la journée, le travail s'accumule.
L8. Quant à Daniel, il ne comprend rien.
L9. En dehors du modèle de base, toutes ces voitures sont hors de prix. (*or* Outre/Excepté le modèle de base,...)
L10. Nina est fière de son travail; son chef aussi est content d'elle.
L11. Aujourd'hui, je pars pour Paris. (*or* Aujourd'hui, je me mets en route pour Paris.)
L12. Le contrat prend fin au bout de deux ans.
L13. Daniel est malade depuis une semaine.
L14. Le dossier se trouve parmi les papiers sur le bureau.
L15. En cas de panne, prévenez le concierge.
L16. Un café à cinq euros, c'est beaucoup trop cher.

L17. Au début de l'été, il pleut toujours, ici.
L18. L'ouvrier vient en fin d'après-midi, vers cinq heures.
L19. Marc s'est ennuyé pendant tout le film.
L20. Isabelle prend l'avion pour la première fois.
L21. Le ministre écrit son discours en français.
L22. D'après ma sœur, ce restaurant est formidable. (*or* Selon ma sœur, ...)
L23. Je vais acheter un vélo au lieu d'une voiture.
L24. Ce sac est semblable au mien. (possessive pronouns II.2.2, p. 92)
L25. Une réponse sur cinq est bonne.

II. Pronouns and their adjectives

Definitions:

Possessive, demonstrative and indefinite **adjectives** are called "adjectives" because they connect to a noun.
Examples:
ma chambre (possessive adjective, II.2, p. 91)
cette idée (demonstrative adjective, II.3, p. 96)

Pronouns are called "pronouns" because they take the place of nouns (and other words) – they represent nouns.
Examples:
le chien => **il** (personal pronoun, II.1, p. 84)
ma chambre => elle; **la mienne** (possessive pronoun, p. 92)
cette idée => elle; **celle-ci** (demonstrative pronoun, p. 97)

NOTE:
Object pronouns and adverbial pronouns can be found in a chapter of their own (III.3, p. 134), as can **reflexive pronouns** (III.2, p. 127).
Look up relative clauses and **relative pronouns** in chapter V.1, p. 209.
The **interrogative adjective quel** and its **pronoun lequel** have already been discussed in chapter I.2 Asking questions (see I.2.2 e, p. 38)

1. Personal pronouns

1.1 Personal pronouns – subject form (conjunctive)

They are called conjunctive pronouns because they are always *linked to a verb.* They are the subject of the clause.

(1) Personal pronouns (subject):

1st p.sg. (I)	**je (j')***	Je mange mon dessert.
2nd p.sg. (you)	**tu**	Tu vas au cinéma.
3rd p.sg. (he/she)	**il/elle**	Elle apprend le français.
1st p.pl. (we)	**nous**	Nous partons demain.
2nd p.pl. (you)	**vous**	Vous venez?
3rd p.pl. (they)	**ils/elles**	Ils rêvent.

* before a vowel or a silent h, e.g., j'aime, j'hésite

(2) Sign of respect, politeness: vous
The polite "vous" serves one person or more. Participles and adjectives must agree!

Example:
Vous êtes passée chez le coiffeur, madame?

(3) 3rd p. sg. "impersonal": il
"Il" may be used in the sense of "it" or "one", as an impersonal subject of a sentence.

Examples:
Il est tard. => It's late.
Il faut dormir. => It is necessary to sleep.
(*or* One/you need(s) to sleep.)

(4) 3rd p. sg: on
"On" is an indefinite pronoun used as a subject, and it means "one, people, someone" etc.

Examples:
En France, on parle français.
(In France, people speak French.)
On a volé mon vélo!
(Someone has stolen my bike! or in place of passive voice: *My bike has been stolen!* IV.7, p. 197*)*

In spoken language **"on" often means "nous"**. Participles should agree but don't need to (e.g., On est resté(s) chez nous. = *We stayed at home.*).
(The corresponding reflexive pronoun is "se", but object pronouns are still "nous"; III.2 and 3, p. 127.)

Examples:
On va à la plage.
(We are going to the beach.)
On se retrouve devant l'hôtel.
(We'll meet again in front of the hotel.)

For perfectionists:
In spoken colloquial language you may hear *tu* contracted to *t'*.
Example: «T'as fini de manger?»

Regarding **"on"**:
Sometimes you will find **"l'on"** instead of just **on**. It sounds nicer in certain circumstances. It's optional but can't be used in every case, so you may want to do without.

1.2 Disjunctive personal pronouns

They are called disjunctive because they are able to stand **alone**; because they are used **to stress and to emphasize** they are also called "tonic", "stressed" or "emphatic".

Forms

1st p.sg.	**moi**	Qui en veut? Moi.
2nd p.sg.	**toi**	C'est pour toi.
3rd p.sg.	**lui/elle***	Lui, il est médecin.
1st p.pl.	**nous**	Il travaille avec nous.
2nd p.pl.	**vous**	À qui le tour? À vous.
3rd p.pl.	**eux/elles**	Ce sont eux qui ont raison.

* 3rd p.sg. reflexive: soi (III.2, p. 127, and For perfectionists, p. 88)

Usage
(1) In clauses without a verb as well as to emphasize a part of a sentence by repeating it.

Qui veut des haricots? **Pas moi**.
Marc est parti**, lui aussi**.
Nos enfants n'ont pas faim, **eux non plus**.
Il nous l'a dit **lui-même**. *(He told us himself.)*
Ils nous ont parlé **eux-mêmes**.
Toi, tu ne ferais pas une chose pareille.
Nous, nous partons.
C'est son crayon **à lui**. (stresses ownership)
C'est leur chambre **à elles**. (stresses ownership)
Mon père et **moi** (, nous) voyageons au Canada.
Lui seul en est capable. *(He alone...)*

=> NOTE the modifier **"-même(s)"** which means "-self".

(2) Emphasis with c'est/ce sont

Qui a pris le sel? **C'est moi.**
Olivier? **C'est lui que** je vais voir aujourd'hui.

NOTE:
"c'est" becomes "ce sont" only in the 3rd p.pl.! (In colloquial language it is even possible to use c'est in the 3rd p.pl.)

C'est nous qui avons gagné.
Ce sont elles qui vont nous aider.
(*fam.:* C'est elles qui vont nous aider.)
=> see also V.1.1 for information on the use of "qui" and "que" (p. 210)

(3) With the affirmative imperative in the 1st and 2nd p.sg.

Tais-**toi**.
Regarde-**moi**.
=> For further details see chapters on object pronouns (III.3.6, 140) and on the imperative (IV.1.1, 149).

(4) With comparisons

Amélie est plus rapide **que moi**.
Je ne suis pas plus bête **que lui**.

(5) As a prepositional object after a preposition

Marc est parti **sans moi**.
M. Duval travaille **avec eux**.
Tu rentres déjà **chez toi**?
Qu'est-ce que tu penses **d'elle**?

POSSIBLE SOURCE OF ERRORS:
The preposition **"à"** usually introduces an indirect object. (III.1.2, p. 109) and therefore requires indirect object pronouns with **persons** (III.3.2, p. 135) and the adverbial pronoun "y" with **things** (III.3.3, p. 136). **However, with the following verbs, "à" introduces – like other prepositions – a prepositional object and therefore requires the disjunctive personal pronouns** (with **persons** only, not with things). **LEARN THEM!**

penser à qn.	=> Je pense **à lui**.
songer à qn.	=> Il songe **à toi**.
renoncer à qn.	=> Son ex-femme? Il renonce **à elle**.
tenir à qn. *(to be very attached to s.o.)*	=> Mon mari? Je tiens **à lui**!
faire attention à qn.	=> Je fais attention **à elles**.
comparer qn. à qn. *(to compare s.o. with s.o.)*	=> Je la compare **à lui**.
être habitué à qn.	=> Je suis habitué **à eux**.

BUT: Je pense à mon travail. => J'y pense. (thing; III.3.3, p. 136)

(6) As an indirect object with à, if the direct objects me, te, nous, vous are already placed before the verb
Je me joins **à lui**.
See III.3.7 for information on word order when there is more than one pronoun (p. 140).

For perfectionists:
The disjunctive reflexive pronoun "soi" is used only in relation to an indefinite or impersonal subject.
Examples:
Chacun pour soi. *(Everyone for himself.)*
On devrait toujours avoir un mouchoir sur soi.
(One should always have a tissue with oneself.)
In addition there are some set phrases with "soi".
Examples:
une fin en soi *(an end in itself)*
cela va de soi *(that goes without saying)*
Le français en soi est... *(The French language in itself is...)*
soi-disant *(so-called/alleged)*

Exercises

A. Mettez le bon pronom personnel. (solution p. 90)

m. = masculine
f. = feminine
p. = person
sg. = singular
pl. = plural

1. _____ (1st p.pl) partons en vacances sans ____ (3rd p.sg.f.).
2. Demain, _____ (1st p.sg.) travaillerai avec ____ (3rd p.sg.m.).
3. _____ (2nd p.sg), _____ (2nd p.sg.) pourras te reposer.
4. C'est _____ (2nd p.pl.) que _____ (1st p.sg.) voulais voir.
5. _____ (3rd p.pl.m.) sont toujours à l'heure, _____ (3rd p.pl.m.).
6. _____ (2nd p.sg) manges plus vite que _____ (1st p.sg.)
7. Conduis-_____ (1st p.sg.) à l'école, ____ (1st p.sg.) ai raté le bus.
8. Qui va faire les courses? ____ (3rd p.sg.m.) ou ____ (3rd p.sg.f.)?
9. Les filles veulent jouer, _____ (3rd p.pl.f.) aussi.
10. ____ (3rd p.sg.) faut que _____ (1st p.sg.) me rende chez _____ (3rd p.pl.m.).
11. ____ (1st p.sg.) ai réussi le test _____ (1st p.sg.)-même.
12. C'est son assiette à ____ (3rd p.sg.f.).
13. ____ (3rd p.pl.m.) sont revenus avec _____ (1st p.pl.).
14. _____ (1st p.sg.) cours derrière _____ (3rd p.sg.m.).
15. _____ (2nd p.sg.) rentres après _____ (1st p.sg.).
16. _____ (3rd p.sg.f.) se dirige vers _____ (3rd p.pl.m.).
17. _____ (2nd p.pl.) n'aimez pas les carottes, _____ (2nd p.pl.) non plus?
18. _____ (1st p.sg.), _____ (1st p.sg.) ai bien travaillé.
19. _____ (3rd p.pl.m.) ont fait ce gâteau _____ (3rd p.pl.m.)-mêmes.
20. _____ (3rd p.sg.f.) est plus habile que _____ (3rd p.sg.m.).

B. Traduisez. (solution p. 90)

1. Amélie thinks about him.
2. I'll go with you.
3. After work, one is tired.
4. Do you have time (you = polite)? I'll come to you (= to your home).
5. Help me.
6. They sing the song themselves. (3rd p.pl.m.)
7. My brother and I are going to the cinema.
8. It is raining. (pleuvoir)
9. I look after him. (faire attention)
10. My grandma? I'm very attached to her!
11. In winter you dress warmly. (mettre des vêtements chauds)
12. It's two o'clock.
13. Who ate the croissant? You?
14. He alone has the key.
15. That's *her* idea.

C. Learn the content of chapter III, p. 108, especially the object pronouns and the adverbial pronouns in III.3, p. 134, and do the exercises!

Answer Keys

Solutions for A

L1. Nous partons en vacances sans elle.
L2. Demain, je travaillerai avec lui.
L3. Toi, tu pourras te reposer.
L4. C'est vous que je voulais voir.
L5. Ils sont toujours à l'heure, eux.
L6. Tu manges plus vite que moi.
L7. Conduis-moi à l'école, j'ai raté le bus.
L8. Qui va faire les courses? Lui ou elle?
L9. Les filles veulent jouer, elles aussi.
L10. Il faut que je me rende chez eux.
L11. J'ai réussi le test moi-même.
L12. C'est son assiette à elle.
L13. Ils sont revenus avec nous.
L14. Je cours derrière lui.
L15. Tu rentres après moi.
L16. Elle se dirige vers eux.
L17. Vous n'aimez pas les carottes, vous non plus?
L18. Moi, j'ai bien travaillé.
L19. Ils ont fait ce gâteau eux-mêmes.
L20. Elle est plus habile que lui.

Solutions for B

L1. Amélie pense à lui.
L2. Je vais avec toi. (/Je vais aller avec toi.)
L3. Après le travail, on est fatigué.
L4. Vous avez le temps? Je viens chez vous. (/Je vais venir chez vous.)
L5. Aide-moi.
L6. Ils chantent la chanson eux-mêmes.
L7. Mon frère et moi (, nous) allons au cinéma.
L8. Il pleut.
L9. Je fais attention à lui.
L10. Ma grand-mère? Je tiens à elle!
L11. En hiver, on met des vêtements chauds.
L12. Il est deux heures.
L13. Qui a mangé le croissant? Toi?
L14. Lui seul a la clé.
L15. C'est son idée à elle.

2. Possessive pronouns and adjectives

2.1 Possessive adjectives

NOTE: Unlike in English, the possessive adjective must agree in gender and number with the **possessed noun** (that follows it), not with the possessor!

E: his mother **F**: sa mère
E: her mother **F**: sa mère

ONE possessed object		SEVERAL
m.	f.	pl.
mon **ton** **son** **notre** **votre** **leur**	**ma** (mon*) **ta** (ton*) **sa** (son*) **notre** **votre** **leur**	**mes** **tes** **ses** **nos** **vos** **leurs**

* if the next word begins with a vowel or a silent h

Examples:

Alice cherche **son livre**. *(her book)*
Alice cherche **sa tasse.** *(her cup)*
Alice cherche **son amie**. *(her female friend)*
Alice cherche **ses affaires**. *(her things/stuff)*

Let me stress this one more time:
=> the possessive adjective agrees with the **possessed object**
=> **before a vowel or a silent h** ma/ta/sa becomes mon/ton/son

Alice et Marc cherchent **leur voiture**. *(their car)*
Alice et Marc cherchent **leurs parapluies**. *(their umbrellas)*

=> **NOTE**: The plural -s agrees with the number of the possessed objects as well, NOT with the number of the possessors.

2.2 Possessive pronouns

The possessive pronoun agrees with the **gender and number of the noun it replaces** and always has a definite article. (Remember: le and les may contract with the prepositions à and de. I.1, p. 28.)

m.		f.	
sg.	pl.	sg.	pl.
le mien **le tien** **le sien** **le nôtre** **le vôtre** **le leur**	**les miens** **les tiens** **les siens** **les nôtres** **les vôtres** **les leurs**	**la mienne** **la tienne** **la sienne** **la nôtre** **la vôtre** **la leur**	**les miennes** **les tiennes** **les siennes** **les nôtres** **les vôtres** **les leurs**

NOTE the ^ at the 1st and 2nd p.pl.!

Examples:

Est-ce que ce sont **mes chaussures**?
Non, ce sont **les miennes. Les tiennes** sont près de la porte.

C'est **votre voiture**?
Oui, c'est **la nôtre**.

Vous avez trouvé **vos enfants**? Les Duval cherchent **les leurs**.

C'est **ta bicyclette**?
Non, **la mienne**, elle est bleue.

À qui est ce manteau?
C'est **le mien**. (*Alternatives:* Il est à moi. *or* À moi.)`

Était-ce **mon idée** ou **la leur**?
(Was it my idea or theirs?)

For perfectionists:
Especially in formal communication style you will find set phrases with possessive pronouns that do without the article.
Example:
Il a fait sienne l'idée de son ami.
(He adopted his friend's idea.)

Exercises

A. Complétez par les déterminants ou les pronoms possessifs. (solution p. 94)

p. = person
sg. = singular
pl. = plural

1. Aurélie pense à _____ deux frères Marc et Lucien et à _____ mère, Fabienne.
2. Elle dit à _____ amie Laure: «_____ frère Lucien a des ennuis avec _____ mère, ces derniers temps.
3. C'est parce que ____ deux frères ne rangent jamais _____ affaires, mais en plus, Lucien ne fait pas _____ travail.»
4. Laure répond: «_____ (2nd p.sg.) frères sont comme _____ (1st p.sg.; more than one brother), alors.
5. Mais chez moi, c'est _____ père qui s'énerve le plus quand _____ enfants ne rangent pas. _____ deux parents perdent facilement ____ calme. Et _____ (2nd p.sg.; parents)?»
6. Aurélie réfléchit: «Non, _____ (1st p.sg.) ne s'énervent pas. Ils détestent eux-mêmes ranger _____ affaires.
7. Mais ils n'acceptent pas que Lucien laisse ____ travail aux autres. À chacun _____ (=> le travail)!»
8. Laure dit: «Moi, je dois sortir avec _____ (1st p.pl.) chien, le soir. Il est déjà vieux et doit sortir souvent. Et ____ (2nd p.pl.; one dog)?»
9. Aurélie répond: «_____ (1st p.pl.) est mort il y un an. _____ (1st p.pl.) voisins me permettent de sortir _____ (3rd p.pl.; one dog).»
10. Laure: «À ____ (2nd p.sg.) place, je n'irais pas sortir le chien des autres!»

B. Complétez par les déterminants ou les pronoms possessifs. (solution p. 94)

1. «Nous prenons ____ vacances en juin. Quand prenez-vous _____?» «Nous prenons _____ en juillet.»
2. Je vais te présenter ____ (1st p.sg.) amies, alors présente-moi aussi _____!
3. Cet arbre-ci a déjà perdu ____ feuilles (f.; leaf), mais celui-là a encore gardé _____.
4. Les étudiants du groupe A ont fini _____ exercices; ceux du groupe B n'ont pas encore commencé _____.
5. J'ai oublié _____ savon (m.; soap) dans la douche. Tu me prêtes _____ (2nd p.sg.)?
6. Lucien cherche encore _____ chaussures. Son frère Marc a trouvé _____ derrière le frigo. Quelqu'un lui a fait une blague? En tout cas, Aurélie et Fabienne ont tout de suite trouvé _____ (3rd p.pl.).
7. ____ (1st p.sg.) livre n'est pas très intéressant. Et ____ (2nd p.sg.)?
8. J'ai regardé dans _____ (1st p.sg.) armoire (f.; wardrobe), mais je n'ai pas vu _____ veste (f.; jacket). Je peux regarder dans _____ (2nd p.sg.)?
9. Pour travailler dans le jardin, je mets _____ horrible jupe (f.; skirt) bleue et _____ bottes (f.; boot) vertes.
10. Voici _____ (1st p.sg.) solutions. Je peux voir _____ (2nd p.sg.)?

C. Traduisez. (solution p. 95)

1. Mr. Lemerle? You (= polite) forgot your key (la clé) on my table. Or isn't it yours?
2. We have to wash our car (la voiture). It is dirty, and apart from that (et puis) our neighbo(u)rs always wash theirs.

3. Nadine is looking for her ball (le ballon), her book and her friend (f.).
4. It is cold, the people are putting on their coats (mettre qc.). Where are ours? Our wardrobes are empty!
5. Our neighbo(u)rs are looking for their cat (le chat).
6. "Today we are going to see our grandma (aller voir)." "Oh? Unfortunately, ours lives (habiter) too far away (trop loin)."
7. "Our umbrellas (le parapluie) are broken (cassé)." "Our children always forget theirs at school."
8. "My shoes don't fit (trop petites)!" "Oh? Mine have holes (le trou) in the sole (la semelle)."
9. "Whose jacket (la veste) is this?" "It is mine."
10. I'll swap (échanger qc. contre qc.) my biscuits for yours. Alright?

Answer Keys

Solutions for A

L1. Aurélie pense à ses deux frères Marc et Lucien et à sa mère, Fabienne.
L2. Elle dit à son amie Laure: «Mon frère Lucien a des ennuis avec ma mère, ces derniers temps.
L3. C'est parce que mes deux frères ne rangent jamais leurs affaires, mais en plus, Lucien ne fait pas son travail.»
L4. Laure répond: «Tes frères sont comme les miens, alors.
L5. Mais chez moi, c'est mon père qui s'énerve le plus quand ses enfants ne rangent pas. Mes deux parents perdent facilement leur calme. Et les tiens?»
L6. Aurélie réfléchit: «Non, les miens ne s'énervent pas. Ils détestent eux-mêmes ranger leurs affaires.
L7. Mais ils n'acceptent pas que Lucien laisse son travail aux autres. À chacun le sien!»
L8. Laure dit: «Moi, je dois sortir avec notre chien, le soir. Il est déjà vieux et doit sortir souvent. Et le vôtre?»
L9. Aurélie répond: «Le nôtre est mort il y un an. Nos voisins me permettent de sortir le leur.»
L10. Laure: «À ta place, je n'irais pas sortir le chien des autres!»

Solutions for B

L1. «Nous prenons nos vacances en juin. Quand prenez-vous les vôtres?» «Nous prenons les nôtres en juillet.»
L2. Je vais te présenter mes amies, alors présente-moi aussi les tiennes!
L3. Cet arbre-ci a déjà perdu ses feuilles, mais celui-là a encore gardé les siennes.
L4. Les étudiants du groupe A ont fini leurs exercices; ceux du groupe B n'ont pas encore commencé les leurs.
L5. J'ai oublié mon savon dans la douche. Tu me prêtes le tien?
L6. Lucien cherche encore ses chaussures. Son frère Marc a trouvé les siennes derrière le frigo. Quelqu'un lui a fait une blague? En tout cas, Aurélie et Fabienne ont tout de suite trouvé les leurs.
L7. Mon livre n'est pas très intéressant. Et le tien?
L8. J'ai regardé dans mon armoire (f. before a vowel!), mais je n'ai pas vu ma veste. Je peux regarder dans la tienne?
L9. Pour travailler dans le jardin, je mets mon horrible jupe (f. before a silent h!) bleue et mes bottes vertes.
L10. Voici mes solutions. Je peux voir les tiennes?

Solutions for C

L1. Monsieur Lemerle? Vous avez oublié votre clé sur ma table. Ou bien n'est-ce pas la vôtre?
L2. Nous devons laver notre voiture (*or*: Il faut que nous lavions notre voiture. see subjonctif, V.3, p. 227). Elle est sale, et puis nos voisins lavent toujours la leur.
L3. Nadine cherche son ballon, son livre et son amie (f. before a vowel!).
L4. Il fait froid, les gens mettent leurs manteaux. Où sont les nôtres? Nos armoires sont vides!
L5. Nos voisins cherchent leur chat.
L6. «Aujourd'hui, nous allons voir notre grand-mère.» «Ah? Malheureusement, la nôtre habite trop loin.»
L7. «Nos parapluies sont cassés.» «Nos enfants oublient toujours les leurs à l'école.»
L8. «Mes chaussures sont trop petites!!» «Ah? Les miennes ont des trous dans la semelle.»
L9. «À qui est cette veste?» «C'est la mienne.»
L10. J'échange mes biscuits contre les tiens. D'accord? (/Je vais échanger...)

3. Demonstrative pronouns and adjectives

3.1 Demonstrative adjectives

They are connected to a **noun**.

Example:
ce livre (**this** book)

(1) Forms

	sg.	pl.
le livre	**ce** livre	**ces** livres
l'animal (m.)	**cet*** animal	**ces** animaux
la voiture	**cette** voiture	**ces** voitures

* m.sg. before a vowel or a silent h (because of the liaison)

=> NOTE as usual the difference between the **silent h** and the **aspirated h**
Examples:
cet hôtel (don't forget the liaison)
ce héros

(2) Emphasis: -ci and -là

These particles are **added** to the noun. Like "here" and "there" they may mark nouns that are **closer** or **further away**.

Examples:
Cette voiture-**ci** ou cette voiture-**là**? *(This car here or that car over there?)*
cet homme-**là** *(that man over there)*

For perfectionists:
Adding "-là" to an expression of time makes it refer to the **past**.
Examples:
ce jour-là (that day)
en ce temps-là (at that time)
à ce moment-là (at that moment)

Without the particle you are talking about **present** time. This concerns matin, après-midi, soir and nuit.
Examples:
ce matin-là (that morning, in the past)
ce matin (this morning, today)

3.2 Demonstrative pronouns

They take the place of the noun they agree with.

Forms

	sg.	pl.
m. *(this/that one)*	**celui** (-ci/-là)	**ceux** (-ci/-là)
f. *(this/that one)*	**celle** (-ci/-là)	**celles** (-ci/-là)
neutr. *(this/that/it)*	**ce, ceci, cela (/ça)**	

Usage

(1) Celui, celle, ceux and celles can't stay alone; they need the particle -ci or -là. (see above)

Examples:

Quelle est ton assiette? **Celle-ci** ou **celle-là**?
Celle-ci.

Marc pose une question à Lucien.
Celui-ci ne répond pas.

(2) Otherwise they come along with a complement which describes them further (often a relative clause, V.1.6, p. 215).

Examples:

Comment tu trouves ton vélo?
Je préfère **celui de Nadine**.

Tu mets quelle veste, aujourd'hui?
Celle avec les grandes poches.

Quelles sont tes sandales préférées?
Celles que j'ai portées l'année dernière.

Je pense à **ceux qui m'ont aidé.**

(3) The neutral/impersonal forms

ce
The most frequently used combination is
ce + être (ce is subject). "Ce" never stands alone.

Examples:
c'est
ce n'est pas
c'était
ce n'était pas

NOTE: In the compound tenses c' becomes ç' because of the a of avoir!
c'est => ç'a été (don't confuse it with ça!)

NOTE ALSO:
"c'est" becomes "ce sont" only in the 3rd p.pl.! (In colloquial language you may even use c'est as well in the 3rd p.pl.)

C'est nous qui avons gagné.
Ce sont elles qui vont nous aider.
(fam.: C'est elles qui vont nous aider.)

For perfectionists:
This is still valid with a modal verb in-between (pouvoir, devoir, savoir):
Ce doit être la vérité.
But with a pronoun in-between you will need **cela** (fam.: ça):
Cela lui est égal.

For further **emphasis** you can use ceci instead of ce in front of être (see below):
Ceci n'est pas une pipe. *(This isn't a pipe.)*

Ce is also part of the relative pronouns **ce qui** and **ce que** (V.1.5, p. 214).

Cela (fam.: ça)
Cela or ça may be used as a neutral subject or as an object. It may be used alone.
Examples:
Cela/Ça suffit, merci. *(That's enough, thanks.)*
Je n'avais pas pensé à **cela/ça**.
Qu'est-ce que tu regardes? **Ça**.

Ceci and cela
They are used to emphasize a contrast; "ceci" marks the closer thing and "cela" the one further away.
Examples:
Ceci ne me plaît pas, **cela** encore moins.
(I don't like **this**, and **that** even less.)

For perfectionists:
Which one should you use as an impersonal subject, "il" or "ce+être" or even "cela/ça"?
If you hear, read, speak and write French often, you will get a feeling for it. Here are some general guiding principles:

"Il" is the subject of intransitive verbs (= verbs without an object, see III.1.3, p. 110) **and of impersonal verbs and general expressions, e.g., expressions of weather and time**.
Examples:
Il semble qu'elle ait raison. *(It appears that...)*
Il faut partir. *(It is necessary...)*
Il est trois heures. *(It's three o'clock.)*
Il neige. *(It's snowing.)*
Condition: no risk of confusion with "il" meaning "he"! In that case you need "c'est".

Cela/Ça may be used with transitive verbs (= verbs with an object, III.1, p. 108).
Example:
Ça m'étonne.

Before être there may be ce or ceci.
Examples:
C'est une chaise.
Ceci est une chaise.

Compare also:
Il est évident qu'il faut partir. (points to s.th. that follows)
Il faut partir, **c'est** évident. (points to s.th. that precedes)
=> "c'est" is possible in the first case too, but in the second "il" isn't.

Exercises

A. Complétez par les déterminants ou les pronoms démonstratifs. (solution p. 101)

1. Marc dit à Patrick: «Regarde _____ deux annonces (f.; small ads, *here:* job ad). Préfères-tu _____ ou ______?»
2. Patrick répond: «_____ annonce-ci propose un boulot (fam. job) de vendeur. Je connais _____ magasin. _____ qui y travaillent sont mal payés.»
3. Marc: «Je cherche un petit emploi mieux payé que _____ de l'année dernière.»
4. Patrick: «_____ annonce-là, ____ est une plaisanterie (joke)! Coller des timbres sur des enveloppes? _____ m'étonnerait que _____ soit (subj. of être) sérieux.»
5. Marc: «_____ journal ne propose rien d'intéressant. Je voulais gagner un peu d'argent en plus pour partir faire du ski _____ hiver (winter).»
6. Patrick: «Ah? Alors regarde _____ affiche (f.; placard). Le concierge de _____ immeuble (m.; building) cherche quelqu'un pour l'aider à faire des réparations. ____ appartements doivent être en très mauvais état.»
7. Marc: «_____ m'intéresse. _____ qui s'y connaît mieux que moi en bricolage (crafts, do-it-yourself) n'est pas encore né!»

B. Complétez par les déterminants ou les pronoms démonstratifs. (solution p. 101)

1. J'ai arrosé (to water) _____ plante (f.) et aussi ______ qui est dans le salon.
2. _____ ordinateur (m.) ne fonctionne plus, je dois utiliser _____ de mon ami.
3. Chez le marchand de chaussures: «Toutes _____ chaussures sont belles. Lesquelles préfères-tu? _____ ou _____?» «_____ qui ont un talon plat. (flat heel)»
4. _____ biscuits sont excellents: _____ sont au chocolat et ______ sont à la vanille.
5. _____ pantalon (m.; trousers) est trop court. Je préfère _____ qui a une poche derrière.
6. _____ pommes____ (f.; apple) sont plus mûres (ripe) que ______.
7. _____ entrée est fermée, il faut passer par ______.
8. ______ qui travaille dans ______ entreprise a un emploi sûr (job security).
9. Je voudrais _____ bel artichaut (m.; artichoke), s'il vous plaît. Non, pas ______. ______. Merci.
10. _____ arbres sont de _____ qui cachent la forêt...

C. Traduisez. (solution p. 101)

1. That suits/pleases Marc (plaire à qn.)
2. It's easy.
3. We talk about this and that. (= about this, that and the other)
4. It isn't a good idea.
5. This doesn't work. (ne pas fonctionner)
6. Are you fine? (aller bien, but with impersonal subject)
7. You say this now, but later...
8. This frightens me.
9. That's it! (= that's the way to do it)
10. Amélie asks: "What are you thinking about?" Marc shows her an advertisement in the paper: "About this."

Answer Keys

Solutions for A

L1. Marc dit à Patrick: «Regarde ces deux annonces. Préfères-tu celle-ci ou celle-là?»
L2. Patrick répond: «Cette annonce-ci propose un boulot de vendeur. Je connais ce magasin. Ceux qui y travaillent sont mal payés.»
L3. Marc: «Je cherche un petit emploi mieux payé que celui de l'année dernière.»
L4. Patrick: «Cette annonce-là, c'est une plaisanterie! Coller des timbres sur des enveloppes? Cela/Ça m'étonnerait que ce soit sérieux.»
L5. Marc: «Ce journal ne propose rien d'intéressant. Je voulais gagner un peu d'argent en plus pour partir faire du ski cet hiver (silent h).»
L6. Patrick: «Ah? Alors regarde cette affiche. Le concierge de cet immeuble cherche quelqu'un pour l'aider à faire des réparations. Ces appartements doivent être en très mauvais état.»
L7. Marc: «Cela/Ça m'intéresse. Celui qui s'y connaît mieux que moi en bricolage n'est pas encore né!»

Solutions for B

L1. J'ai arrosé cette plante et aussi celle qui est dans le salon.
L2. Cet ordinateur ne fonctionne plus, je dois utiliser celui de mon ami.
L3. Chez le marchand de chaussures: «Toutes ces chaussures sont belles. Lesquelles préfères-tu? Celles-ci ou celles-là?» «Celles qui ont un talon plat.»
L4. Ces biscuits sont excellents: Ceux-ci sont au chocolat et ceux-là sont à la vanille.
L5. Ce pantalon est trop court. Je préfère celui qui a une poche derrière.
L6. Ces pommes-ci sont plus mûres que celles-là.
L7. Cette entrée est fermée, il faut passer par celle-là.
L8. Celui (*or* Celle) qui travaille dans cette entreprise a un emploi sûr.
L9. Je voudrais ce bel artichaut, s'il vous plaît. Non, pas celui-ci. Celui-là. Merci.
L10. Ces arbres sont de ceux qui cachent la forêt...

Solutions for C

L1. Ça /Cela plaît à Marc.
L2. C'est facile.
L3. Nous parlons de ceci et de cela.
L4. Ce n'est pas une bonne idée.
L5. Ça/Cela ne fonctionne pas.
L6. Ça va bien?
L7. Tu dis ça maintenant, mais plus tard...
L8. Ça/Cela me fait peur.
L9. C'est ça!
L10. Amélie demande: «À quoi penses-tu?» Marc lui montre une annonce dans le journal: «À ça.»
(You can't formulate questions correctly? See I.2, p. 35!)

4. Indefinite pronouns and adjectives

They indicate an indefinite quantity or number of living beings, things or facts. There are many indefinite pronouns and adjectives. You already worked on some of them in previous chapters:

on (= one, people, someone)
=> see personal pronouns at II.1.1 (4), p. 85

Many **negations** (I.3, p. 44) and their **positive counterparts:**

quelqu'un *(someone)*	ne... personne *(nobody)*
quelque chose *(something)*	ne... rien *(nothing)*
quelque,s *(some, any; adj.)*	ne... aucun(e) *(no, not any)* ne... nul, nulle *(no, no one)*
quelques-un(e)s *(some, any; pron.)* plusieurs *(several; adjective and pronoun)*	ne... aucun(e) *(none)* ne... nul, nulle *(no one)*

Examples:
adj.: J'achète **quelques légumes**.
pron.: Des légumes? J'en achète **quelques-uns**.

adj.: Je pose **plusieurs questions**.
pron.: Des questions? J'en poserai **plusieurs**.
=> **NOTE:** "plusieurs" doesn't have a feminine form

Find here other indefinite pronouns and adjectives that may cause problems:

4.1 tout (every, all, everything)

(1) It is a pronoun as well as an adjective, and it is variable.

	sg.	pl.
m.	**tout**	**tous**
f.	**toute**	**toutes**

Examples as an adjective:
tout le village *(the whole village)*
toute la ville *(the whole town)*

tous les hommes *(all the men)*
toutes les femmes *(all the women)*

Examples as a pronoun:
Je pense à **tout**. *(I think about everything.)*
Venez **tous**. *(All of you, come.)*
Tous sont venus. *(Everybody came.)*
Ces filles, je les connais **toutes**. *(I know them all.)*

Note about the pronunciation:
With "**tous**" as an adjective (placed before the noun) the final s is not pronounced, unlike with "tous" as a pronoun!

(2) Tout as an adverb used to emphasize
CAUTION: Tout may be used as an adverb (p. 60) and mean then "completely, entirely" or "very, quite".
Example:
C'est **tout** près. *(It is **quite** close.)*

! In this case it is **invariable**.
Example:
Ils sont **tout** étonnés. *(They are **very/totally** astonished.)*
(BUT: Ils sont tous étonnés. = *They are **all** astonished.*)

For perfectionists:
EXCEPTION: It is nevertheless variable before **feminine adjectives beginning with a consonant** (or an aspirated h) – a "t" is heard in any case!
Examples:
Vowel:
Elles sont **tout** aimables.
Elle est **tout** heureuse. (silent h)
Consonant:
Elles sont **toutes** rouges.
Elle est **toute** honteuse. (aspirated h: la honte)

4.2 chaque, chacun(e) (each, every, everyone)

Chaque is an adjective (= precedes a noun), **chacun(e) is a pronoun** (replaces the noun). Both are always singular.

Examples:
Je me brosse les dents **chaque jour**. *(I brush my teeth **every day**.)*
Je donne un gâteau à **chacune** (de mes sœurs). *(I give a cake to **each one** (of my sisters.))*
Chacun cherche le bonheur. *(**Everyone** seeks happiness.)*

4.3 tout le monde (everybody, everyone)

Though "tout le monde" implies a great number of persons, the verb (in case of tout le monde as a subject) is still in the singular form.

Example:
Tout le monde viendra à la fête.
(Everyone will come to the party.)

4.4 Other indefinite adjectives and pronouns

See negations and their positive counterparts listed above, p. 102!

autre (other, else)
(adjective and pronoun):
Je cherche autre chose.
Je vais chercher les autres.

Certain(e) (certain, some)
(adjective and pronoun)
Je cherche une certaine personne. *(a certain person)*
Certains d'entre eux sont d'accord. *(Some of them...)*

Note:
When certain(e) as an adjective follows a noun it is no longer indefinite and takes on the meaning of "sure".
une mort certaine *(assured death)*
C'est certain! *(To be sure!)*

même (same, self)
(adjective and pronoun)
Amélie a la même coiffure que moi.
Elle restera toujours la même.
Vas-y toi-même! *(Go yourself!)*

tel(le) (such, like... like...)
(adjective and pronoun)
Une telle idée est intéressante. *(Such an idea...)*
Tel père, tel fils. *(Like father, like son.)*
Je n'ai rien dit de tel. *(I never said anything like this.)*
Si tel est le cas... *(If this is the case...)*

n'importe quel/n'importe lequel (any)
adjective:
N'importe quel imbécile vient me déranger!
pronoun:
Je cherche une gomme, n'importe laquelle!
=> see the forms of quel and lequel I.2.2 (e), p. 38

n'importe qui/n'importe quoi (anybody/anything)
pronoun:
Demandez à n'importe qui. *(Ask anybody.)*
Demandez-moi n'importe quoi. *(Ask me anything.)*

quelconque (any, some, no matter what kind)
adjective:
Il cherche une raison quelconque pour partir. *(He is looking for some pretext to leave.)*

quiconque (whoever, anyone who)
pronoun:
Quiconque a une objection est prié de le dire. *(Whoever has an objection...)*

For perfectionists:
qui que (whoever)
quoi que (whatever)
quel que (whichever)
pronoun:
Qui que ce soit, il est le bienvenu.
Quoi qu'il dise, je ne le crois pas.
Quels que soient les problèmes, nous les résoudrons.
=> Note the subjonctif! (V.3, p. 227)

différents/divers (various, several)
adjective:
Il y a **différents exercices**. *(several exercises)*
=> différents in the plural and placed before the noun is an indefinite adjective that may mean "several"; the (not indefinite) adjective différent placed after the noun however means "different, not alike".
Il y a des **exercices différents**. *(different exercises)*

maint,e (many a)
adjective:
J'y pense maintes fois. *(many a time)*
=> rare; formal language

Exercises

A. Mettez les phrases à la forme affirmative. Reportez-vous aussi à la section I.3 et faites l'exercice A (p. 47)**.** (solution p. 107)

Exemple:
Je ne cherche personne.
=> Je cherche quelqu'un.

1. Marc n'a rien trouvé dans le frigo. (something)
2. Il n'y a aucune fleur dans ce jardin. (some)
3. Des fleurs? Je n'en ai vu aucune. (several)
4. Personne ne vient me voir. (everybody)
5. Des yaourts? Il n'en reste plus. (some)
6. En ce qui concerne mon travail, je n'ai encore rien fait. (already done everything)
7. Brigitte ne prend jamais le train. (every day)
8. Je ne donne du gâteau à personne. (everyone, each one)
9. L'accusé est-il coupable? Il ne subsiste nul doute à ce sujet. (some)
10. Des biscuits? Je n'en prends aucun. (some)

B. Complétez par la bonne forme de tout, certain, chaque, chacun, quelque ou quelques-uns. (solution p. 107)

1. _____ (all of) mes amies viennent me voir _____ (every) samedi après-midi.
2. Je fais le café, mais _____ (each one) d'entre elles apporte aussi quelque chose.
3. _____ (some) apportent _____ (some) gâteaux... _____ (certain) d'entre elles apportent même des pâtisseries très chères.
4. Les autres apportent un film, un jeu ou _____ (some) billets d'entrée pour un concert – un billet pour _____ (each one) de nous.
5. Je suis toujours _____ (totally) étonnée de leurs idées!
6. Et parfois, nous invitons aussi _____ (all) nos amis – ou du moins, _____ (some), parce que _____ (certain) d'entre eux n'aiment ni nos pâtisseries, ni nos films.

C. Traduisez. (solution p. 107)

1. We are taking some days off. (jours de vacances)
2. I read all books – no matter which ones.
3. Whoever brings me back my cat (ramener) will get a reward (la récompense)!
4. Don't you have an idea (no matter what kind)?
5. Everyone knows me, but some know me better than others.
6. It is such a disaster!
7. I do the cooking myself. (cuisiner)
8. Several glasses (le verre) are broken.
9. Don't allow (ne pas permettre à qn. de faire qc.) anybody to take your car.
10. Always the same story! Always the same problems!

Answer Keys

Solutions for A

L1. Marc a trouvé quelque chose dans le frigo.
L2. Il y a quelques fleurs dans ce jardin.
L3. Des fleurs? J'en ai vu plusieurs.
L4. Tout le monde vient me voir. (*or:* Tous viennent me voir.)
L5. Des yaourts? Il en reste quelques-uns.
L6. En ce qui concerne mon travail, j'ai déjà tout fait.
L7. Brigitte prend le train chaque jour.
L8. Je donne du gâteau à chacun.
L9. L'accusé est-il coupable? Il subsiste quelques doutes à ce sujet.
L10. Des biscuits? J'en prends quelques-uns.

Solutions for B

L1. Toutes mes amies viennent me voir chaque samedi après-midi.
L2. Je fais le café, mais chacune d'entre elles apporte aussi quelque chose.
L3. Quelques-unes apportent quelques gâteaux... certaines d'entre elles apportent même des pâtisseries très chères.
L4. Les autres apportent un film, un jeu ou quelques billets d'entrée pour un concert – un billet pour chacune de nous.
L5. Je suis toujours tout étonnée de leurs idées!
L6. Et parfois, nous invitons aussi tous nos amis – ou du moins, quelques-uns, parce que certains d'entre eux n'aiment ni nos pâtisseries, ni nos films.

Solutions for C

L1. Nous prenons quelques jours de vacances (/de congé).
L2. Je lis tous les livres – n'importe lesquels.
L3. Quiconque me ramène (/ramènera) mon chat aura (/recevra) une récompense!
L4. Tu n'as pas une idée quelconque?
L5. Tous me connaissent, mais certains (*or*: quelques-uns) me connaissent mieux que les autres. (*or:* Tout le monde me connaît...)
L6. C'est une telle catastrophe!
L7. Je cuisine moi-même.
L8. Plusieurs verres sont cassés.
L9. Ne permets pas à n'importe qui de prendre ta voiture.
L10. Toujours la même histoire! Toujours les mêmes problèmes!

III. Tricks with verbs: simple sentence construction, object and adverbial pronouns

IMPORTANT CHAPTER!

Pay attention to this chapter and the following should cause fewer difficulties:

(a) to build simple **French sentences with the correct prepositions**
(b) to replace the single parts of the sentence with the **correct pronouns**
(c) to cope with **agreement in the past participle** (IV.2, p. 158).

For more complex sentence construction see chapter V, p. 202.

AND NOW... AU TRAVAIL!

1. Verbs are blueprints for sentences – identify the objects!

1.1 Verbs are blueprints for sentences

This is the basic pattern for main clauses:

Subject + **P**redicate + **O**bjects (direct => indirect)

Example:
Valérie (**S**) trouve (**P**) ses chaussures (direct **O**) derrière la porte (adverbial element of place).

TRICK: Learn your verbs in a complete form right from the start so that you always know which object may be in which position, which preposition is needed and later which pronoun (object or adverbial) is the right one (see infinitive as a complement III.1.6, p. 116).

do not learn:
rendre = to give back
but rather learn:
rendre **qc. à qn**. = to give s.th. back to s.o.

do not learn:
parler = to talk
but rather learn:
parler **à qn. (de qc**.) = to talk with s.o. (about s.th.)

(qc. = quelque chose; qn. = quelqu'un)

To get a correct sentence you only need to **fill in the blanks**. First you need a subject, of course. The rest of the sentence is already in the right position (see 1.4, p. 110).

Examples:
rendre qc. à qn.
=> Amélie rend son livre à Frédéric.
parler à qn. (de qc.)
=>Je parlerai à ma mère de mon idée géniale.
(Other possible order with parler: Je parlerai de mon idée géniale à ma mère.)

Again, what is a...?
Subject = word/phrase about which the sentence makes a statement, usually a noun or a subject pronoun (II.1.1, p. 84).
Predicate = usually the verb that belongs to the subject.
Objects = complements to the verb that answer questions like whom? what? which? to whom? of what? etc.
Adverbial elements = complements that give further details and answer questions like when? how? why? where? etc.

For perfectionists:
Do you think these definitions are imprecise? For the purpose of this book (to build correct French sentences) they are precise enough. If you are a linguist you may want to differentiate in more detail the various parts of the sentence.

Adverbial elements may be placed after the group **SP(O)** or before it when separated with a comma (other positions are possible).

Examples:
Aujourd'hui (time), je (S) vais (P) **en ville (place)**.
À Paris, je (S) prendrai (P) le train (direct O) **à la Gare du Nord**.
M. Dubois (S) a prévenu (P) sa femme (direct O) **par téléphone (mode/means).**
Je (S) prends (P) un parapluie (direct O) **à cause de la pluie (cause).**

For more on the **structure of questions** see I.2, p. 35.
For more on the structure of clauses with **imperatives** see IV.1, p. 149.

1.2 Direct and indirect objects

A direct object is an object that is placed **directly next to the verb**, i.e., **without a preposition**.

Example:
manger **qc**. => Marc mange **une orange**.

An indirect object is an object that comes with the **preposition "à"** – it is therefore *not* placed directly next to the verb.

Example:
parler **à qn.** => Brigitte parle **à sa mère**.

Prepositional objects are objects that come with **other prepositions**.

Examples:
parler **de qc**. => Nous parlons **de nos problèmes**.
danser **avec qn**. => Je danse **avec ma copine**.

NOTE:
Try to not think in English first. If you translate literally, mistakes with prepositions (and with pronouns) will occur sooner or later. **Learn the verbs as described above and then build your sentences around them.** For basic verb lists see below 1.5, p. 111; a reference book is also in the process of being produced for this series of books.

1.3 "Transitive" and "intransitive" verbs

Transitive verbs are verbs that have an object.
Intransitive verbs are verbs that **do not have an object**.
Examples for intransitive verbs:
arriver
dormir
partir
aller

Why is this important?
This is of importance if you want to use a compound tense like the passé composé. There are intransitive verbs that also can be used as transitive verbs – some of them, in this case, not only need another auxiliary verb (avoir instead of être) but also may get another meaning!

=> For explanations and examples see IV.2, p. 158.

1.4 Order/position of the objects

The parts of a French sentence cannot be arranged arbitrarily and of course do not always have the same order as in English.
AS MENTIONED BEFORE: Do not simply translate. Remember the basic pattern

"S-P-O (direct => indirect)"

and learn the verbs as described above to build sentences.

Nevertheless some variations are sometimes possible and necessary.

(1) Put the longer object at the end of the sentence

When there are two objects in a sentence, the direct object normally comes first (directly next to the verb), except when it is much longer than the indirect object.

Examples:
Brigitte écrit **une lettre** à Marc.
=> Brigitte écrit à Marc **une longue lettre d'amour**.
Soizic rend **le livre** à Philippe.
=> Soizic rend à Philippe **le livre que celui-ci lui avait prêté**.
(extension of the direct object with a relative clause)

(2) To emphasize a part of the sentence, put it at the end of the sentence!

Example:
Amélie souhaite à Yannick **un joyeux anniversaire**.
(The object you put at the end of the sentence should be longer than the indirect object.)

NOTE: You add even more emphasis if you use "c'est... qui/que" (V.1.1 (3), p. 210).
(C'est un joyeux anniversaire qu'Amélie souhaite à Yannick.)

For perfectionists:
Rule 2 also may be applied to parts of speech other than objects. In certain cases even the subject can be put at the end of the sentence, which means an *inversion* of the subject and the predicate.
Example:
Dans cet hôpital se trouve **un laboratoire important**.
(But it is easier to say simply: Dans cet hôpital, il y a un laboratoire important.)

1.5 Short lists of verbs

Complete them with your own lists of verbs!

Why is it important to distinguish between people (qn.) and things (qc.)?
For indirect objects (with à), people are replaced with indirect object pronouns (which are personal pronouns), but things are replaced with the adverbial pronoun "y".
For prepositional objects with "de", people are replaced with de + disjunctive personal pronouns (see II.1.2), just like every other prepositional object; but things are replaced with the adverbial pronoun "en".
=> This is the topic of chapter III.3, p. 134.

NOTE: The verbs marked with * also can have an infinitive as a complement; see below (III.1.6, p. 116).
(Some verbs listed here may have additional reflexive forms; III.2, p. 127.)

(1) Verbs with direct objects
écouter qn./qc.* *(to listen to s.o./s.th.)*
entendre qn./qc.* *(to hear s.o./s.th.)*
attendre qn./qc. *(to wait for s.o./s.th.)*
croire qn./qc. *(to believe s.o./s.th.; but see For perfectionists)*
rencontrer qn./qc. *(to meet s.o./s.th.)*
suivre qn./qc. *(to follow s.o./s.th.)*
aider qn.* *(to help s.o.)*
remercier qn.* *(to thank s.o./s.th.)*
oublier qn./qc.* *(to forget s.o./s.th.)*
quitter qn./qc. *(to leave s.o./s.th.)*
comprendre qn./qc. *(to understand s.o./s.th.)*
aimer qn./qc.* *(to like or to love s.o./s.th.)*
réparer qc. *(to repair s.th.)*
compléter qn./qc. *(to complete s.o./s.th.)*
lire qc. *(to read s.th.)*

chercher qn./qc.* *(to look for s.o./s.th.)*
regarder qn./qc.* *(to look at s.o./s.th.)*
voir qn./qc.* *(to see s.o./s.th.)*
regretter qn./qc.* *(to regret s.o./s.th.)*
applaudir qn. *(to applaud s.o./s.th.)*
féliciter qn.* *(to congratulate s.o.)*
contredire qn. *(to contradict s.o.)*
se rappeler qn./qc.* *(to remember s.o./s.th. => see III.2 Reflexive verbs, p. 127)*

(2) Verbs with à (indirect)
plaire à qn. *(please s.o.)*
appartenir à qn./qc. *(to belong to s.o./s.th.)*
répondre à qn./qc. *(to reply to s.o./s.th.)*
parler à qn. (de qc.) *(to talk to s.o. about s.th.)*
téléphoner à qn. *(to phone s.o. (up))*
résister à qn./qc. *(to resist s.o./s.th.)*
rendre visite à qn. *(to pay s.o. a visit; also* aller voir qn.*)*
réfléchir à qc. *(to think s.th. over)*
participer à qc. *(to participate in s.th.)*
prendre part à qc. *(to take part in s.th.)*
jouer à qc. *(to play s.th. => a game)*
s'habituer à qc.* *(to get used to s.th.)*
consentir à qc.* *(to consent to s.th.)*
convenir à qn./qc. *(to suit s.o./s.th.)*
obéir à qn. *(to obey s.o.)*
succéder à qn./qc. *(to succeed s.o./s.th.)*
mentir à qn. *(to lie to s.o.)*
contribuer à qc.* *(to contribute to s.th.)*
s'attendre à qc.* *(to expect s.th. => see III.2. Reflexive verbs and III.3.7, p. 140)*
s'adresser à qn. *(to address s.o.)*
s'intéresser à qn./qc. *(to be interested in s.o./s.th.)*

(3) Verbs with de
avoir besoin de qn./qc.* *(to need s.o./s.th.)*
avoir peur de qn./qc. *(to be afraid of s.o./s.th.)*
rêver de qn./qc.* *(to dream of s.o./s.th.)*
souffrir de qc.* *(to suffer from s.th.)*
profiter de qc. *(to take advantage of s.th.)*
être content de qc.* *(to be pleased/satisfied/happy with s.th.)*
parler (à qn.) de qc.* *(to talk about s.th.)*
douter de qc.* *(to doubt s.th.)*
mourir de qc. *(to die of s.th.)*
rire de qc. *(to laugh at s.th.)*
jouer de qc. *(to play s.th. => musical instrument)*
se douter de qc. *(to suspect s.th.)*
se méfier de qn./qc. *(to distrust s.o./s.th.)*
se moquer de qn./qc.* *(to make fun of s.o./s.th.)*
se repentir de qc.* *(to regret s.th.)*
se souvenir de qn./qc.* *(to remember s.o./s.th.)*

il s'agit de qn./qc.* *(it's about/a question of s.th./it concerns s.o.)*
s'approcher de qn./qc. *(to approach s.o./s.th.)*
se contenter de qc.* *(to be satisfied with s.th.)*
s'étonner de qc.* *(to be surprised at s.th.)*
se nourrir de qc. *(to eat s.th./to live on s.th.)*
s'occuper de qn./qc.* *(to look after s.o./s.th. or to be busy with s.th.)*

(4) Verbs with two objects
apporter qc. à qn. *(to bring/take s.th. to s.o.)*
écrire qc. à qn.* *(to write s.th. (to) s.o., to write s.o. s.th.)*
raconter qc. à qn. *(to tell s.o. s.th.)*
dire qc. à qn.* *(to say/tell s.o. s.th.)*
montrer qc. à qn. *(to show s.o. s.th.)*
expliquer qc. à qn. *(to explain s.th. to s.o.)*
donner qc. à qn.* *(to give s.o. s.th./s.th. to s.o.)*
ouvrir qc. à qn.*(to open s.th. for s.o.)*
présenter qn./qc. à qn.*(to introduce s.o./s.th. to s.o.; to present)*
demander qc. à qn.* *(to ask s.o. for s.th./to ask s.o. s.th.)*
rappeler qc. à qn.* *(to remind s.o. of s.th.)*
parler à qn. de qc.* *(to talk to s.o. about s.th.; also* parler de qc. à qn.*)*
prêter qc. à qn. *(to lend s.th. to s.o.)*
emprunter qc. à qn. *(to borrow s.th. from s.o.)*
apprendre qc. à qn.* *(to teach s.o. s.th./to tell s.o. s.th.; also* apprendre qc. = *to learn s.th.)*
enseigner qc. à qn.* *(to teach s.o. s.th.)*
confier qc. à qn.* *(to entrust s.o. with s.th./to confide s.th. to s.o.)*
défendre qc. à qn.* *(to forbid s.o. s.th.)*
interdire qc. à qn.* *(to forbid s.o. s.th.)*
devoir qc. à qn.* *(to owe s.o. s.th.; also* modal verb *must)*
enlever qc. à qn. *(to take s.th. away from s.o.)*
voler qc. à qn. *(to steal s.th. from s.o.)*
reprocher qc. à qn.* *(to reproach s.o. with s.th.)*
faire savoir qc. à qn. *(to inform s.o. of s.th.)*
envier qc. à qn. *(to envy s.o. s.th.)*
condamner qn. à qc.* *(to condemn/sentence s.o. to s.th.)*
accuser qn. de qc.* *(to accuse s.o. of s.th.)*
remercier qn. de qc.* *(to thank s.o. for s.th.)*
sauver qn. de qc. *(to save s.o. from s.th.)*
avertir qn. de qc. *(to warn s.o. of s.th./to inform s.o. of s.th.)*
prévenir qn. de qc. *(to warn s.o. of s.th./to inform s.o. of s.th.)*
charger qn. de qc.* *(to put s.o. in charge of s.th.)*
débarrasser qn. de qc. *(to help s.o. to get rid of s.th.; also* se débarrasser de qc. = *to get rid of s.th.)*
féliciter qn. de qc.* *(to congratulate s.o. on s.th.)*
priver qn. de qc. *(to deprive s.o. of s.th.)*
se plaindre à qn. de qc. *(to complain to s.o. about s.th.)*

(5) Verbs with prepositional objects
danser avec qn. *(to dance with s.o.)*
s'asseoir sur/dans qc. *(to sit down on s.th.)*
se protéger contre qn./qc. *(to protect oneself from s.o./s.th.)*

se défendre contre qc. *(to defend oneself from s.th.)*
être bon/fort en qc. *(to be good at s.th.)*
commencer qc. par qc.* *(to start s.th. with s.th.)*
se fiancer avec qn. *(to become engaged to s.o.)*
se marier avec qn. *(to get married to s.o.)*
insister sur qc. *(to insist on s.th.)*
compter sur qn./qc. *(to rely/count on s.o./s.th.)*
consister en qc. *(to consist of s.th.)*
protester contre qc. *(to protest against s.th.)*
finir par qc. *(to end with s.th.; also* finir qc. *= to finish s.th.)*

NOTE: there are verbs with "à qn." (people) that get prepositional objects, not indirect objects! (The difference is noticeable if you replace these objects with **pronouns – they take the disjunctive personal pronouns instead of the indirect object pronouns**; see III.3.2, p. 135.)
penser à qn.* *(to think of s.o.)*
songer à qn.* *(to think of s.o.; intransitive: songer = to dream)*
renoncer à qn.* *(to renounce s.o.)*
tenir à qn.* *(to be very attached to s.o.)*
faire attention à qn.* *(to keep an eye on s.o.)*
comparer qn. à qn. *(to compare s.o. to s.o.)*

For perfectionists:
Some verbs may have **different objects** as complements which result in different meanings.
Examples:
jouer (see above)
jouer à qc. *(game)*
=> Marc joue au foot.
jouer de qc. *(musical instrument)*
=> Philippe joue du violon.
jouer un rôle *(direct object; to play a role/a part)*
=> Connaître la grammaire joue un rôle important dans l'apprentissage d'une langue.
se jouer de qn. *(to trifle with s.o.)*
jouer qc. *(to risk s.th./to put s.th. at stake)*
jouer sur qc. *(to bet on s.th.)*
etc.

parler
parler à qn. *(to talk to s.o.)*
parler à qn. de qc. *(to tell s.o. s.th.)*
parler une langue *(direct; to speak a language)*
parler avec qn. *(to talk with s.o.)*

croire
croire qn. *(to believe s.o.)*
croire à qc. *(to believe in s.th.)*
croire en Dieu *(to believe in God)*

changer
changer *(intransitive; to change)*
=> J'ai beaucoup changé en vingt ans.
changer qc. *(direct; to (ex)change s.th.)*
=> Je change 10 dollars en euros.
changer de qc. *(to change s.th., e.g., clothes)*
=> Je change de chemise.
=> Je change de train.
se changer *(reflexive; to change one's clothes)*
=> Je vais me changer.

assister
assister qn. *(direct; to help s.o.)*
assister à qc. *(to attend s.th./to be present at s.th.)*

tenir
tenir qc. *(to hold s.th.*)
tenir à qn./qc. *(to be very attached to s.o./s.th.)*

servir
servir à qc. *(to be of use for s.th.)*
servir qn. *(to serve s.o.)*
servir de qc. *(to be used as s.th.)*
=> Ce livre sert de cale pour la porte.
(This book is used as a doorstop.)
servir qc. à qn. *(to serve s.o. s.th.)*
=> Le garçon sert un café au client.
se servir de qc. *(to use s.th.)*

conseiller
conseiller qn. *(to advise s.o.)*
conseiller qc. à qn. *(to recommend s.th. to s.o.)*
conseiller à qn. de faire qc. *(to advise s.o. to do s.th.)*

manquer
manquer *(intransitive; to be missing/absent)*
=> Marc manque en classe.
manquer qc. *(to miss s.th.)*
manquer à qn. *(to miss s.o., emotion)*
manquer de qc. *(to lack s.th.)*
manquer de faire qc. *(to come very close to do s.th.; also* faillir faire qc.*)*
manquer à qc. *(to fail to s.th., e.g. to one's duty; also* faillir à qc.*)*
=> Brigitte manque à sa promesse.

1.6 Verbs with infinitives as complements

Many verbs allow sentences to be built with infinitives instead of nouns. These constructions are interesting because they help the speaker or writer avoid subordinate clauses.
In English these sentences correspond mostly to patterns with infinitive, gerund or subordinate clauses.

> *Examples:*
> aimer qc.: J'aime les voyages.
> **aimer faire qc**.: J'aime **voyager**. *(to like to do/doing s.th.)*
>
> aider qn.: J'aide mon ami.
> **aider qn. à faire qc**.: J'aide mon ami **à faire ses devoirs**.
> *(to help s.o. (to) do s.th.)*
>
> apprendre qc.: J'apprends le français.
> **apprendre à faire qc**.: J'apprends **à parler le français**.
> *(to learn to do s.th.)*

NOTE: The same verb may need a different preposition when it is used with an infinitive! (If that is the case, you will find a note with BUT so that you may compare.)

"FAIRE QC." AS A BLANK TO BE FILLED: The verbs in the list are followed by "faire qc." to mark the place of the infinitive. This is to be replaced with the infinitive of your choice, including infinitives like **"être"** that describe states rather than actions.
Note that there also is the form of the **infinitif passé**. It is simply the **infinitive of avoir or être + participe passé**, e.g., avoir mangé qc.; être venu etc.

> *Example:*
> **avouer faire qc**.
> => J'avoue **avoir provoqué** l'accident.
> *(I admit that I caused the accident.)*

Note that the verb that replaced "faire qc.", (i.e., "provoquer qc." in the infinitif passé form) brings along its own "blank" (= qc.), which in this case has been filled with "l'accident".

> => J'avoue **être parti** trop tard.
> *(I admit that I set off too late.)*

This is the infinitive "partir" as an infinitif passé. Because partir in compound tenses requires the auxiliary "être" (IV.2, p. 158), its infinitif passé has to be "être parti".

(1) Without preposition

Modal verbs:

devoir faire qc. *(must do s.th./to have to do s.th.)*
pouvoir faire qc. *(can do s.th./to be able to do s.th.; also: may/to be allowed to do s.th.)*
vouloir faire qc. *(to want to do s.th.)*
savoir faire qc. *(to know how to do s.th.)*

Examples:
Brigitte **sait conduire**. *(Brigitte can drive = she learned it, she knows how to do it.)*
Mais Brigitte **ne peut pas conduire** actuellement, elle a une jambe cassée. *(But Brigitte isn't able to drive at the moment; she has a broken leg.)*

also:
oser faire qc. *(to dare (to) do s.th.)*
paraître faire qc. *(to seem to do s.th.)*
sembler faire qc. *(to seem to do s.th.)*
daigner faire qc. *(to deign to do s.th.)*
Example:
Amélie paraît être contente. *(Amélie seems to be pleased.)*

Verbs of perception

écouter qn./qc. faire qc. *(to listen to s.o. doing s.th.)*
entendre qn./qc. faire qc. *(to hear s.o. doing s.th.)*
regarder qn./qc. faire qc. *(to watch s.o. doing s.th.)*
voir qn./qc. faire qc. *(to see s.o. doing s.th.)*
sentir qn./qc. faire qc. *(to feel s.o. doing s.th.)*
apercevoir qn. faire qc. *(to see/catch sight of s.o. doing s.th.)*
remarquer qn. faire qc. *(to notice s.o. doing s.th.)*

Verbs of opinion and intention
NOTE: Only to be used if the infinitive refers to the subject; if the subject expresses the opinion that *someone else* is doing s.th., you need a subordinate clause (often with the subjonctif; V.3, p. 227). (*Example*: Je pense que Marc réussira son examen.)

croire faire qc. *(to think that.../to believe that...)*
penser faire qc. *(to plan to do s.th/to intend to do s.th.)*
admettre avoir fait qc. *(to admit doing s.th.)*
se rappeler avoir fait qc. *(to remember doing s.th.)*
prétendre faire qc. *(to pretend to do s.th.)*
affirmer faire qc. *(to maintain/confirm doing s.th.)*
assurer faire qc. *(to assure that...)*
avouer faire qc. *(to confess to doing s.th.)*
confirmer faire qc. *(to confirm doing s.th.)*
contester faire qc. *(to contest that...)*
déclarer faire qc. *(to declare that...)*
nier faire qc. *(to deny doing s.th.)*
prouver faire qc. *(to prove that...)*

Verbs of will/volition

NOTE: In this case the use of the infinitive is **necessary** if it refers to the subject; if the subject wants *someone else* to do s.th., a subordinate clause with the subjonctif is needed instead. (*Example:* Brigitte veut que Marc fasse ses devoirs; V.3, p. 227.)

désirer faire qc. *(to wish to do s.th./to want to do s.th.)*
souhaiter faire qc. *(to wish to do s.th./to hope to do s.th.)*
préférer faire qc. *(to prefer to do/doing s.th.)*
compter faire qc. *(to intend to do s.th.)*
aimer faire qc. *(to like to do/doing s.th.)*
adorer faire qc. *(to adore/love doing s.th.)*
détester faire qc. *(to hate doing s.th.)*
espérer faire qc. *(to hope to do s.th./to expect to do s.th.;* **NOTE:** *espérer que with a subordinate clause requires the indicatif, not the subjonctif; V.3.2 (1), p. 230.)*

Verbs of movement and direction

aller faire qc. *(to go to do s.th./to be going to do s.th.)*
=> this is the basic pattern of the futur proche (aller + infinitive; IV.4.1, p. 180.)
venir faire qc. *(to come and do s.th.;* BUT venir de faire qc.= *to have just done s.th.; see (3))*
partir faire qc. *(to go away and do s.th.)*
sortir faire qc. *(to go out and do s.th.)*
passer faire qc. *(to drop by and do s.th.)*
monter faire qc. *(to go up and do s.th..)*
descendre faire qc. *(to go down and do s.th.)*
courir faire qc. *(to run to do s.th./to hurry to do s.th.)*
envoyer qn. faire qc. *(to send s.o. to do s.th.)*
mener qn. faire qc. *(to lead s.o. to do s.th.)*

see also:

il faut faire qc. *(it is necessary to do s.th.)*
il vaut mieux faire qc. *(it is better to do s.th.)*
faire faire qc. à qn. *(to have s.o. do s.th.)*
laisser qn. faire qc. *(to let s.o. do s.th.)*
avoir beau faire qc. *(to attempt in vain to do s.th.)*
faillir faire qc. *(to nearly do s.th.)*

(2) Infinitives with à

arriver à faire qc. *(to succeed in doing s.th.)*
réussir à faire qc. *(to succeed in doing s.th.)*
parvenir à faire qc. *(to succeed in doing s.th.)*
(BUT: réussir qc.)
apprendre à faire qc. *(to learn to do s.th.)*
(BUT: apprendre qc.; *to learn s.th.*)
chercher à faire qc. *(to try doing s.th.)*
(BUT: chercher qc.; *to look for s.th.*)

commencer à faire qc. *(to start to do s.th.)*
see: commencer par faire qc. (*to start by doing s.th.*)
(BUT: commencer qc.; *to start s.th.*)
continuer à faire qc. *(to carry on doing s.th.)*
(BUT: continuer qc.; *to continue s.th.*)
renoncer à faire qc. *(to give up doing s.th.)*
demander à faire qc. *(to ask to do s.th.)*
tenir à faire qc. *(to attach importance to doing s.th.)*
s'amuser à faire qc. *(to amuse oneself while doing s.th.)*
se mettre à faire qc. *(to start to do s.th.)*
s'habituer à faire qc. *(to get used to doing s.th.)*
s'attendre à faire qc. *(to expect to do s.th.)*
s'engager à faire qc. *(to commit oneself to doing s.th.)*
se préparer à faire qc. *(to get ready to do s.th.)*
se forcer à faire qc. *(to force oneself to do s.th.)*
se décider à faire qc. *(to decide to do s.th.)*
s'exercer à faire qc. *(to practise doing s.th.)*
hésiter à faire qc. *(to hesitate to do s.th.)*
avoir du mal à faire qc. *(to have difficulty (in) doing s.th.)*
avoir qc. à faire *(to have s.th. to do)*
il y a qc. à faire *(there is s.th. to do)*
passer son temps à faire qc. *(to spend one's time doing s.th.)*
perdre son temps à faire qc. *(to waste one's time doing s.th.; see* gaspiller son temps à faire qc.*)*
aider qn. à faire qc. *(to help s.o. do s.th.)*
forcer qn. à faire qc. *(to force s.o. to do s.th.)*
contraindre qn. à faire qc. *(to force s.o. to do s.th.)*
obliger qn. à faire qc. *(to force s.o. to do s.th.)*
(BUT: être forcé /contraint /obligé de faire qc.; *to be forced to do s.th.*)
condamner qn. à faire qc. *(to condemn s.o. to doing s.th.)*
inviter qn. à faire qc. *(to invite s.o. to do s.th.)*
autoriser qn. à faire qc. *(to allow s.o. to do s.th.)*
encourager qn. à faire qc. *(to encourage s.o. to do s.th.)*

être + adj. + à + infinitive

être agréable à faire *(to be pleasant to do)*
être difficile à faire *(to be difficult to do)*
(BUT: il est difficile de faire qc.; *it is difficult to do s.th.*; i.e., impersonal)
être facile à faire *(to be easy to do)*
(BUT: il est facile de faire qc.; *it's easy to do s.th.*; i.e., impersonal)
être impossible à faire *(to be impossible to do)*
être prompt à faire qc. *(to be quick to do s.th.)*
être occupé à faire *(to be busy doing s.th.)*
(BUT: s'occuper de qc. = *to deal with s.th./to look after s.th.*
BUT: occuper qc. = *to occupy s.th.*)
être le premier à faire qc. *(to be the first to do s.th.)*
être le dernier à faire qc. *(to be the last to do s.th.)*
être le seul à faire qc. *(to be the only one doing s.th.)*

Shortened sentences:

Maison à vendre. *(House for sale)*
Plats à emporter. *(Takeaway meals/Meals to go)*
Chambre à louer. *(Room to let)*

(3) Infinitives with de

arrêter de faire qc. *(to stop doing s.th.)*
cesser de faire qc. *(to stop doing s.th.)*
(BUT: arrêter qc./cesser qc.)
accepter de faire qc. *(to accept to do/doing s.th.)*
(BUT: accepter qc.)
finir de faire qc. *(to finish doing s.th.)*
(BUT: finir qc.; also: finir par faire qc. = *to end up doing s.th.)*
décider de faire qc. *(to decide to do s.th.)*
(BUT: décider qc.; ***rare:*** décider à/de qc.
BUT: se décider à faire qc.; décider qn. à (faire) qc.)
oublier de faire qc. *(to forget to do s.th.)*
(BUT: oublier qc.)
refuser de faire qc. *(to refuse to do s.th.)*
(BUT: refuser qc.; se refuser à faire qc.)
regretter de faire qc. *(to regret doing s.th.)*
(BUT: regretter qc.)
choisir de faire qc. *(to choose to do s.th.)*
(BUT: choisir qc.)
tenter de faire qc. *(to attempt to do s.th.)*
essayer de faire qc. *(to attempt to do s.th.)*
(BUT: essayer qc.)
éviter de faire qc. *(to avoid doing s.th.)*
(BUT: éviter qc.)
risquer de faire qc. *(to risk doing s.th.)*
(BUT: risquer qc.)
craindre de faire qc. *(to fear doing s.th.)*
(BUT: craindre qc.)
prier qn. de faire qc. *(to beg s.o. to do s.th.)*
demander à qn. de faire qc. *(to beg s.o. to do s.th.)*
(BUT: demander qc.; *to ask for s.th.*)
menacer de faire qc. *(to threaten to do s.th.)*
(BUT: menacer qn. de qc.)
dire à qn. de faire qc. *(to tell s.o. to do s.th.)*
(BUT: dire qc. à qn.)
interdire à qn. de faire qc. *(to forbid s.o. to do s.th.)*
(BUT: interdire qc. à qn.)
défendre à qn. de faire qc. *(to forbid s.o. to do s.th.)*
(BUT: défendre qc. à qn.)
permettre à qn. de faire qc. *(to allow s.o. to do s.th.)*
(BUT: permettre qc. à qn.)
proposer à qn. de faire qc. *(to suggest doing s.th. to s.o.)*

(BUT: proposer qc. à qn.)
rappeler à qn. de faire qc. *(to remind s.o. to do s.th.)*
(BUT: rappeler qc. à qn.)
promettre à qn. de faire qc. *(to promise to do s.th.)*
(BUT: promettre qc. à qn.)
conseiller à qn. de faire qc. *(to advise s.o. to do s.th.)*
(BUT: conseiller qc. à qn.= *to recommend s.th. to s.o.*
BUT: conseiller qn. = *to advise s.o.*)
accuser qn. de faire qc. *(to accuse s.o. of doing s.th.)*
soupçonner qn. de faire qc. *(to suspect s.o. of doing s.th.)*
empêcher qn. de faire qc. *(to prevent s.o. from doing s.th.)*
féliciter qn. de faire qc. *(to congratulate s.o. on doing s.th.)*
il s'agit de faire qc. *(it is a matter of doing s.th.)*
être en train de faire qc. *(to be (just/in the middle of) doing s.th.)*
s'excuser de faire qc. *(to apologize for doing s.th.)*
avoir besoin de faire qc. *(to need to do s.th.)*
avoir envie de faire qc. *(to feel like doing s.th.)*
avoir peur de faire qc. *(to fear doing s.th.)*
avoir le courage de faire qc. *(to have the courage to do s.th.)*
avoir raison de faire qc. *(to be right to do s.th.)*
venir de faire qc. *(to have just done s.th.*;
CAUTION: venir faire qc. = *to come and do s.th*;
en venir à qc. = *to come/get to s.th., e.g., to get to the point:* en venir au fait)

être + adjective + de + infinitive

être capable de faire qc. *(to be able to do s.th.)*
être triste de faire qc. *(to be sorry to do s.th./for doing s.th.)*
être content de faire qc. *(to be pleased to do s.th.)*
être sûr de faire qc. *(to be sure to do s.th.)*
être fier de faire qc. *(to be proud to do s.th.)*
être heureux de faire qc. *(to be happy to do s.th.)*
être surpris de faire qc. *(to be surprised to do s.th.)*

impersonal:
il est dangereux de faire qc. *(it is dangerous to do s.th.)*
il est nécessaire de faire qc. *(it is necessary to do s.th.)*
il est important de faire qc. *(it is important to do s.th.)*
il est temps de faire qc. *(it is time to do s.th.)*
il est normal de faire qc. *(it is normal to do s.th.)*
il est utile de faire qc. *(it is useful to do s.th.)*
il est facile de faire qc. *(it is easy to do s.th.)*
(BUT: être facile à faire = *to be easy to do; see above*)
il est difficile de faire qc. *(it is difficult to do s.th.)*
(BUT: être difficile à faire = *to be difficult to do; see above*)
il est défendu/interdit de faire qc. *(it is forbidden to do s.th.)*
il est honteux de faire qc. *(it is shameful to do s.th.)*
il est juste de faire qc. *(it is just to do s.th.)*
il est impossible de faire qc. *(it is impossible to do s.th.)*

(4) Infinitives with other prepositions

aller jusqu'à faire qc. *(to go to extremes to do s.th.)*
se débrouiller pour faire qc. *(informal: to manage to do s.th.)*
débuter par faire qc. *(to begin by doing s.th./to do s.th. first)*
commencer par faire qc. *(to do s.th. first)*
(BUT: commencer à faire qc. = *to start to do s.th.; see above*)
finir par faire qc. *(to finally do s.th.)*
(BUT: finir de faire qc. = *to finish doing s.th.; see above)*

For perfectionists:
There are verbs that take on a different meaning when used with different prepositions:
arriver
arriver à faire qc. *(to succeed in doing s.th.)*
il m'arrive de faire qc. *(it happens that I...)*

penser *(to think)*
penser faire qc. *(to intend to do s.th./to think about doing s.th.)*
penser à faire qc. *(to remember to do s.th.)*

demander
demander à faire qc. *(to ask to do s.th. oneself)*
demander à qn. de faire qc. *(to ask s.o. else to do s.th.)*

see above venir, occuper, etc.

Exercises

A. Faites des phrases avec ces mots en désordre. N'oubliez pas de conjuguer le verbe au présent, mais attention, il y a aussi des infinitifs. Si nécessaire, le sujet de la phrase est indiqué par un S. (solution p. 125)

1. remercier – André – de son beau cadeau – Julie (S)
2. à sa voisine – sa nouvelle voiture – Mme Ponce –montrer
3. devoir écrire – une lettre – aujourd'hui – à ma grand-mère – je
4. Frank (S) – dans son nouvel appartement – à emménager (to move in) – Paul – aider
5. de faire attention – promettre – Jean – à sa mère – à son petit frère
6. à Florence – un exercice extrêmement compliqué – Soizic – expliquer
7. préférer – ils – maintenant – prendre une douche
8. demain matin – en vacances – la famille Pinot – partir
9. ce soir – devoir – à ma sœur – la porte – je – qui n'a pas pris sa clé – ouvrir
10. apprendre – dans ce cours – la danse classique – on – à des gens intéressés
11. ne pas aimer – à ses élèves – donner – le prof – la solution
12. écouter – Marc (S) – de ses aventures – son grand-père – parler – toute la nuit
13. à dix-sept ans – Violette – à passer son bac – réussir
14. de prendre son médicament – à sa femme – rappeler – M. Adrien – tous les jours
15. un rendez-vous – la secrétaire – à son chef – rappeler
16. Lucien (S) – battre – aux échecs – essayer – son ami Xavier
17. regretter – M. Giraud – de ne pas danser assez bien
18. être content – Isabelle – de son nouveau travail – sembler
19. chez eux – les Duval (S) – à venir – les Lemerle – inviter
20. prendre le bateau – Olivier – ne pas aimer – à cause du mal de mer (seasickness)

B. Traduisez en utilisant le verbe entre parenthèses. (solution p. 125)

1. Mme Franchet reminds her husband to buy bread. (rappeler)
2. Bernard borrows a pen from Marcel. (emprunter)
3. This evening I have to phone Liliane. (téléphoner)
4. I regret being late. (regretter; venir en retard)
5. Aurélie dares to speak to her teacher. (oser)
6. Murielle steals a sweet (= un bonbon) from her brother. (voler)
7. Mme Pervenche congratulates her daughter for passing her bac (= school-leaving exam). (féliciter; réussir)
8. Because of the weather, Nadine advises Adrien to take an umbrella. (conseiller; prendre)
9. I forgot my key! And I forgot to close the window. (oublier; fermer)
10. This meeting will end in a quarrel. I am finishing my glass and I am going home. (la réunion, finir; une dispute; le verre, rentrer)

C. Mettez la bonne préposition (à, de, en, pour, sur, contre, avec, dans) – si nécessaire. Attention, quelquefois il faut mettre aussi un article. (solution p. 126)

1. Michel va arrêter ____ jouer ____ foot.
2. Hier, Christine a promis _____ sa mère _____ ranger sa chambre, mais, aujourd'hui aussi, elle a encore oublié _____ le faire.
3. J'avoue _____ avoir un défaut: je n'aime pas _____ lire les contrats que je dois _____ signer.
4. M. Lebel désire _____ partir en vacances en juillet, mais Mme Lebel préfère _____ partir en septembre.
5. Il vaut mieux _____ finir son travail avant de s'amuser.
6. J'ai entendu parler _____ cet acteur: il se débrouille toujours _____ avoir les meilleurs rôles.
7. Vous êtes bon ____ mathématiques, alors, je compte ____ vous pour contrôler ces chiffres!
8. J'espère _____ passer une bonne fin d'année.
9. M. Tenard veut ____ protester ____ l'augmentation de son loyer. Il commence _____ écrire _____ une lettre _____ son avocat.
10. À mon avis, Marc est capable _____ passer _____ son examen.
11. Dans ce quartier, il faut ____ se défendre _____ les cambrioleurs.
12. Benjamin veut _____ se marier _____ Marika, mais il n'ose même pas ____ lui parler.
13. Le détective privé invite _____ son nouveau client _____ entrer _____ le bureau.
14. C'est facile _____ critiquer! Essaie toi-même ____ écrire un roman!
15. Je déteste ____ travailler le soir. J'adore ____ regarder un film ou ____ lire un livre. Parfois, je sors ____ mes amis.
16. Bastien doit ____ empêcher ____ son petit frère ____ faire des bêtises.
17. Le voisin se plaint _____ M. Rieux _____ bruit que font les enfants.
18. Marc réfléchit ____ ce qu'il pourrait ____ faire plus tard.
19. M. Lebel hésite _____ prendre _____ la voiture. L'essence est trop chère. Heureusement, il adore _____ rouler en vélo.
20. Dans cet exercice, il n'est pas toujours nécessaire ____ mettre _____ une préposition, mais parfois, il faut _____ penser _____ rajouter _____ un article.

Answer Keys

Solutions for A

L1. Julie remercie André de son beau cadeau. (remercier qn. de qc.)
L2. Mme Ponce montre sa nouvelle voiture à sa voisine. (montrer qc. à qn.)
L3. Aujourd'hui, je dois écrire une lettre à ma grand-mère.
(OR: Je dois écrire une lettre à ma grand-mère aujourd'hui. devoir faire qc.; écrire qc. à qn.)
L4. Frank aide Paul à emménager dans son nouvel appartement. (aider qn. à faire qc.)
L5. Jean promet à sa mère de faire attention à son petit frère.
(OR: Jean promet à son petit frère de faire attention à sa mère. promettre qc. à qn.; faire attention à qn.)
L6. Soizic explique à Florence un exercice extrêmement compliqué. (in this case, the direct object is longer and therefore it is put at the end of the sentence; 1.4, p. 110.)
L7. Maintenant, ils préfèrent prendre une douche. (OR: Ils préfèrent prendre une douche maintenant. préférer faire qc.)
L8. Demain matin, la famille Pinot part en vacances. (OR: La famille Pinot part en vacances demain matin.)
L9. Ce soir, je dois ouvrir la porte à ma sœur qui n'a pas pris sa clé. (devoir faire qc.; ouvrir qc. à qn.)
L10. Dans ce cours, on apprend la danse classique à des gens intéressés. (apprendre qc. à qn.)
L11. Le prof n'aime pas donner la solution à ses élèves. (aimer faire qc.; donner qc. à qn.)
(You don't know how to place "ne" and "pas"? See I.3.2, p. 44.)
L12. Toute la nuit, Marc écoute son grand-père parler de ses aventures. (écouter qn. faire qc.; parler de qc.)
L13. À dix-sept ans, Violette réussit à passer son bac. (OR: Violette réussit à passer son bac à dix-sept ans. réussir à faire qc.)
L14. Tous les jours, M. Adrien rappelle à sa femme de prendre son médicament. (OR: ... de prendre son médicament tous les jours. rappeler à qn. de faire qc.)
L15. La secrétaire rappelle un rendez-vous à son chef. (rappeler qc. à qn.)
L16. Lucien essaie de battre son ami Xavier aux échecs. (essayer de faire qc.)
L17. M. Giraud regrette de ne pas danser assez bien.
L18. Isabelle semble être contente de son nouveau travail.
L19. Les Duval invitent les Lemerle à venir chez eux. (inviter qn. à faire qc.)
L20. Olivier n'aime pas prendre le bateau à cause du mal de mer. (OR: À cause du mal de mer, Olivier n'aime pas prendre le bateau.)

Solutions for B

L1. Mme Franchet rappelle à son mari d'acheter du pain. (rappeler à qn. de faire qc.)
L2. Bernard emprunte un stylo à Marcel. (emprunter qc. à qn.)
L3. Ce soir, je dois téléphoner à Liliane. (téléphoner à qn.)
L4. Je regrette d'être venu(e) en retard. (regretter de faire qc.)
L5. Aurélie ose parler à son prof. (oser faire qc.)
L6. Murielle vole un bonbon à son frère. (voler qc. à qn.)
L7. Mme Pervenche félicite sa fille d'avoir réussi son bac. (féliciter qn. de faire qc.)
L8. À cause du temps, Nadine conseille à Adrien de prendre un parapluie. (conseiller à qn. de faire qc.)
L9. J'ai oublié ma clé! Et j'ai oublié de fermer la fenêtre. (oublier qc.; oublier de faire qc. => remember

that there may be different prepositions with infinitives; 1.6, p. 116.)
L10. Cette réunion va finir par une dispute. Je finis mon verre et je rentre. (finir par qc.; finir qc.)

Solutions for C

L1. Michel va arrêter de jouer au foot. (à+le=au; I.1.1, p. 28)
L2. Hier, Christine a promis à sa mère de ranger sa chambre, mais, aujourd'hui aussi, elle a encore oublié de le faire.
L3. J'avoue / avoir un défaut: je n'aime pas / lire les contrats que je dois / signer.
L4. M. Lebel désire / partir en vacances en juillet, mais Mme Lebel préfère / partir en septembre.
L5. Il vaut mieux / finir son travail avant de s'amuser.
L6. J'ai entendu parler de cet acteur: il se débrouille toujours pour avoir les meilleurs rôles.
L7. Vous êtes bon en mathématiques, alors, je compte sur vous pour contrôler ces chiffres!
L8. J'espère / passer une bonne fin d'année.
L9. M. Tenard veut / protester contre l'augmentation de son loyer. Il commence par (or: à) écrire / une lettre à son avocat.
L10. À mon avis, Marc est capable de passer / son examen.
L11. Dans ce quartier, il faut / se défendre contre les cambrioleurs.
L12. Benjamin veut / se marier avec Marika, mais il n'ose même pas / lui parler.
L13. Le détective privé invite / son nouveau client à entrer dans le bureau.
L14. C'est facile de critiquer! Essaie toi-même d'écrire un roman!
L15. Je déteste / travailler le soir. J'adore / regarder un film ou / lire un livre. Parfois, je sors avec mes amis.
L16. Bastien doit / empêcher / son petit frère de faire des bêtises.
L17. Le voisin se plaint à M. Rieux du bruit que font les enfants. (de+le=du; I.1.1, p. 28)
L18. Marc réfléchit à ce qu'il pourrait / faire plus tard.
L19. M. Lebel hésite à prendre / la voiture. L'essence est trop chère. Heureusement, il adore / rouler en vélo.
L20. Dans cet exercice, il n'est pas toujours nécessaire de mettre / une préposition, mais parfois, il faut / penser à rajouter / un article.

2. Reflexive verbs

2.1 Form

Reflexive verbs need a **reflexive pronoun**.

Example:
se dépêcher *(to hurry (up))*
Je **me** dépêche parce que je suis en retard.
(I am hurrying up because I am late.)

Note as usual the contraction before a vowel or a silent h.

	se dépêcher	**s'**habiller
me **te** **se** **nous** **vous** **se**	je **me** dépêche tu **te** dépêches il/elle/on **se** dépêche nous **nous** dépêchons vous **vous** dépêchez ils/elles **se** dépêchent	je **m'**habille tu **t'**habilles il/elle/on **s'**habille nous **nous** habillons vous **vous** habillez ils/elles **s'**habillent

Some verbs exist solely as reflexive verbs; **others have reflexive forms as well as non-reflexive forms**. Here is a short list:

s'adresser à qn. *(to address s.o.)*
il s'agit de qn./qc. *(it is a matter of s.th./it concerns s.o.)*
s'aimer *(to love oneself/to love each other)*
s'appeler *(to be called/to call oneself)*
s'approcher de qn./qc. *(to approach s.o./s.th.)*
s'arrêter *(to stop)*
s'attendre à qc. *(to expect s.th.)*
se baigner *(to go bathing/swimming;* **NOTE:** *to take a bath* = prendre un bain)
se contenter de qc *(to be satisfied with s.th.)*
se coucher; s'allonger; s'étendre *(to lie down)*
se dépêcher *(to hurry)*
se détester *(to hate oneself/each other)*
se douter de qc. *(to suspect s.th.; to foresee s.th.)*
s'écrier *(to exclaim)*
s'écrire *(to write each other/to be spelled)*
s'en aller *(to go away)*
s'enfuir *(to escape)*
s'envoler *(to fly away)*
s'éteindre *(to go out, i.e., light, fire)*
s'étonner de qn./qc. *(to be surprised at s.o./s.th.)*
se fiancer avec (or à) qn. *(to become engaged)*
s'habituer à qn./qc. *(to get accustomed to s.o./s.th.)*

s'intéresser à qn./qc. *(to be interested in s.o./s.th.)*
se laver *(to wash oneself)*
se lever *(to get up)*
se marier avec qn. *(to get married to s.o.)*
se méfier de qn./qc. *(to mistrust s.o./s.th.)*
se moquer de qn./qc. *(to laugh at s.o./s.th.)*
se nourrir de qc. *(to eat s.th./to live on s.th.)*
se nuire *(to harm oneself)*
s'occuper de qn./qc. *(to deal with s.o./s.th. or to look after s.o.; also: s'occuper = to keep oneself busy)*
se plaindre (à qn.) de qn./qc. *(to complain (to s.o.) about s.th.)*
se plaire *(to enjoy oneself; to like each other)*
se promener *(to stroll/to go out for a walk/ride/drive)*
se protéger de/contre qc. *(to protect oneself from/against s.th.)*
se rendre chez qn./à + *place (= aller; to go to...; rendre qc. = to return s.th.)*
se repentir de qc. *(to repent s.th./to regret s.th.)*
se respecter *(to respect oneself/each other)*
se réveiller *(to awake)*
se revoir *(to see again, oneself or each other)*
se saluer *(to greet each other)*
se servir de qc. *(to make use of s.th./to use s.th.)*
se souvenir de qn./qc. *(to remember s.o./s.th.)*
se succéder *(to follow each other/to succeed)*
se rappeler qn./qc. *(to remember s.o./s.th.)*
se terminer *(to end)*
se tromper *(to be mistaken/wrong)*

NOTE: There are many verbs that are reflexive in French but not reflexive in English. Some of these reflexive verbs do not retain a reflexive or reciprocal meaning, like "s'en aller" (see below "For perfectionists" at the end of 2.3, p. 130).

2.2 Position

The reflexive pronoun is generally placed **before the verb it belongs to** (with compound tenses before the auxiliary verb, i.e., avoir or être).

Examples:
Patrick se réveille.
Patrick va se réveiller.
Patrick s'est réveillé.

With the affirmative imperative however the pronoun is placed after the verb and connected to it with a hyphen – and "te" becomes "toi". (II.1.2, p. 86)

Examples:
Lave-**toi**. *(Wash yourself!)*
Lavons-**nous**. *(Let's wash ourselves!)*
Lavez-**vous**. *(Wash yourself/yourselves!)*

=> It is the same concerning object pronouns, see III.3.6, p. 140; to find out how to place several pronouns see III.3.7, p. 140.

BUT:
Ne te lave pas. *(Don't wash yourself.)*
=> negative imperative
Va te laver. *(Go and wash yourself.)*
=> "Va" is in the imperative, but the pronoun belongs to the infinitive "laver".

Remember: The **negation** encloses the conjugated verb including the pronouns before it. (For more on this subject and exceptions see I.3, p. 44.)

Examples:
Patrick **ne** se réveille **pas**.
Patrick **ne** va **pas** se réveiller.
Patrick **ne** s'est **pas** réveillé.

2.3 Usage: peculiarities

(1) Reflexive pronouns: direct or indirect object?

The reflexive pronoun may be a direct or indirect object.

Why is this important?
This is important because of the agreement of the **participe passé** (IV.2, p. 158)! Learn how to identify the objects:

<u>Step 1:</u> Look at which object the verb may have when it is non-reflexive.

Example 1: **se laver** (to wash oneself)

laver **qn./qc**. *(to wash s.o./s.th.)*
=> direct object
Elle **se** lave. *(She washes herself.)*
=> "se" is a direct object

Example 2: **se parler** (to speak to each other)

parler **à qn**. *(to speak to s.o.)*
=> indirect object
Ils **se** parlent. *(They speak to each other.)*
=> "se" is an indirect object

NOTE: If it is a verb that has only a reflexive form, the pronoun is considered a direct object.

<u>Step 2:</u> If the verb already has another direct object somewhere in the sentence, the reflexive pronoun is indirect.

Examples:
Je **me** lave. *(I wash myself.)*
=> "me" is direct, see above
Je me lave **les cheveux**. *(I wash my hair.)*
=> "les cheveux" is the direct object
=> therefore "me" is indirect

(2) Which auxiliary verb to use in compound tenses?

The reflexive verbs form compound tenses with the auxiliary **"être"**. For more on this topic see chapter IV.2, p. 158.

For perfectionists:
As mentioned above, reflexive verbs (= verbes pronominaux) may be subdivided further:
(a) occasionally reflexive verbs (verbes accidentellement pronominaux)
Examples:
(s')appeler, (se) changer, (se) tuer, etc.
(b) exclusively reflexive verbs (verbes essentiellement pronominaux)
Examples:
s'écrier, s'empresser, se moquer, se méfier, etc.
(c) verbs with reciprocal meaning (verbes pronominaux réciproques); several people act mutually, which may be emphasized further with the addition of "mutuellement" or "l'un (à) l'autre/les uns les/aux autres".
Examples:
Ils s'aiment. *(They love each other.)*
Ils s'écrivent mutuellement. *(They write to one another.)*
Aimez-vous les uns les autres. *(Love one another.)*

In expressions like "s'en aller" the pronoun **does not retain a reflexive or reciprocal meaning;** it is part of the phrase.

Some reflexive constructions make it possible to **hide the acting person** (see the passive IV.7.2, p. 199)**.**
Example:
Le pain frais se vend bien.
(Fresh bread sells well.)
=> Obviously a person is needed to sell the bread, or at least a vending machine.
La porte s'ouvre. *(The door opens.)*
=> The door probably didn't open all by itself.

Exercises

A. Mettez le pronom réfléchi qui convient – à la bonne place. (solution p. 132)

1. Nous _____ attendons à un bon résultat.
2. Je ____ en vais.
3. _____ dépêche _____!
4. Vous _____ allez _____ lever à huit heures.
5. Ils _____ sont _____ levés à huit heures.
6. Elles _____ détestent mutuellement.
7. Ne _____ moque _____ pas de moi!
8. Amélie _____ va _____ envoler pour l'Afrique.
9. Eh bien, vous _____ contentez de peu.
10. Ces deux adversaires _____ respectent.
11. Il ____ faut ____ enfuir d'ici!
12. Il ____ agit d'un roman historique.
13. Nous _____ allons _____ écrire tous les jours.
14. Les lumières ____ sont _____ éteintes, le rideau ____ est _____ levé.
15. Je ne ____ peux pas _____ tromper.
16. Ils _____ vont _____ marier dimanche prochain.
17. Pour cette question, _____ adressez _____ à l'office de tourisme.
18. Fabienne et Zoé ne _____ habituent pas à leur nouvelle école.
19. Je _____ vais _____ plaindre au directeur!
20. Je _____ suis _____ promené au bord de la Loire.

B. Traduisez. (solution p. 132)

1. The two men greet each other.
2. The holidays are ending.
3. I look after the dog.
4. Do not trust this matter. (2nd p.sg. imp. se méfier; une affaire)
5. We will meet again.
6. The flame went out. (p.c.)
7. We are surprised at everything.
8. Stop (yourself)! (2nd p.sg. imp.)
9. Are you interested in this book? (polite form)
10. Get up. (polite form)
11. I foresee the answer.
12. We go bathing.
13. I use my favourite pencil (le crayon préféré).
14. I'm going to lie down.

C. Dans les phrases suivantes, nommez l'objet direct – s'il y en a un! (solution p. 133)

1. Je me promène dans ma chambre.
2. Je me brosse les dents.
3. Je me rappelle mes idées anciennes.
4. Je m'intéresse à l'histoire.
5. Les Duval ne se parlent plus.

Answer Keys

Solutions for A

L1. Nous nous attendons à un bon résultat.
L2. Je m'en vais. (s'en aller)
L3. Dépêche-toi!
L4. Vous allez vous lever à huit heures.
L5. Ils se sont levés à huit heures.
L6. Elles se détestent mutuellement.
L7. Ne te moque pas de moi!
L8. Amélie va s'envoler pour l'Afrique.
L9. Eh bien, vous vous contentez de peu.
L10. Ces deux adversaires se respectent.
L11. Il faut s'enfuir d'ici!
L12. Il s'agit d'un roman historique.
L13. Nous allons nous écrire tous les jours.
L14. Les lumières se sont éteintes, le rideau s'est levé.
L15. Je ne peux pas me tromper.
L16. Ils vont se marier dimanche prochain.
L17. Pour cette question, adressez-vous à l'office de tourisme.
L18. Fabienne et Zoé ne s'habituent pas à leur nouvelle école.
L19. Je vais me plaindre au directeur!
L20. Je me suis promené au bord de la Loire.

Solutions for B

L1. Les deux hommes se saluent.
L2. Les vacances se terminent.
L3. Je m'occupe du chien.
L4. Méfie-toi de cette affaire.
L5. Nous allons nous revoir.
L6. La flamme s'est éteinte.
L7. Nous nous étonnons de tout.
L8. Arrête-toi!
L9. Vous vous intéressez à ce livre?
Or: Est-ce que vous vous intéressez à ce livre?
Or: Vous intéressez-vous à ce livre? (The first "vous" is the reflexive pronoun!)

L10. Levez-vous.
L11. Je me doute de la réponse.
L12. Nous allons nous baigner.
L13. Je me sers de mon crayon préféré.
L14. Je vais me coucher. (m'allonger/m'étendre)

Solutions for C

L1. me (promener qn.)
L2. les dents (brosser qc.)
L3. mes idées anciennes (rappeler qc.)
L4. m' (intéresser qn. à qc.)
L5. / (parler à qn.)

3. Object pronouns and adverbial pronouns

IMPORTANT: To understand this chapter you should review the following chapters:

II.1.2 Disjunctive personal pronouns (particularly **(5)**), p. 86
=> They take the place of prepositional objects (*Example:* chez lui, avec eux, sans moi).

III.1, and especially **III.1.2 Direct and indirect objects,** p. 109

III.2 Reflexive verbs, p. 127
=> You need to be able to distinguish between the reflexive pronouns (me, te, se, nous, vous, se) and the other pronouns.

3.1 Direct object pronouns

Direct object pronouns take the place of direct objects **(persons and things).**

	regarder qn./qc.: Nadine regarde quelqu'un.	
me	Nadine **me*** regarde.	*(at me)*
te	Nadine **te*** regarde.	*(at you)*
le, la	Nadine **le*/la*** regarde.	*(at him, her, it)*
nous	Nadine **nous** regarde.	*(at us)*
vous	Nadine **vous** regarde.	*(at you)*
les	Nadine **les** regarde.	*(at them)*

* before a vowel and a silent h: **m', t'** and **l'**

=> Don't confuse them with articles **le, la, les**
=> Don't confuse them with subject personal pronouns nous and vous. In the example above Nadine is the subject, and **nous/vous** are objects.

For perfectionists:
The object pronoun "le" also may be used as a neutral pronoun, e.g., it may take the place of a whole sentence instead of just an object.
Examples:
Sais-tu **que Martin a passé son bac**? Oui, je **le** sais.
*(Yes, I know **it**.)*
Elle me reproche **de trop travailler**. => Elle me **le** reproche.
*(She reproaches me for **it**.)*
Es-tu **content**? Oui, je **le** suis.
(Yes, I am (happy).)

3.2 Indirect object pronouns

Indirect object pronouns take the place of **indirect objects that are persons (NOT things)**. Their forms differ from direct object pronouns only in the third persons.

	parler à qn. Frank parle à quelqu'un.	
me **te** **lui** **nous** **vous** **leur**	Frank **me*** parle. Frank **te*** parle. Frank **lui** parle. Frank **nous** parle. Frank **vous** parle. Frank **leur** parle.	*(F. talks to me.)* *(you)* *(him, her)* *(us)* *(you)* *(them)*

* before a vowel and a silent h: **m'** and **t'**

=> Do not confuse with the possessive pronouns leur(s): the object pronoun **leur** is invariable!
=> Do not confuse with the disjunctive personal pronoun **lui**.

CAUTION:
Some verbs with "à qn." (people) do not take indirect objects but rather prepositional objects. Use therefore disjunctive personal pronouns (II.1.2, p. 86; for things see below 3.3, p. 136)**. LEARN at least the following ones!**

penser à qn.	=> Je pense **à lui**.
songer à qn.	=> Il songe **à toi**.
renoncer à qn.	=> Son ex-femme? Il renonce **à elle**.
tenir à qn. *(to be very attached to s.o.)*	=> Mon mari? Je tiens **à lui**!
faire attention à qn.	=> Je fais attention **à elles.**
comparer qn. à qn.	=> Je la compare **à lui**.
être habitué à qn.	=> Je suis habitué **à eux**.

3.3 Adverbial pronoun y

"y" takes the place of **(a) indirect objects that are things** and **(b) adverbial elements of place**.

(a) Indirect objects: things

Examples:
penser à qc.
Je pense **à mon travail**. => J'y pense. *(I think about **it**.)*
répondre à qc.
Marc répond **à la lettre**. => Marc **y** répond. *(Marc responds **to it.**)*

BUT:
Marc répond **à Valérie**. => Marc **lui** répond.
(indirect object, but a person)
Je pense **à Amélie**. => Je pense **à elle**.
(a person, but a prepositional object with à; see 3.2.)

For perfectionists:
EXCEPTIONS:
The following verbs require indirect object pronouns even with things:
comparer, demander, devoir, donner, préférer, reprocher
Example:
Je préfère la voiture rouge **à la voiture bleue**.
=> Je **lui** préfère la voiture rouge.
(I prefer the red car (to the blue one).)

(b) Places

"y" replaces in a sentence complements of place with **à, dans, en, sur, sous, devant etc.**
EXCEPTION: places with "**de**" (see 3.4 en, p. 137)

Examples:
Marc habite **à Lyon**. => Marc **y** habite. *(Marc lives **there**.)*
Je travaille **en** Allemagne. => J'**y** travaille.
Le chat est **dans la cuisine**. => Le chat **y** est.
Le livre est **sur la table**. => Le livre **y** est.
=> see I.6.1 Prepositions: Place, p. 67

BUT:
Je viens **de Paris**. => J'**en** viens.

For perfectionists:
Set phrases with "y":
Ça y est. *(depending on context, e.g,. We've made it.)*
Je m'y connais. *(I know what's what.)*
Je n'y comprends rien. *(I'm at a complete loss.)*
Je n'y tiens pas. *(I'm not keen on it.)*
Vous y êtes? *(Are you ready?)*
Je n'y suis pour rien. *(I didn't do anything. It's not my fault.)*

3.4 Adverbial pronoun en

"en" replaces **(a) objects (only things), expressions and places with the preposition "de"** and **(b) quantities and numbers.**

(a) Objects (things), expressions and places with "de"

Examples:
parler de qc.
Marc parle **de ses problèmes**. => Marc **en** parle. *(about them)*
être content de qc.
Je suis content **de mon travail**. => J'**en** suis content. *(with it)*
sortir d'un endroit
Je sors **de la boulangerie**. => J'**en** sors.

BUT:
Marc parle **de Christine**. => Marc parle **d'elle**. *(about her)*
(a person as a prepositional object)

NOTE: "En" is not used when "de" is part of another preposition that is composed of several words, such as "près de".

(b) Numbers, expressions of quantity and indefinite quantities ("partitive" en)

Remember indefinite articles (I.1.2, p. 29), partitive articles (I.1.3, p. 29) and expressions of quantity with "de" (I.1.4, p. 30).

Indefinite article:
J'achète **des pommes**. => J'**en** achète. *(I buy a few, some.)*
J'achète **un journal**. => J'**en** achète **un**. *(one)*
J'achète **une banane**. => J'**en** achète **une**.

BUT:
J'achète le journal. => Je l'achète.
(definite article)

Numbers:
J'achète **trois pommes**. => **J'en** achète **trois**.
Marc veut **deux croissants**. => Il **en** veut **deux**.

Partitive article:
J'achète **du beurre**. => **J'en** achète. *(I buy some.)*
J'achète **de la moutarde**. => **J'en** achète.

Expressions of quantity with "de":
J'achète **beaucoup de farine**. => **J'en** achète **beaucoup**.
Tu achètes **combien de pommes**? => Tu **en** achètes **combien**?
Il faut **200gr de sucre**. => Il **en** faut **200gr**. *(200g of it)*
Je cherche **un tas d'informations**. => **J'en** cherche **un tas**.
(piles/masses of it)

For perfectionists:
Concerning things, "en" may express belonging:
J'ai lu **cette phrase**, mais je n'**en** comprends pas **le contenu**.
(I read this sentence but I didn't understand ***its*** *content/its meaning.* => le contenu **de** cette phrase*)*

There are also many **idiomatic expressions with "en"**:
Je n'en peux plus. *(I can't take it anymore.)*
Je n'en crois pas mes yeux. *(I can't believe my eyes.)*
J'en ai assez. *(I'm fed up.)*
Il faut en faire autant. *(One should do it the same way.)*
Marc m'en veut. *(Marc has a grudge against me.)*
Il n'en fait qu'à sa tête. *(He is stubborn; He has to have his own way.)*
Où en êtes-vous avec/dans votre travail? *(How far did you get with your work?)*
Il en est de même pour... *(It's the same with...)*
Je n'en reviens pas. *(I can't believe my eyes.)*
Il s'en est bien tiré. *(He got out of it nicely.)*
On ne sait pas à quoi s'en tenir. *(One doesn't know where one stands.)*
Où voulez-vous en venir? *(What are you getting at?)*
J'en ai eu pour 20 euros. *(I paid 20 euros.)*
Il n'en est pas question. *(No way.)*
C'en est trop. *(You can only go so far.)*
J'en sais quelque chose. *(I can tell you a thing or two about that.)*
Il en restera là. *(He will leave it at that.)*
Il en est quitte pour quelques égratignures. *(He got away with a few scratches.)*
Cela en dit long sur... *(It is characteristic/revealing...)*
C'en est fait de... *(That's the end of...)*
etc.

3.5 Position in clauses of statement and in questions

(1) Before the conjugated verb

Object and adverbial pronouns are to be placed **before the conjugated part of the verb.**
=> With compound tenses this is the auxiliary verb.

Examples:
J'écris **à Isabelle**. => Je **lui** écris.
J'ai écrit **à Isabelle**. => Je **lui** ai écrit.

Philippe va **en ville**. => Il **y** va.
Philippe est allé **en ville**. => Il **y** est allé.

Tu connais **Marc**? => Tu **le** connais?
Tu as connu **Marc**? => Tu **l'**as connu?

Question with inversion (subject and predicate change position, see I.2.1, p. 35):
Connais-tu **Marc**? => **Le** connais-tu?
As-tu connu **Marc**? => **L'**as-tu connu?
Vas-tu **en ville**? => **Y** vas-tu?
Es-tu allé **en ville**? => **Y** es-tu allé?

Remember: The parts of **negation** enclose the conjugated verb and the pronouns before it (for more on this and exceptions see I.3, p. 44).
Example:
Amélie **ne** prend **pas** de café. => Amélie **n'**en prend **pas**.
Patrick **n'**a **pas** pris le bus. => Patrick **ne** l'a **pas** pris.

(2) Before the infinitive

In sentences with an infinitve **the pronouns are usually placed before the infinitive.**

Examples:
Je vais acheter **du pain**. => Je vais **en** acheter.
Je suis allé acheter **du pain**. => Je suis allé **en** acheter.
negated:
Je ne vais pas **en** acheter.
Je ne suis pas allé **en** acheter.

EXCEPTIONS:
With the following verbs the pronouns are still to be placed before the conjugated part of the verb.
Verbs of perception:
voir qn. faire qc., regarder qn. faire qc., écouter qn. faire qc., entendre qn. faire qc., sentir qn. faire qc.
and:
laisser qn. faire qc. (to let s.o. do s.th.), faire faire qc. à qn. (to get s.o. to do s.th.), envoyer qn. faire qc. (to send s.o. to do s.th.)

Examples:
Je regarde **Marc** travailler. => Je **le** regarde travailler.
J'envoie **le petit** faire les courses. => Je **l'**envoie faire les courses.
Je fais réparer **ma montre**. => Je **la** fais réparer.

3.6 Position in imperative clauses

With the affirmative imperative (IV.1.1, p. 149) pronouns are to be **put after the imperative with a hyphen; me and te become moi and toi**.
=> NOT with the negated imperative!

Examples:
Vas-**y**! (You need the s because of the pronunciation.)
BUT: N'**y** va pas!

Regarde-**moi**.
BUT: Ne **me** regarde pas.

Prends-**en**. *(Take some/a bit of it.)*
BUT: N'**en** prends pas.

Mouche-**toi**. *(Wipe your nose.)*
BUT: Ne **te** mouche pas.

3.7 Positions with several pronouns

(1) Clauses of statement and questions

There are two pattern for clauses with two pronouns. Which one to choose depends on the presence of the pronouns le, la or les.
If one of the two pronouns is le, la or les, the order of the pronouns is as follows (Exception: combinations of groups I.- III. with y and en are always possible, i.e., without le, la or les):

=>	=>	=>	=>
me te se *(refl.)* nous vous	**le** **la** **les**	lui leur	y, en
I	II	III	

Examples:
Combination of II and III:
Je raconte **mon histoire à Philippe**.
=> Je **la lui** raconte.

Combination of I and II:
Papa **m'offre** **mes chocolats préférés**.
=> Papa **me les** offre.

Combination of III and group y, en:
Je parle **de l'affaire à Isabelle**.
=> Je **lui en** parle.

Combination of I and group y, en:
Pierre **nous** retrouve **devant le cinéma**.
=>Pierre **nous y** retrouve.

Group y, en:
Il **y** a **des biscuits**.
=> Il **y en** a.

If there is none of the pronouns "le, la, les" in the sentence (and no y or en), the direct object pronouns remain before the verb and the indirect object pronouns are put after, but in the form à + disjunctive pronoun (II.1.2, p. 86).

direct object =>	=>	**indirect object** =>
me te se *(refl.)* nous vous se *(refl.)*	VERB	à moi à toi à lui/elle à nous à vous à eux/elles

Example:
s'adresser à qn.
M. Durand **s'adresse** **au directeur**.
=> M. Durand **s'adresse** **à lui**.

présenter qn. à qn.
Je vais **vous** présenter **à mes amis**.
=> Je vais **vous** présenter **à eux**.

NOTE:
With compound tenses à moi (etc.) is to be put after the participe passé:
=> Je **vous** ai présenté **à eux.**

(2) Affirmative imperative clauses

In imperative clauses, group I cannot be combined alone with group III (same as above), but if the group "le, la, les" is represented, the order changes: le, la, les always come first!

Examples:
apprendre qc. à qn.
Apprends-**moi cette chanson**.
=> Apprends-**la-moi**.
(clause of statement: Tu me l'apprends.)

rendre qc. à qn. *(to give back s.th. to s.o.)*
Rends **le livre à ton frère**.
=> Rends-**le-lui**.

Distinguish:
Présente-la-moi. *(Introduce her to me.)*
Présente-moi à elle. *(Introduce me to her.)*

As usual combinations with y or en are possible. (Me and te *do not* become moi and toi but rather get apostrophized, still the combinations "m'y" and "t'y" are to be avoided.)

Examples:
parler de qc. à qn.
Parle-**nous de tes aventures**.
=> Parle-**nous-en**.

s'en aller
=> Va-t'en! *(Go away!)*
=> Allez-vous-en!

se rendre à un endroit
Rendez-vous à Paris.
=> Rendez-vous-y.

NOTE:
Negated imperative clauses follow the same rules as those of clauses of statement.

Example:
Ne m'apprends pas cette chanson.
=> Ne me l'apprends pas.

For perfectionists:
In chapter 3.5 (2), p. 139, you learned about the position of pronouns with verbs of perception followed by infinitives. If in such a sentence you happen to have ***two*** pronouns, place them with the verb they belong to.

Example:
Je la vois le faire. *(I see her doing it.)*
=> voir qn.
=> faire qc.

Exercises

A. Répondez aux questions en remplaçant les mots soulignés par un pronom. (solution p. 145)

Exemple:
Est-ce que Sandrine a oublié son sac?
=> Non, elle ne l'a pas oublié.

1. Est-ce que tu vas regarder la télé?
Non, je...
2. Est-ce que tu as rendu visite à ta tante?
Non, je...
3. Est-ce que Marc a parlé de la fête de ce dimanche?
Oui, il...
4. Est-ce que tu vas à l'université aujourd'hui?
Oui, ...
5. Maman a acheté trois kiwis?
Oui, elle...
6. Tu veux un yaourt?
Non, je...
7. Est-ce que tu as lu la lettre de Brigitte?
Oui, je...
8. Est-ce que tu es habitué à conduire la nuit?
Oui, ...
9. Est-ce qu'il faut mettre beaucoup de sucre dans ce dessert?
Non, il...
10. Est-ce que tu vas répondre à cette lettre?
Oui, je...
11. Danielle a-t-elle fait du sport cette semaine?
Non, elle...
12. Tu as répondu à tes parents?
Oui, je...
13. Est-ce que tu vas participer à ce jeu?
Oui, je...
14. Tu as acheté un cadeau pour Marc?
Oui, ...
15. Tu as pris deux kilos de tomates ou trois?
... (trois)
16. Est-ce que Xavier a perdu ses clés?
Oui, il...
17. Est-ce que tu as réfléchi à cette question?
Oui, ...
18. Tu reviens de Bordeaux?
Oui, ...
19. Tu as trouvé l'adresse?
Oui, je...
20. Combien de biscuits veux-tu?
... (quatre)
21. Tu es content de ta nouvelle voiture?

Oui, ...
22. Tu as fait attention à ton petit frère?
Oui, ...
23. Est-ce que tu as regardé les informations?
Oui, ...
24. Est-ce que papa est dans sa chambre?
Oui, papa...
25. As-tu trouvé du beurre salé au supermarché?
Non, je...

B. Traduisez. (solution p. 146)

1. Look at me. No, don't look at me. (regarder qn.)
2. Talk to them. No, don't talk to them. (parler à qn.)
3. Go there. No, don't go there. (aller)
4. Turn round. No, don't turn round. (se retourner)
5. Are you afraid of it? (avoir peur de qc.)
6. Listen to him. No, don't listen to him. (écouter qn./qc.)
7. Nadine? Phone her up. No, don't phone her up. (téléphoner à qn.)
8. Do you need it? (avoir besoin de qc.)
9. Help us. No, don't help us. (aider qn.)
10. Your belongings (= tes affaires, f.)? Search for them. No, don't search for them. (chercher qc.)
11. The answer (= la réponse)? Find it. No, don't find it. (trouver qc.)
12. Get up (polite form). No, don't get up (polite form). (se lever)

C. Remplacez les mots soulignés par des pronoms. Attention à la place des pronoms! (solution p. 146)

Exemple:
Je raconte mon histoire à Pierre.
=> Je la lui raconte.

1. Mme Lemerle écrit une lettre à sa fille.
2. Victor pense à ses amis.
3. Le héros sauve l'enfant de la noyade.
4. Amélie parle de son idée à sa meilleure amie.
5. M. Laurier ouvre la porte au facteur.
6. Apporte ce verre d'eau à ta sœur.
7. Mettez vos livres sur la table.
8. Marc parle de sa nouvelle amie à ses parents.
9. Christine décide d'acheter un cadeau à Jonathan.
10. Quentin s'intéresse à la politique.
11. Alice se moque de Patrick.
12. Alice se moque des coiffures ridicules.
13. M. Duracuire s'est occupé de sa déclaration d'impôts.
14. Passe-moi le sel, s'il te plaît.
15. Penses-tu à ton travail?
16. Revenez-vous de vacances?

17. Je ne prends pas de café.
18. Mme Verne s'habitue à ses nouveaux voisins.
19. Arnaud s'attend à des mauvaises nouvelles.
20. M. Leblanc s'intéresse aux amis de sa fille.
21. Amélie se sert de l'ordinateur.
22. Il y a du lait dans le frigo.
23. Va à la plage.
24. Je vais dire la vérité à ma femme.
25. Je vais mettre mes affaires sur cette chaise.

D. Learn the disjunctive personal pronouns (II.1.2, p. 86) and do the exercises!

Answer Keys

Solution for A

L1. Non, je ne vais pas la regarder.
L2. Non, je ne lui ai pas rendu visite.
L3. Oui, il en a parlé.
L4. Oui, j'y vais.
L5. Oui, elle en a acheté trois.
L6. Non, je n'en veux pas.
L7. Oui, je l'ai lue. (agreement of the participe passé see IV.2, p. 158)
L8. Oui, j'y suis habitué(e).
L9. Non, il ne faut pas en mettre beaucoup. *or* Il n'en faut pas beaucoup.
L10. Oui, je vais y répondre.
L11. Non, elle n'en a pas fait.
L12. Oui, je leur ai répondu.
L13. Oui, je vais y participer.
L14. Oui, j'en ai acheté un.
L15. J'en ai pris trois.
L16. Oui, il les a perdues. (see IV.2, p. 158)
L17. Oui, j'y ai réfléchi.
L18. Oui, j'en reviens.
L19. Oui, je l'ai trouvée. (see IV.2, p. 158)
L20. J'en veux quatre.
L21. Oui, j'en suis content.
L22. Oui, j'ai fait attention à lui. (III.3.2, p. 135, exceptions)
L23. Oui, je les ai regardées. (see IV.2, p. 158)
L24. Oui, papa y est.
L25. Non, je n'en ai pas trouvé.

Solutions for B

(For imperative forms see IV.1, p. 149.)

L1. Regarde-moi. Non, ne me regarde pas.
L2. Parle-leur. Non, ne leur parle pas.
L3. Vas-y. Non, n'y va pas.
L4. Retourne-toi. Non, ne te retourne pas.
L5. Tu en as peur? *Or* Est-ce que tu en as peur? *Or* En as-tu peur? (avoir peur de qc.)
L6. Écoute-le. Non, ne l'écoute pas.
L7. Nadine? Téléphone-lui. Non, ne lui téléphone pas.
L8. Tu en as besoin? *Or* Est-ce que tu en as besoin? *Or* En as-tu besoin?
L9. Aide-nous. Non, ne nous aide pas.
L10. Tes affaires? Cherche-les. Non, ne les cherche pas.
L11. La réponse? Trouve-la. Non, ne la trouve pas.
L12. Levez-vous. Non, ne vous levez pas.

Solutions for C

L1. Mme Lemerle lui en écrit une.
L2. Victor pense à eux.
L3. Le héros le sauve de la noyade.
L4. Amélie lui en parle.
L5. M. Laurier la lui ouvre.
L6. Apporte-le-lui.
L7. Mettez-les sur la table.
L8. Marc leur parle d'elle.
L9. Christine décide de lui en acheter un.
L10. Quentin s'y intéresse.
L11. Alice se moque de lui.
L12. Alice s'en moque.
L13. M. Duracuire s'en est occupé.
L14. Passe-le-moi, s'il te plaît.
L15. Y penses-tu?
L16. En revenez-vous?
L17. Je n'en prends pas.
L18. Mme Verne s'habitue à eux.
L19. Arnaud s'y attend.
L20. M. Leblanc s'intéresse à eux.
L21. Amélie s'en sert.
L22. Il y en a.
L23. Vas-y. (NOTE the "s" because of the pronunciation.)
L24. Je vais la lui dire.
L25. Je vais les y mettre.

IV. Tenses and the sequence of tenses

0. What is meant by the "sequence of tenses"?

French speakers use tenses very precisely. What I will call the "sequence of tenses" is a means to understand when to use which tense.

<u>**Step 1:**</u> **Each narrative is told from a certain point of view in time – past, present or future**.

Examples:
Je prends un café. *(I take a coffee.)*
=> narrative in the **present**
À l'époque, je prenais encore du café.
(I those days I used to drink coffee.)
=> narrative in the **past**
Dans un an, j'irai au Canada.
(Next year I will go to Canada.)
=> narrative in the **future**

<u>**Step 2:**</u> **In relation to this basic point of view in time (= "now"), the events may be prior (earlier) or posterior (later).**
=> For each point of view in time (present, past, future) you will use **a different set of tenses**:

<=	**Present**	=>
earlier	*"now"*	*later*
passé composé/ imparfait	présent	futur simple /futur antérieur (/futur proche)

Example:
Ce matin, je **vais** beaucoup mieux, mais il y a deux jours, j'**étais** très malade. La semaine prochaine, je **retournerai** travailler.
(This morning I feel much better, but two days ago I was very sick. Next week I will go back to work.)

<=	**Past**	=>
earlier	*"now"*	*later*
plus-que-parfait	passé composé/ imparfait	conditionnel présent/passé* ("futur du passé")

* see also the "futur proche du passé", IV.3.6 (2), p. 175

Example:
M. Clocher **était** un petit employé. Il **avait débuté** dans son entreprise deux ans auparavant, mais, à présent, il se demandait s'il ne **serait** pas bientôt de nouveau au chômage.
(Mr. Clocher was a little employee. He had started to work at his job two years before, but he was wondering if he was going to be out of work again soon.)

<=	**Future**	=>
earlier	*"now"*	*later*
futur antérieur	futur simple	(futur simple)

Example:
Dans deux ans, je **serai** au Canada. D'ici là, **j'aurai réussi** mon examen.
(In two years I will be in Canada. By then I will have passed my exam.)

NOTE: In literary language there is an alternative set of past tenses. You will read them very often but probably never use them (unless you write novels); just be able to recognize them (IV.3.4, p. 170).
passé composé => passé simple
plus-que-parfait => passé antérieur

DISTINGUISH: **"Mood"**
Tenses are used in a temporal way; however, there are four moods in French to consider:
l'indicatif (certainty; reality of the events)
le subjonctif (doubt; subjectivity of the events)
l'impératif (requests, orders, etc.)
le conditionnel (possibility or impossibility; also: politeness)

=> subjonctif see V.3, p. 227
=> conditionnel see in this chapter IV.5, p. 186, and V.2, p. 220, for conditional clauses
=> imperative forms are to be found right below along with the description of the présent (IV.1)

1. Present

Learning verb forms can be tedious. However, there are some tricks that will save you time and energy. Hint: **If you know the forms of the présent you will be able to derive from them most of the other verb forms!**

NOTE: There is a short table of verbs in the appendix, p. 257.

1.1 Usage: présent and impératif

(1) The **présent** is used

(a) for everything that is/happens in the present;
(b) for everything that is universally valid or timeless; and
(c) for events that are still going on in the present.

> *Examples:*
> Marc mange de la soupe.
> En hiver, il fait froid.
> Nous apprenons le français depuis deux ans.

For perfectionists:
The présent may also be used for a not-too-distant future if the events are sure to happen or if a firm intention is expressed.
Example:
Demain, je pars pour Paris.

A narrator may tell past events in the présent to make them more vivid.
Example:
«Hier, je suis allé faire les courses. Devine qui je rencontre devant la boucherie? C'est Philippe!»

There is also the "présent historique", which is used to relate historical facts.
Example:
En 1789, les révolutionnaires assiègent et prennent la Bastille.

(2) The imperative:

The imperative has only three persons (2nd sg., 1st and 2nd pl.) and is used **without a subject pronoun**. Its **form** is usually the same as that of the corresponding forms of the présent (the verbs of the group -er lose the -s in the 2nd p.sg. unless they are followed by y or en; IV.1.2, p. 150). Avoir, être, savoir and vouloir are irregular (IV.1.5, p. 154)

> *Examples:*
> Regarde. *(Look.)* Regardons. *(Let's look.)* Regardez. *(Look. plural or polite form sg./pl.)*

NOTE: Where are pronouns (object, adverbial, reflexive) to be put? See III.3.6, p. 140.
ALSO: Regardez-**vous**. = Look **at yourself/yourselves**.
(vous = reflexive! Verb: se regarder)

1.2 Verb forms: the group -er

Verbs ending in -er comprise the largest group of verbs.

Characteristics:
=> the endings are **-e, -es, -e, -ons, -ez, -ent**
=> in the imperative of the 2nd p. sg., the s is left out
(Exception: when it is needed for pronunciation because of a following y or en; *Examples:* Va! Vas-y!)
=> the participe passé ends in -é

(1) Model

parler

je parl**e**
tu parl**es**
il/elle/on parl**e**
nous parl**ons**
vous parl**ez**
ils/elles parl**ent**

participe passé: parl**é**
impératif: parl**e**; parl**ons**; parl**ez**

Likewise: regarder, porter, tomber, arriver, penser, entrer, monter, rester etc.

(2) BE CAREFUL with verbs ending in -ger and -cer
Because of the pronunciation, please note these special cases:

	***before e and i:* g, c**	***before a and o:* ge, ç**
manger	je man**ge**	nous man**geons**
commencer	je commen**ce**	nous commen**ç**ons

Likewise:
manger: nager, partager, diriger, songer, s'engager, plonger, changer, ranger, charger, bouger, juger, obliger, se venger
commencer: avancer, forcer, placer, prononcer, annoncer, menacer, lancer

(3) Verbs with two stems:
The following verbs have different stems when their ending is silent (-e, -es, -e, -ent) or voiced (-ons, -ez, -é, -er). This includes the appearance or change of an accent or the doubling of a consonant.

se lever	**jeter**	**préférer**
je me l**è**ve	je je**tt**e	je préf**è**re
tu te l**è**ves	tu je**tt**es	tu préf**è**res
il se l**è**ve	il je**tt**e	il préf**è**re
nous nous levons	nous jetons	nous préférons
vous vous levez	vous jetez	vous préférez
ils se l**è**vent	ils je**tt**ent	ils préf**è**rent
p.p: levé	*p.p.:* jeté	*p.p.:* préféré

Likewise:
lever: acheter, emmener, mener, enlever, ramener, peser, achever, se promener
jeter: appeler, se rappeler, projeter, rejeter
préférer: espérer, céder, s'inquiéter, répéter, exagérer, compléter, posséder

(4) Verbs ending in -yer
They change their y to i before silent endings. (Exception: with verbs in -ayer both forms are possible; e.g., j'essaie and j'essaye; however the latter is outdated.)

employer

j'emplo**i**e
tu emplo**i**es
il emplo**i**e
nous employons
vous employez
ils emplo**i**ent

Likewise: payer, s'ennuyer, essayer, nettoyer, aboyer, envoyer, (se) noyer, effrayer

(5) The most common irregular verb ending in -er

aller

je vais
tu vas
il va
nous allons
vous allez
ils vont

p.p.: allé

1.3 Verb forms: the group -dre

Characteristics:
=> endings are: **-s, -s, /, -ons, -ez, -ent**
=> participe passé ends in **-u**

(1) Model

entendre

j'entend**s**
tu entend**s**
il entend
nous entend**ons**
vous entend**ez**
ils entend**ent**

p.p.: entend**u**
impératif: entend**s**; entend**ons**; entend**ez**

Likewise: attendre, confondre, défendre, descendre, pendre, perdre, rendre, répondre, tendre, vendre, etc.

NOTE: Verbs ending in -aindre, -eindre and -oindre are **irregular**, as are coudre, moudre, rompre and other verbs ending in -re.

(2) The most common irregular verb ending in -dre

prendre

je prends
tu prends
il prend
nous pre**no**ns
vous pre**ne**z
ils pre**nn**ent

p.p.: **pris**
impératif: prends; prenons; prenez

1.4 Verb forms: the group -ir

Characteristics:
Verbs ending in -ir may be divided into two groups; some of them extend their stem (with **-iss-**), the others do not.
=> endings are **-s, -s, -t, -ons, -ez, -ent**
=> participe passé ends in **-i**

(1) Models

Group "finir"	**Group "sortir"**
je fini**s**	je sor**s**
tu fini**s**	tu sor**s**
il fini**t**	il sor**t**
nous fin**iss**ons	nous sort**ons**
vous fin**iss**ez	vous sort**ez**
ils fin**iss**ent	ils sort**ent**
p.p.: fini	*p.p.:* sorti
Likewise:	*Likewise*:
choisir => je choisis	partir => je pars
réagir => je réagis	dormir => je dors
remplir => je remplis	servir => je sers
réussir => je réussis	sentir => je sens
réfléchir => je réfléchis	mentir => je mens

NOTE: Again there are some **irregular verbs**, e.g., courir, cueillir, mourir, etc.; **the verbs ouvrir, couvrir, découvrir, offrir and souffrir form the présent like the verbs ending in -er** (j'ouvre, tu ouvres etc.).
See also the small group of verbs ending in -oir (recevoir, devoir, apercevoir; e.g., je reçois, nous recevons).

(2) The most common irregular verb ending in -ir

venir (*likewise*: tenir, revenir, devenir, obtenir)

je viens
tu viens
il vient
nous venons
vous venez
ils viennent

p.p.: venu

1.5 Other common irregular verbs

This is a selection of often used irregular verbs. See also the table of verbs in the appendix, p. 257.

avoir	**être**	**faire**
j'ai	je suis	je fais
tu as	tu es	tu fais
il a	il est	il fait
nous avons	nous sommes	nous faisons
vous avez	vous êtes	vous **faites**
ils ont	ils sont	ils font
p.p. j'ai **eu**	*p.p.* j'ai **été**	*p.p.* j'ai **fait**
impératif:	*impératif:*	*impératif:*
aie, ayons, ayez	**sois, soyons, soyez**	fais, faisons, faites

devoir	**vouloir**	**pouvoir**
je dois	je veux	je peux
tu dois	tu veux	tu peux
il doit	il veut	il peut
nous devons	nous voulons	nous pouvons
vous devez	vous voulez	vous pouvez
ils doivent	ils veulent	ils peuvent
p.p. j'ai **dû**	*p.p.* j'ai voulu	*p.p.* j'ai **pu**
impératif:	*impératif:*	-
dois, devons, devez	**veuille, veuillons, veuillez**	

savoir	**mettre**	**voir**
je sais	je mets	je vois
tu sais	tu mets	tu vois
il sait	il met	il voit
nous savons	nous mettons	nous voyons
vous savez	vous mettez	vous voyez
ils savent	ils mettent	ils voient
p.p.: j'ai **su**	*p.p.:* j'ai **mis**	*p.p.:* j'ai **vu**
impératif:	*impératif:*	*impératif:*
sache, sachons, sachez	mets, mettons, mettez	vois, voyons, voyez

dire

je dis
tu dis
il dit
nous disons
vous **dites**
ils disent
p.p.: j'ai **dit**
impératif:
dis, disons, dites

connaître*

je connais
tu connais
il conn**aît***
nous connaissons
vous connaissez
ils connaissent
p.p.: j'ai **connu**
impératif:
connais, connaissons, connaissez

écrire

j'écris
tu écris
il écrit
nous écrivons
vous écrivez
ils écrivent
p.p.: j'ai **écrit**
impératif:
écris, écrivons, écrivez

Table of verbs p. 257

**N.O.:* The 1990 spelling reform permits dropping the ^ before the t: connaitre, il connait

Exercises

A. Mettez les verbes à la bonne forme du présent ou de l'impératif. (solution p. 157)

1. Nous _______ (voir) les gens dans la rue, mais ils ne ______ (faire) pas attention à nous.
2. *Conversation par téléphone portable*: «Vous _____ (être) à la boulangerie? ______ (faire)-moi plaisir, ______ (acheter)-moi un croissant.»
3. Adèle ne ______ (pouvoir) pas encore passer le permis de conduire, elle _____ (être) trop jeune.
4. Les enfants ______ (finir) vite leurs devoirs. Ils ______ (vouloir) jouer avec leurs amis.
5. Tu ______ (connaître) Aurélie? Elle ______ (essayer) de battre le record de saut en hauteur de l'école.
6. _____(lever)-toi et ______ (marcher)!
7. J'______ (espérer) que tu _____ (aller) bien et que tu ne ______ (s'inquiéter) pas trop.
8. À Paris, nous ______ (changer) de train.
9. Vous, là! _____ (être, impératif) plus attentif!
10. Vous _____ (dire) que Marc _____ (venir) chez vous aujourd'hui? Mais il _____ (devoir) passer un examen médical!
11. Je ______ (mettre) ma veste et je _____ (sortir) faire les courses.
12. Au supermarché, j'______ (acheter) un litre de lait et je ______ (rendre) les bouteilles vides. Je ______ (se sentir) fatiguée.
13. Nous ______ (vouloir) partir en vacances, cette année. ______ (connaître)-vous un endroit pas trop cher?
14. Marc _____ (appeler) Xavier au téléphone. Il ______ (s'ennuyer) et ______ (vouloir) parler à quelqu'un.
15. Zoé _____ (savoir) réparer sa vieille voiture elle-même, mais elle ______ (préférer) laisser faire le garagiste.
16. Je _____ (dormir) l'après-midi. Je ______ (se sentir) mieux après.
17. Les Leblanc ______ (tenir) une librairie. Chaque année, ils _____ (aller) à la foire du livre.
18. Nous ______ (commencer) une partie de poker.
19. Nous _____ (être) en route pour Lyon. C'est maman qui ______ (tenir) le volant.
20. Quand tu ______ (entrer) en ville, tu _____ (voir) la pharmacie à droite. ______ (prendre) la première rue après, puis ______ (tourner) à gauche.
21. Marianne ______ (jeter) son cartable par terre et _____ (aller) se reposer.

B. Traduisez. (solution p. 157)

1. Come in. (entrer; polite form)
2. Be good. (être sage; two children)
3. Come in. (even more polite: vouloir entrer)
4. Don't be afraid. (avoir peur; 2nd p.pl.)
5. Be careful. (faire attention; 2nd p.pl.)
6. Know that I'm not satisfied. (savoir; être satisfait; 2nd p.pl.)
7. Have self-confidence. (avoir confiance en soi; 2nd p.sg.)
8. Be punctual. (être à l'heure; 2nd p.sg.)

C. Révisez le chapitre III, surtout la partie III.3.6 (l'impératif et les pronoms, p. 140). Ensuite, faites l'exercice B du chapitre III.3, p. 144.

Answer Keys

Solutions for A

L1. Nous voyons les gens dans la rue, mais ils ne font pas attention à nous.
L2. «Vous êtes à la boulangerie? Faites-moi plaisir, achetez-moi un croissant.»
L3. Adèle ne peut pas encore passer le permis de conduire, elle est trop jeune.
L4. Les enfants finissent vite leurs devoirs. Ils veulent jouer avec leurs amis.
L5. Tu connais Aurélie? Elle essaie de battre le record de saut en hauteur de l'école.
L6. Lève-toi et marche!
L7. J'espère que tu vas bien et que tu ne t'inquiètes pas trop.
L8. À Paris, nous changeons de train.
L9. Vous, là! Soyez plus attentif!
L10. Vous dites que Marc vient chez vous aujourd'hui? Mais il doit passer un examen médical!
L11. Je mets ma veste et je sors faire les courses.
L12. Au supermarché, j'achète un litre de lait et je rends les bouteilles vides. Je me sens fatiguée.
L13. Nous voulons partir en vacances, cette année. Connaissez-vous un endroit pas trop cher?
L14. Marc appelle Xavier au téléphone. Il s'ennuie et veut parler à quelqu'un.
L15. Zoé sait réparer sa vieille voiture elle-même, mais elle préfère laisser faire le garagiste.
L16. Je dors l'après-midi. Je me sens mieux après.
L17. Les Leblanc tiennent une librairie. Chaque année, ils vont à la foire du livre.
L18. Nous commençons une partie de poker.
L19. Nous sommes en route pour Lyon. C'est maman qui tient le volant.
L20. Quand tu entres en ville, tu vois la pharmacie à droite. Prends la première rue après, puis tourne à gauche.
L21. Marianne jette son cartable par terre et va se reposer.

Solutions for B

L1. Entrez.
L2. Soyez sages.
L3. Veuillez entrer.
L4. N'ayez pas peur.
L5. Faites attention.
L6. Sachez que je ne suis pas satisfait.
L7. Aie confiance en toi.
L8. Sois à l'heure.

2. Compound tenses: agreement of the participe passé (model: passé composé)

2.1 Basics: forms, auxiliary verbs, participe passé

(1) Form

Compound tenses consist of a conjugated auxiliary verb (avoir or être) and the participe passé.

avoir/être + participe passé (e.g., parlé, entendu, fini...)

Compound tenses:
passé composé = avoir/être in the présent + p.p.
Example: Il a fini. Tu es parti(e).
plus-que-parfait = avoir/être in the imparfait + p.p.
Example: Il avait fini. Tu étais parti(e).
futur antérieur = avoir/être in the futur simple + p.p.
Example: Il aura fini. Tu seras parti(e).
conditionnel passé = avoir/être in the conditionnel présent + p.p.
Example: Il aurait fini. Tu serais parti(e).
LIKEWISE: subjonctif passé (V.3.1, p. 228), passé antérieur (IV.3.4, p. 170)

Remember: The **negation** encloses the conjugated part of the verb with the pronouns before it, i.e., **the auxiliary** (for more on this and exceptions see I.3, p. 44).

Example:
Il *ne* l'**a** *pas* voulu.

For perfectionists:
Very rarely and only in spoken language will you find the "**temps surcomposés**": passé surcomposé (j'ai eu fini), p.-q.-p. surcomposé (j'avais eu fini), futur antérieur surcomposé (j'aurai eu fini). They are used for events that are completed and earlier than the events in the corresponding "normal" compound tense. Do not use them, they are awkward.

(2) Auxiliary verbs

Most verbs require "avoir" as auxiliary (even être does: j'ai été).

LEARN the verbs that require "être"!
aller *(to go)*
venir *(to come)*, devenir *(to become)*, revenir *(to come back)*
sortir *(to go out)*
rentrer, retourner *(to come back)*
entrer *(to enter)*
rester *(to stay)*
tomber *(to fall)*
partir *(to leave)*

arriver *(to arrive)*
monter *(to go up)*
descendre *(to go down)*
naître *(to be born)*
mourir *(to die)*
AND ALL REFLEXIVE VERBS! (III.2, p. 127)

Example:
se lever => Je me suis levé(e).

NOTE: The **passive** is formed with être too. (IV.7, p. 197)

(3) participe passé

Regular forms:
Verbs ending in -er: regard**er** => j'ai regard**é**
Verbs ending in -dre: entend**re** => j'ai entend**u**
Verbs ending in -ir: sort**ir** => je suis sort**i**

There are many **irregular forms**! Here are some:

avoir:	j'ai **eu**	*pouvoir:*	j'ai **pu**
être:	j'ai **été**	*vouloir:*	j'ai **voulu**
faire:	j'ai **fait**	*devoir:*	j'ai **dû**
écrire:	j'ai **écrit**	*savoir:*	j'ai **su**
prendre:	j'ai **pris**	*venir:*	je suis **venu(e)**
voir:	j'ai **vu**	*tenir:*	j'ai **tenu**
mettre:	j'ai **mis**	*ouvrir:*	j'ai **ouvert**
vivre:	j'ai **vécu**	*offrir:*	j'ai **offert**
lire:	j'ai **lu**	*dire:*	j'ai **dit**
naître:	je suis **né(e)**	*mourir:*	je suis **mort(e)**
connaître:	j'ai **connu**	*plaire:*	j'ai **plu***

* Caution: pleuvoir: il a plu (it rained)

The participe passé may be **used as an adjective** (I.5.1, p. 55) and must agree with the noun it refers to (see also the passive).

Example:
la clé perdu**e** ("attributive" use)
la clé est perdu**e** ("predicative" use)

(4) Special case: Verbs with "être" that sometimes may require "avoir"

The above-mentioned verbs **descendre, monter, sortir, rentrer and retourner** are "intransitive", i.e., **they do not have an object** (for explanations about objects see III.1, p. 108).

Still they may be used **WITH an object** (transitively) – in this case two things occur:
(a) **they now require avoir**
(b) some of them get a different meaning

without object => être	with object => avoir
sortir *(to go out)* monter *(to go up)* descendre *(to go down)* rentrer *(to go back, etc.)* retourner *(to go back)*	sortir **qc.** *(to take s.th. out)* monter **qc.** *(to take s.th. up)* descendre **qc.** *(to take s.th. down)* rentrer **qc.** *(to take s.th. in)* retourner **qc.** *(to turn s.th. round or to send s.th. back)*

Examples:
Je **suis** descendu. *(I went down.)*
J'**ai** descendu **les valises**. *(I took the bags down(stairs).)*
Je **suis** rentré. *(I got home./I entered.)*
J'**ai** rentré **le linge**. *(I took in the laundry.)*

Distinguish:
Je suis descendu par l'escalier. (*no* object; adverbial element of mode, i.e., *by which means* I go down)
J'ai descendu l'escalier. (direct object; III.1.1, p. 108)

For perfectionists:
There still are some other verbs that you will find sometimes with avoir and sometimes with être. With avoir they express an event, with être they express a result or state (see above: the p.p. used as an adjective).
Example:
passer
M. Duval **a passé** l'examen. *(M. Duval did the test.)*
Le printemps **est passé**. *(Spring is over.)*
changer
Liliane **a changé**. *(Liliane changed.)*
Liliane **est** toute **changée**. *(Liliane has quite changed.)*
(! Liliane s'est changée. = Liliane has changed her clothes.)
paraître
Marc **a paru** triste. *(Marc seemed to be sad.)*
Ce livre **est paru** en 2012. *(This book was published...)*
NOTE ALSO the following expressions:
Les prix ont monté. *(The prices went up.)*
Les cours ont baissé. *(The market prices went down.)*

2.2 Agreement with être

A participe passé with être agrees in gender and number with its subject.
=> do not forget that the passive is formed with être too (IV.7, p. 197).
EXCEPTION: the reflexive verbs (2.4, p. 163)

As usual:
feminine: + e
plural: + s (not if the p.p. already ends in -s)

> *Examples:*
> Isabelle est tombé**e**.
> Les filles sont parti**es** en voyage.
> Les garçons sont revenu**s**.
> Les portes ont été fermé**es**. (passive)

NOTE: Isabelle et Julien sont parti**s**.
=> If the plural contains *both* genders, then p.p. = m.pl.

2.3 Agreement with avoir

<u>Step 1:</u> A participe passé with avoir is invariable.

Example:
Isabelle a travaillé.
Les filles ont dansé.

<u>Step 2:</u> It *is* variable if a DIRECT OBJECT is placed BEFORE IT. In this case the p.p. agrees with said object.
(2.4, p. 163, for the reflexive verbs)

Direct objects before the p.p. may be:
(1) A direct object pronoun.
Example:
Ces photos? Marc **les** a prise**s**.
=> What again are object pronouns? See chapter III, p. 108! If you cannot distinguish between a direct object pronoun and an indirect one, you will not be able to handle this matter.

Try this little test: Is the following sentence correct or should the p.p. get an -s? In other words, is "nous" a direct object pronoun or an indirect one?

Il nous a parlé.

(Solution: The verb is parler à qn. This means that nous is an indirect object pronoun. The sentence is correct.)

(2) The interrogative adjective "quel + noun" or the interrogative pronoun "lequel"; the question "combien de + noun" and the interjection "que de + noun".

Examples:
Quelle voiture avez-vous acheté**e**?
Tous ces livres! **Lesquels** as-tu déjà lu**s**?
Combien de pommes de terre as-tu épluch**ées**?
Que de bêtises il a fait**es**, cet enfant!

=> review quel and lequel in chapter I.2.2 (e), p. 38

(3) The relative pronoun que

Example:
Voilà **la tarte que** j'ai fait**e**.
(... the cake that I ...)
=> "que" refers to "la tarte". Therefore the p.p. gets an -e.

=> review relative clauses in chapter V.1, p. 209

TO MAKE IT CLEAR: All this applies only if the direct object is placed *before* the p.p.

For perfectionists:
Special cases with infinitives
faire faire *(arrange for s.th. to be done)* and **laisser faire** *(allow s.th. to be done)*
=> the p.p. is invariable
Example:
Marc les a fait travailler.
Marc les a laissé entrer.

Likewise: devoir faire, pouvoir faire, savoir faire, vouloir faire, oser faire, espérer faire, conseiller de faire, défendre de faire, demander de faire, interdire de faire, permettre de faire, promettre de faire, recommander de faire, préférer faire

Verbs of perception: voir faire, entendre faire, etc.
=> the p.p. is variable only if the sense of the direct object refers to the infinitive
Example:
Les fleurs que j'ai vu planter...
(Not the flowers planted s.th.; someone else (unnamed) planted them; flowers = passive)
Les fleurs que j'ai vu**es** pousser...
(The flowers grow; flowers = active)

2.4 Agreement with reflexive verbs

A **reflexive verb** is governed by the **same rules as a verb with avoir** (although the reflexive verbs require être).
=> see III.2 Reflexive verbs, p. 127

MOST IMPORTANT QUESTION:
Is the relative pronoun in a given sentence a direct object?

Find out this way:

Step 1: Ask yourself which objects the verb may get in its non-reflexive form.

Example 1: **se laver** (to wash oneself)

laver **qn./qc**. *(to wash s.o./s.th.)*
=> direct object
THEREFORE: Elle **s'**est lav**ée.** *(She washed herself.)*
=> because the "s'" is a direct object placed before the p.p.

Example 2: **se parler** (to talk to each other)

parler **à qn**. *(to talk to s.o.)*
=> indirect object
Ils **se** sont parlé. *(They talked to each other.)*
=> "se" is an indirect object; no agreement

NOTE: When a verb has only a reflexive form, the pronoun is always a direct object.
(This is even the case if a reflexive pronoun does not retain a logical function anymore: e.g., s'enfuir)

Step 2: If the verb in a given sentence already has a different direct object, the reflexive pronoun is automatically indirect.

Examples:
Elles **se** sont lavées. *(They washed themselves.)*
=> "se" is direct, see above
Elles se sont lavé **les cheveux**.
(They washed their hair.)
=> "les cheveux" is the direct object
=> therefore "se" is indirect

IF another direct object is placed before the verb, the p.p. agrees with it.
Example:
Les cheveux qu'elles se sont lav**és** ne sont pas encore secs.

For perfectionists:
se faire + adjective or **se faire + infinitive**
=> no agreement
Example:
Elle s'est fait belle.
Elle s'est fait teindre les cheveux.

Likewise with the following infinitives if the direct object does not refer to the p.p. but rather to the infinitive.
Example:
L'épreuve qu'il s'est décidé à passer est trop difficile.
(l'épreuve refers to passer: passer une épreuve/un examen)

For more information on verbs of perception (se voir faire qc., etc.) see "For perfectionists" above.

Exercises

A. Mettez le verbe au passé composé et accordez le participe passé. (solution p. 166)

1. Quand Jerôme ______ (ne pas rentrer) à l'heure, maman _______ (s'inquiéter).
2. Quelles fleurs est-ce que tu ______ (offrir) à Mme Taupin?
3. Les filles ______ (faire) un gâteau pour l'anniversaire de Margot.
4. Les décisions (f.) que tu ______ (prendre) me paraissent bonnes.
5. Les garçons ______ (mettre) leurs manteaux et ______ (partir) voir leurs amis. Je leur ______ (dire) de rentrer avant sept heures.
6. Alice ______ (monter) au grenier (= loft). Elle y ______ (monter) ses vieilles affaires.
7. Combien de crêpes est-ce que tu ______ (manger)?
8. Elle ______ (se faire) un café et ______ (ouvrir) une boîte de biscuits.
9. Isabelle ______ (naître) en 1982.
10. Cette lettre? Nadine l'_____ (écrire) dans un moment de colère. Elle ______ (s'excuser) depuis.
11. Lesquels de ces livres est-ce que tu ______ (ne pas lire)?
12. Ma grand-mère ______ (tomber) dans l'escalier. Elle _____ (devoir) rester à l'hôpital pendant une semaine.
13. Ma chienne ______ (mourir) il y a deux jours. Elle _____ (vivre) jusqu'à l'âge de dix ans.
14. Hier, nous ______ (avoir) un accident de voiture parce que nous ______ (être) imprudents à la sortie du parking.
15. Vous ______ (descendre) les valises? Et les filles, elles _____ déjà ______ (descendre)?
16. Henri ______ (ne pas vouloir) prendre l'avion, alors nous ______ (venir) en train.
17. Les filles ______ (se téléphoner) pendant des heures.
18. La pièce de théâtre que Marc ______ (voir) n'est pas terrible. M. Perret y ______ (tenir) le rôle principal.
19. Quand le prof lui _____ (poser) cette question, Patrick ______ (ne pas savoir) quoi répondre.
20. Le voleur ______ (sortir) par la porte de la véranda. C'est ce que la police ______ (pouvoir) prouver.

B. Traduisez. (solution p. 167)

1. the sheet laid on the table (poser; la feuille)
2. the finished work (finir; le travail)
3. the reported piece of news (annoncer; la nouvelle)
4. the owed amount (devoir; la somme)
5. the table laid with care (mettre avec soin)
6. the favourite/favorite colour/color (préférer; la couleur)
7. the furnished proof (apporter; la preuve)
8. the bought cake (acheter; le gâteau)
9. the sent letter (envoyer; la lettre)
10. the threatened person (menacer; la personne)

C. Mettez au passé composé, puis remplacez les mots soulignés par des pronoms (III.3, p. 134). **Attention à l'accord du participe passé.** (solution p. 167)

Exemple:
J'_____ (regarder) la télé.
=> (1) J'ai regardé la télé.
=> (2) Je l'ai regardée.

1. M. Leblanc ______ (connaître) son arrière-grand-mère.
2. Marc ______ (répondre) à ses amis.
3. Nous ______ (faire) nos devoirs.
4. Vous ______ (comprendre) cet exercice?
5. Max ______ (dire) bonjour aux voisins.
6. Ils ______ (apporter) un cadeau à Alice.
7. Elles ______ (raconter) l'histoire (f.) à Brigitte.
8. Le concierge ______ (entendre) l'explosion (f.).
9. Mme Prune ______ (ouvrir) la porte au facteur.
10. Ce film _____ (ne pas plaire) à Oliver.

Answer Keys

Solutions for A

L1. Quand Jerôme n'est pas rentré à l'heure, maman s'est inquiétée. *(s' = direct object; inquiéter qn.)*
L2. Quelles fleurs est-ce que tu as offertes à Mme Taupin? *(Quelles fleurs = dir. o.)*
L3. Les filles ont fait un gâteau pour l'anniversaire de Margot.
L4. Les décisions que tu as prises me paraissent bonnes. *(Les décisions que = dir. o.)*
L5. Les garçons ont mis leurs manteaux et sont partis voir leurs amis. Je leur ai dit de rentrer avant sept heures.
L6. Alice est montée au grenier. Elle y a monté ses vieilles affaires. *(ses vieilles affaires = dir. o.)*
L7. Combien de crêpes est-ce que tu as mangées? *(Combien de crêpes = dir. o.)*
L8. Elle s'est fait un café et a ouvert une boîte de biscuits. *(un café = dir. o., se faire qc.)*
L9. Isabelle est née en 1982.
L10. Cette lettre? Nadine l'a écrite dans un moment de colère. Elle s'est excusée depuis. *(l' = dir. o., écrire qc.; s' = dir. o., excuser qn.)*
L11. Lesquels de ces livres est-ce que tu n'as pas lus? *(Lesquels = dir. o.)*
L12. Ma grand-mère est tombée dans l'escalier. Elle a dû rester à l'hôpital pendant une semaine.
L13. Ma chienne est morte il y a deux jours. Elle a vécu jusqu'à l'âge de dix ans.
L14. Hier, nous avons eu un accident de voiture parce que nous avons été imprudents à la sortie du parking.
L15. Vous avez descendu les valises? Et les filles, elles sont déjà descendues? *(1. descendre qc., les valises = dir. o.; 2. descendre without an object)*
L16. Henri n'a pas voulu prendre l'avion, alors nous sommes venus en train.
L17. Les filles se sont téléphoné pendant des heures. *(se = indirect object, téléphoner à qn.)*
L18. La pièce de théâtre que Marc a vue n'est pas terrible. M. Perret y a tenu le rôle principal. *(La pièce de théâtre que = dir. o.)*

L19. Quand le prof lui a posé cette question, Patrick n'a pas su quoi répondre. *(lui = indirect object pronoun)*
L20. Le voleur est sorti par la porte de la véranda. C'est ce que la police a pu prouver.

Solutions for B

L1. la feuille posée sur la table
L2. le travail fini
L3. la nouvelle annoncée
L4. la somme due
L5. la table mise avec soin
L6. la couleur préférée
L7. la preuve apportée
L8. le gâteau acheté
L9. la lettre envoyée
L10. la personne menacée

Solutions for C

L1.
(1) M. Leblanc a connu son arrière-grand-mère.
(2) M. Leblanc l'a connue.
L2.
(1) Marc a répondu à ses amis.
(2) Marc leur a répondu.
L3.
(1) Nous avons fait nos devoirs.
(2) Nous les avons faits.
L4.
(1) Vous avez compris cet exercice?
(2) Vous l'avez compris?
L5.
(1) Max a dit bonjour aux voisins.
(2) Max leur a dit bonjour.
L6.
(1) Ils ont apporté un cadeau à Alice.
(2) Ils lui ont apporté un cadeau.
L7.
(1) Elles ont raconté l'histoire à Brigitte.
(2) Elles l'ont racontée à Brigitte.
L8.
(1) Le concierge a entendu l'explosion.
(2) Le concierge l'a entendue.
L9.
(1) Mme Prune a ouvert la porte au facteur.
(2) Mme Prune lui a ouvert la porte.
L10.
(1) Ce film n'a pas plu à Oliver.
(2) Ce film ne lui a pas plu.

3. Past

3.1 Imparfait: form

The imparfait has very regular forms; if you know the forms of a verb in the présent you can derive its imparfait forms with a simple trick.

Stem of the 1st person pl. (présent)
+
endings: -ais, -ais, -ait, -ions, -iez, -aient

Examples:

boire: nous **buv**ons	**finir**: nous **finiss**ons
=>	=>
je buv**ais**	je finiss**ais**
tu buv**ais**	tu finiss**ais**
il buv**ait**	il finiss**ait**
nous buv**ions**	nous finiss**ions**
vous buv**iez**	vous finiss**iez**
ils buv**aient**	ils finiss**aient**

NOTE:
manger: nous mang**eons**
=> je mang**eais**, BUT nous mang**ions**
(the additional e is only needed before o, a and u)
commencer: nous commen**çons**
=> je commen**çais**, BUT nous commen**cions**
(the ç is only needed before o, a and u)

Irregular forms:

être	**falloir**	**pleuvoir**
j'étais		
tu étais		
il était	il fallait	il pleuvait
nous étions		
vous étiez		
ils étaient		

(Verbs ending in -yer take the endings -ions, -iez attached to their y; nothing irregular here: payer: nous payons => nous payions)

Usage: The imparfait indicates together with the passé composé (or the passé simple)
(a) past events told from the point of view of the present

(b) events happening "now" if the point of view of a narrative is the past
=> for further explanation see IV.0 and IV.3.6, p. 147/174

THE DIFFICULT QUESTION is when to use imparfait and when to use passé composé (or passé simple).
=> explained at 3.5, p. 172

For perfectionists:
There is also a **modal usage of the imparfait**; with it you can express that something would probably have happened under certain conditions; it is used instead of the conditionnel passé (IV.5.3 (6), p. 189).
Example:
Sans mon réveil, je ne serais pas parti à temps.
=> Sans mon réveil, je ne **partais** pas à temps.
(Without my alarm clock, I wouldn't have left in time.)
Furthermore the imparfait may be used to express a polite request (used instead of the conditionnel):
Example:
Je voulais vous demander de m'attendre. (Je voudrais ...)
(I wanted to ask you to wait for me.)

3.2 Passé composé: form

The passé composé is a **compound tense**. Review chapter IV.2, p. 158: which auxiliary verbs are to be used, what are the forms of the participe passé and what are the rules of its agreement.

avoir/être (présent) + participe passé

Examples:
j'ai fini, tu as perdu, il est sorti, nous sommes venus, vous avez gagné, ils ont commencé

Recommendation:
Review chapter IV.2 first!

Usage: The passé composé indicates together with the imparfait
(a) past events told from the point of view of the present
(b) events happening "now" if the point of view of a narrative is the past
=> for further explanations see IV.0 and IV.3.6, p. 147/174

THE DIFFICULT QUESTION is when to use imparfait and when to use passé composé (or passé simple).
=> explained at 3.5, p. 172

3.3 Plus-que-parfait: form

The plus-que-parfait is a **compound tense** too. If you have not already done so, review chapter IV.2, 158!

avoir/être (imparfait) + participe passé

Examples:

j'avais été	**j'étais** parti(e)
tu **avais** fini	tu **étais** monté(e)
il **avait** changé	il **était** sorti/elle était sortie
nous **avions** rangé	nous **étions** entré(e)s
vous **aviez** répondu	vous **étiez** venu(e)s
ils **avaient** mangé	ils **étaient** nés/elles étaient nées

Usage: The plus-que-parfait expresses events that happened before other events in the past, i.e., from a point of view in the past, these events were even earlier.
=> see basic explanation of the sequence of tenses at IV.0, p. 147
=> and specifically in this chapter at IV.3.6, p. 174

3.4 Literary forms: passé simple and passé antérieur

Both tenses are to be found almost exclusively in **written language (novels, short stories, history books, etc.); they are used** very rarely in very formal spoken language. They detach the past strongly from the present and are quite elegant.
You will probably never use them yourself, but you should be able to recognize them.

(1) Passé simple
The passé simple is used together with the imparfait and instead of the passé composé (3.5, p. 172).

The endings:

	verbs in -er	verbs in -dre and -ir
je/j'	parl**ai**	attend**is**
tu	parl**as**	attend**is**
il	parl**a**	attend**it**
nous	parl**âmes**	attend**îmes**
vous	parl**âtes**	attend**îtes**
ils	parl**èrent**	attend**irent**

Some irregular verbs form the passé simple with **endings in -u**, e.g., connaître: je conn**us**, tu conn**us**, il conn**ut**, nous conn**ûmes**, vous conn**ûtes**, ils conn**urent**

The stems: Take off er/ir/re from the infinitive. Irregular ones often look like the participe passé.

Most common irregular forms:

	avoir	**être**	**faire**
je/j'	eus	fus	fis
tu	eus	fus	fis
il	eut	fut	fit
nous	eûmes	fûmes	fîmes
vous	eûtes	fûtes	fîtes
ils	eurent	furent	firent

(The table of verbs in the appendix is designed for you to learn the forms you will need; therefore it does not include the passé simple. For an overview of conjugations and unusual verbs and tenses you should obtain a reference book like the one that will be published in this series of books.)

(2) Passé antérieur
If certain requirements are met, the passé antérieur may replace the plus-que-parfait. It is a compound tense (IV.2, p. 158).

avoir/être (passé simple) + participe passé

Example:
il eut fini
elles furent sorties

For perfectionists:
These are the requirements for using the passé antérieur instead of the plus-que-parfait:
You need either an indication of time that expresses the fast execution of the action (vite, en un jour, en quelques instants, etc.) or in the subordinate clause the conjunctions après que, quand, aussitôt que, dès que, lorsque, sitôt que, à peine... (que) – provided that the main clause is in the passé simple.
Example:
À peine fut-il sorti du magasin que son portable sonna.
(No sooner had he left the shop than his phone rang.)

3.5 Usage: passé composé or imparfait?

Which one you need is exclusively a matter of the **content** and of the **intention**; **a change may give another meaning to a sentence**.

Imparfait	Passé composé
no mentioned limits in time: start/end is of no importance	***events limited in time:*** completed facts/actions
"State": descriptions, comments, habits, explanations...	***"Event":*** new or sudden actions (or the lack of them)
simultaneous: actions that occur at the same time	***successive:*** one action, then the next one

Examples:

(1) limits/no limits in time
Imparfait:
M. Lemerle prenait toujours le train de 9 h.
=> *A habit in the past whose beginning and end is of no importance in the context.*
Passé composé:
Pendant cinq ans, M. Lemerle a toujours pris le train de 9 h.
=> *A habit in the past that lasted a certain time; it is implied that it has* ***ended.***
Compare:
Il aimait sa femme. (=> always)
Il a aimé sa femme. (=> up to the moment when...)

(2) "State"/"Event"
Imparfait:
Il faisait beau. J'étais dans le jardin en train d'arroser les fleurs.
=> *Description of the initial situation at the beginning of a story before new things happen.*
Passé composé:
Tout à coup le voisin est arrivé en criant.
=> *s.th. happens suddenly, a single, completed event*

(3) simultaneous/successive:
Imparfait:
Pendant que Mme Lemerle lavait la salade, son mari préparait la sauce.
=> *two actions occurring at the same time (whose beginnings and ends are irrelevant to the context)*
Passé composé:
Mme Lemerle a lavé la salade et elle a préparé la sauce.
=> *She completed one action, then the next one.*

Combination of both:
Pendant que Mme Lemerle lavait la salade, M. Lemerle a entendu un bruit bizarre.
=> *the events in the imparfait (subordinate clause with "pendant que") still go on while in the main clause a new, single event starts and is completed*

When you are telling a story, the tenses you use depend very often on the context!
Example:
Ce matin, je lisais le journal.
=> Told this way you either made a mistake (because "ce matin" indicates a certain, limited point in time) or you use that sentence as initial situation and you go on with a new event:
Ce matin, je lisais le journal quand tout à coup...
(This morning I was reading the paper when suddenly...)

COMPARE ALSO:
Violette marchait dans le noir. **Elle avait peur**.
=> *her state: She **was afraid**.*
Quand Pierre a entendu ce bruit, **il a eu peur**.
=> *Pierre **became afraid**: new event*
Other examples:
Je le connaissais. *(I knew him.)*
Je l'ai connu en 1998. *(I got to know him.)*
Il voyait qc. *(He saw s.th.)*
Il a vu qc. *(He caught sight of s.th.)*
Il savait. *(He knew.)*
Il a su. *(He got to know.)*
Il se taisait. *(He was silent.)*
Il s'est tu. *(He fell silent.)*

Hint: Keep an eye on signals like "tout à coup" (sudden event), "pendant que" (indicates simultaneity and marks the beginning of a subordinate clause), "ce matin", "toujours" and other expressions of time.

For absolute perfectionists:
There is also the "imparfait narratif", which may contradict everything mentioned above: e.g., in historical accounts it may be used with precise points in time! (*Example:* En 1789, les révolutionnaires prenaient la Bastille.)

3.6 Usage: sequence of tenses for the past

The basic principle has been explained at IV.0, p. 147, with the following charts:

<=	**Present**	=>
earlier	*"now"*	*later*
passé composé/ imparfait	présent	futur simple /futur antérieur (/futur proche)

And with a point of view in the past:

<=	**Past**	=>
earlier	*"now"*	*later*
plus-que-parfait	passé composé/ imparfait	conditionnel présent/passé* ("futur du passé")

* see also the "futur proche du passé", (2)

(1) Regarding the conditionnel as "futur du passé":

From a point of view in the past, both forms of the conditionnel are used as **future tenses**.
=> learn the correct forms at IV.5, p. 186
=> see also indirect/reported speech (IV.6, p. 192)

conditionnel présent = incompleted future in the past
Example:
Daniel a dit qu'il réussirait.
(= that he would succeed)
conditionnel passé = completed future in the past
Example:
Daniel a dit que dans deux ans, il aurait réussi.
(= that he would have succeeded)
=> **The conditionnel passé is *earlier* than the conditionnel présent** (cond. *passé*).

(2) The "futur proche du passé"

Just like there is a futur proche for the present (IV.4, p. 180), there is a futur proche du passé for the past. It may be used as an **alternative to the conditionnel**.

futur proche = aller (présent) + infinitif
futur proche du passé = aller (imparfait) + infinitif

Example:
Il a dit qu'il arriverait à trois heures.
=> Il a dit qu'il allait arriver à trois heures.

(3) Example of use

Text with a point of view in the present:

Aujourd'hui, je ne **suis** pas de bonne humeur (now). Quand je **me suis levé**, **j'ai marché** pieds nus sur ma brosse à cheveux (earlier) qui **était tombée** par terre. (even earlier)
Néanmoins, je **vais essayer** de ne pas me gâcher le reste de la journée (intention for the near future). **J'irai** au cinéma avec un ami (future). Après, quand nous **serons allés** prendre un verre (completed future), je **rentrerai** et je **lirai** un bon roman policier (future).
=> *Did you notice the plus-que-parfait? (for an event that was already past in the past)*

Same text with a point of view in the past:

Ce jour-là, je n'**étais** pas de bonne humeur ("now", i.e., then). Quand je **m'étais levé**, **j'avais marché** pieds nus sur ma brosse à cheveux qui **était tombée** par terre (earlier). Néanmoins, **j'allais essayer** de ne pas me gâcher le reste de la journée (intention for the then near future). **J'irais** au cinéma avec un ami (future in the past). Après, quand nous **serions allés** prendre un verre (completed future in the past), je **rentrerais** et je **lirais** un bon roman policier (future in the past).

Exercises

A. Mettez les verbes au passé composé, à l'imparfait ou au plus-que-parfait. Attention à l'accord du participe passé. (solution p. 177)

1. Patrick et Sébastien ______ (être) les meilleurs amis du monde. Chaque fois que Patrick ______ (devoir) faire des courses ennuyeuses pour sa mère, Sébastien ______ (aller) avec lui.
2. Et quand Sébastien _______ (changer) les pneus de la voiture, Patrick l'______ (aider) aussi à changer l'huile du moteur.
3. Un jour, Patrick ______ (décider) de passer son permis de conduire. Malheureusement, il ______ (ne pas épargner) assez d'argent pour payer les cours.
4. Il ______ (ne pas pouvoir) demander à ses parents qui ______ (ne pas être) riches. Et il ______ (perdre) son petit boulot parce que l'entreprise ______ (faire) faillite. *(= to go bankrupt)*
5. Alors, il ______ (demander) à Sébastien de lui prêter l'argent qui _______ (manquer).
6. Mais le jour d'avant, Sébastien ______ (louer) une chambre d'étudiant. Il ______ (avoir) besoin d'argent lui-même pour la payer.
7. Ils ______ (décider) de vendre quelques affaires au marché aux puces. Il y en ______ (avoir) toujours un le samedi sur la place de la Mairie.
8. C'_____ (être) une froide journée d'hiver. Pendant que Sébastien ______ (essayer) d'intéresser les passants à leurs vieux jeux vidéo, Patrick ______ (proposer) du café dans une grande thermos aux autres vendeurs du marché.
9. À la fin, Sébastien ______ (être) déçu. En quatre heures, ils n'______ (gagner) que cinquante euros.
10. «Ça ne fait rien», _____ (dire) Patrick. «Je/J' ______ (rencontrer) plein de gens intéressants.»
11. Et il lui ______ (présenter) Mme Dutilleul, qui ______ (vouloir) donner quelques meubles à Sebastien pour sa chambre, ainsi que le vieux M. Léon, qui ______ (chercher) deux jeunes gens pour l'aider dans son entreprise de vente par correspondance.
12. «Vous aider? Qu'est-ce qu'il faut faire?» _______ (demander) Sébastien. M. Léon ______ (expliquer) qu'il ______ (falloir) faire des paquets pour la poste et aussi l'aider avec l'ordinateur, auquel il ______ (ne rien comprendre).
13. Finalement, tous les deux ______ (trouver) un petit boulot facile et bien payé qui ______ (aller) résoudre leurs problèmes.

B. Traduisez. (solution p. 178)

1. We knew it. (savoir)
2. I got hungry. (avoir faim)
3. I had been looking out of the window when I saw it. (regarder, voir)
4. You *(pl.)* were tired but you still went to celebrate. (fatigué; aller faire la fête)
5. While we were sleeping, the cat laid a mouse on the bed. (poser qc. **à qn**.)
6. For a few seconds he was sad. (pendant quelques secondes)
7. He laughed all the time. (rire tout le temps)
8. I had to wash the dog because he rolled on a dead fish. (se rouler sur un poisson mort)
9. While I did the washing-up, Nadja swept the cellar. (balayer la cave)
10. We knew each other well, Phil and I.

C. Révisez les formes du conditionnel (IV.5, p. 186), **puis mettez ce texte au passé.** (solution p. 178)

Le facteur et le colis piégé
1. M. Papon est facteur. Un jour, il lui arrive une drôle d'histoire.
2. Cela commence par un coup de téléphone à deux heures du matin, alors que M. Papon est en train de dormir, atteint d'un gros rhume *(a cold).*
3. Au bout du fil, c'est son chef. «Papon, venez tout de suite, c'est une urgence.»
4. M. Papon n'a pas le temps de demander pourquoi, son chef a déjà raccroché.
5. Quand il arrive au centre de distribution, il voit un tas de gens rassemblés en cercle autour d'un petit paquet. Il y a aussi son chef qui lui dit: «Allez remettre ça à destination le plus vite possible, sinon, c'est la catastrophe.»
6. M. Papon n'est pas content. Il se sent malade, il a le nez bouché *(a blocked nose).* Il va envoyer son chef au diable, il va rentrer dormir et demain matin, il ira chez le médecin qui lui dira de prolonger son congé maladie d'une semaine. C'est pas une manière de traiter les employés!
7. Mais son chef a vu qu'il est en colère. Il supplie: «Papon, vous êtes le seul qui puisse réussir! Je vous en prie!»
8. M. Papon trouve ça très bizarre. Qu'est-ce qu'il a de spécial, ce paquet? Finalement, il accepte de prendre son fourgon postal avec ce seul petit paquet dedans. Tout le monde le regarde en silence s'en aller avec.
9. Le destinataire est un vieux monsieur qui a mis longtemps à ouvrir la porte. Évidemment, il est furieux d'être réveillé la nuit, mais tout à coup, il se met à renifler. «Il a, lui aussi, le nez bouché», pense M. Papon.
10. «Je comprends», dit le vieux monsieur. «L'emballage est mal fait. Toutes mes excuses!» M. Papon répond qu'il ne comprend pas, lui. Le vieux monsieur le regarde et dit: «Vous avez un rhume, n'est-ce pas?»
11. Alors, il explique. Le vieux monsieur tient un laboratoire spécialisé dans les produits laitiers. Il s'intéresse aux fromages traditionnels peu connus. «Et alors?» demande M. Papon.
12. La raison de toute cette agitation, c'est que le paquet contient un très vieux fromage. Il pue. *(*puer *= to stink).* Non, il empeste à cent mètres à la ronde. C'est insupportable. Seul M. Papon avec son nez bouché n'a rien remarqué.
13. En entendant cela, le facteur enrhumé décide qu'il ira demander tout de suite une augmentation de salaire. De cette façon, cette histoire de paquet puant aura servi à quelque chose. *(to serve some purpose)*

Answer Keys

Solutions for A

L1. Patrick et Sébastien étaient les meilleurs amis du monde. Chaque fois que Patrick devait faire des courses ennuyeuses pour sa mère, Sébastien allait avec lui.
(description of the initial situation; unlimited habit: every time when...)
L2. Et quand Sébastien changeait les pneus de la voiture, Patrick l'aidait aussi à changer l'huile du moteur.
(unlimited habit: every time when...)
L3. Un jour, Patrick a décidé de passer son permis de conduire. Malheureusement, il n'avait pas épargné assez d'argent pour payer les cours.
(new event; plus-que-parfait because of an earlier event, i.e., he hadn't saved enough before)
L4. Il ne pouvait pas demander à ses parents qui n'étaient pas riches. Et il avait perdu son petit boulot parce que l'entreprise avait fait faillite.

(description of the situation, explanation; plus-que-parfait because of an earlier event: the company had gone bankrupt before)
L5. Alors, il a demandé à Sébastien de lui prêter l'argent qui manquait.
(new action; state of the money: there was a lack of it)
L6. Mais le jour d'avant, Sébastien avait loué une chambre d'étudiant. Il avait besoin d'argent lui-même pour la payer.
(plus-que-parfait because of an earlier event; state/description of the situation)
L7. Ils ont décidé de vendre quelques affaires au marché aux puces. Il y en avait toujours un le samedi sur la place de la Mairie.
(new action; unlimited habit)
L8. C'était une froide journée d'hiver. Pendant que Sébastien essayait d'intéresser les passants à leurs vieux jeux vidéo, Patrick proposait du café dans une grande thermos aux autres vendeurs du marché.
(description/state; simultaneity)
L9. À la fin, Sébastien était déçu. En quatre heures, ils n'avaient gagné que cinquante euros.
(state; plus-que-parfait because of an earlier event)
L10. «Ça ne fait rien», a dit Patrick. «J'ai rencontré plein de gens intéressants.»
(new action; CAUTION: the direct speech has the point of view of the present, therefore this p.c. indicates s.th. that happened earlier)
L11. Et il lui a présenté Mme Dutilleul, qui voulait donner quelques meubles à Sebastien pour sa chambre, ainsi que le vieux M. Léon, qui cherchait deux jeunes gens pour l'aider dans son entreprise de vente par correspondance.
(new action; description of the two persons)
L12. «Vous aider? Qu'est-ce qu'il faut faire?» a demandé Sébastien. M. Léon a expliqué qu'il fallait faire des paquets pour la poste et aussi l'aider avec l'ordinateur, auquel il ne comprenait rien.
(new action; description of the situation)
L13. Finalement, tous les deux avaient trouvé un petit boulot facile et bien payé qui allait résoudre leurs problèmes.
(plus-que-parfait because of an earlier event; futur proche du passé)

Solutions for B

L1. Nous le savions.
L2. J'ai eu faim.
L3. Je regardais par la fenêtre, quand je l'ai vu.
L4. Vous étiez fatigués, mais vous êtes quand même allés faire la fête.
L5. Pendant que nous dormions, le chat nous a posé une souris sur le lit.
L6. Pendant quelques secondes, il a été triste.
L7. Il riait tout le temps.
L8. J'ai dû laver le chien parce qu'il s'était roulé sur un poisson mort.
L9. Pendant que je lavais la vaisselle, Nadja balayait la cave.
L10. Nous nous connaissions bien, Phil et moi.

Solutions for C

Le facteur et le colis piégé
L1. M. Papon était facteur. Un jour, il lui est arrivé une drôle d'histoire.
L2. Cela a commencé par un coup de téléphone à deux heures du matin, alors que M. Papon était en train de dormir, atteint d'un gros rhume.
L3. Au bout du fil, c'était son chef. «Papon, venez tout de suite, c'est une urgence.»

L4. M. Papon <u>n'a pas eu</u> le temps de demander pourquoi, son chef <u>avait déjà raccroché</u>.
L5. Quand il <u>est arrivé</u> au centre de distribution, il <u>a vu</u> un tas de gens rassemblés en cercle autour d'un petit paquet. Il y <u>avait</u> aussi son chef qui lui <u>a dit</u>: «Allez remettre ça à destination le plus vite possible, sinon, c'est la catastrophe.»
L6. M. Papon n'<u>était</u> pas content. Il <u>se sentait</u> malade, il <u>avait</u> le nez bouché. Il <u>allait envoyer</u> son chef au diable, il <u>allait rentrer</u> dormir et le lendemain matin, il <u>irait</u> *(conditionnel)* chez le médecin qui lui <u>dirait</u> *(conditionnel)* de prolonger son congé maladie d'une semaine. C'<u>était</u> pas une manière de traiter les employés!
L7. Mais son chef <u>avait vu</u> qu'il <u>était</u> en colère. Il <u>a supplié</u>: «Papon, vous êtes le seul qui puisse réussir! Je vous en prie!»
L8. M. Papon <u>a trouvé</u> ça très bizarre. Qu'est-ce qu'il <u>avait</u> de spécial, ce paquet? Finalement, il <u>a accepté</u> de prendre son fourgon postal avec ce seul petit paquet dedans. Tout le monde <u>l'a regardé</u> en silence s'en aller avec.
L9. Le destinataire <u>était</u> un vieux monsieur qui <u>avait mis</u> longtemps à ouvrir la porte. Évidemment, il <u>était</u> furieux d'être réveillé la nuit, mais tout à coup, il <u>s'est mis</u> à renifler. «Il a, lui aussi, le nez bouché», <u>a pensé</u> M. Papon.
L10. «Je comprends», <u>a dit</u> le vieux monsieur. «L'emballage est mal fait. Toutes mes excuses!» M. Papon <u>a répondu</u> qu'il ne <u>comprenait</u> pas, lui. Le vieux monsieur <u>l'a regardé</u> et <u>a dit</u>: «Vous avez un rhume, n'est-ce pas?»
L11. Alors, il <u>a expliqué</u>. Le vieux monsieur <u>tenait</u> un laboratoire spécialisé dans les produits laitiers. Il <u>s'intéressait</u> aux fromages traditionnels peu connus. «Et alors?» <u>a demandé</u> M. Papon.
L12. La raison de toute cette agitation, c'<u>était</u> que le paquet <u>contenait</u> un très vieux fromage. Il <u>puait</u>. Non, il <u>empestait</u> à cent mètres à la ronde. C'<u>était</u> insupportable. Seul M. Papon avec son nez bouché <u>n'avait rien remarqué</u>.
L13. En entendant cela, le facteur enrhumé <u>a décidé</u> qu'il <u>irait</u> *(conditionnel)* demander tout de suite une augmentation de salaire. De cette façon, cette histoire de paquet puant <u>aurait servi</u> *(conditionnel passé)* à quelque chose.

4. Future

4.1 Futur proche: form

The futur proche, also called **futur composé**, is a future tense with a very simple form – you only have to know how to conjugate “aller”:

futur proche = aller (présent) + infinitif

Examples:

je **vais** manger
tu **vas** travailler
il **va** lire
nous **allons** sortir
vous **allez** danser
ils **vont** revenir
=> to be going to ...

Usage:
The futur proche may be used instead of the futur simple as long as it concernes matters of the **near future** (proche). Be aware that it is used more frequently in spoken language than in written language.

See also the futur proche du passé (IV.3.6 (2), p. 175).

For perfectionists:
The futur proche may be used, like the futur simple (see below), to express an **order**/a **request**.
Example:
Tu vas te taire enfin!
(Be quiet, will you!)
Vous allez faire vos devoirs.
(You are going to do your homework.)

4.2 Futur simple: form

In most cases you can derive the stem of the futur simple from the infinitive; with verbs ending in -dre you have to drop the -e and add the following endings:

Stem: infinitive
+
Endings: -ai, -as, -a, -ons, -ez, -ont

Examples:

attendre	**finir**
j'attendr**ai**	je finir**ai**
tu attendr**as**	tu finir**as**
il attendr**a**	il finir**a**
nous attendr**ons**	nous finir**ons**
vous attendr**ez**	vous finir**ez**
ils attendr**ont**	ils finir**ont**

With **verbs ending in -er that have some peculiarities in the singular** (IV.1.2, p. 150) you should derive the stem from the **1st p.sg.**, then you put an r before the ending.

Examples:

acheter:	j'achète	=> **j'achèterai**
appeler:	j'appelle	=> **j'appellerai**
jeter:	je jette	=> **je jetterai**
employer:	j'emploie	=> **j'emploierai**
s'ennuyer:	je m'ennuie	=> **je m'ennuierai**
se lever:	je me lève	=> **je me lèverai**
mener:	je mène	=> **je mènerai**

BUT:
espérer => **j'espérerai**
répéter => **je répéterai**
préférer => **je préférerai**
(with verbs ending in -ayer both forms are possible: payer => je paierai or je payerai)

(Note that the 1990 spelling reform (N.O.) accepts j'espèrerai, je répèterai, je préfèrerai, etc.)

Unfortunately, there are **many irregular forms** that you will have to memorize. If you do so, there are two advantages; **the stem of the futur simple is the same as the stem of the conditionnel** (IV.5, 186). Here are some:

aller: **j'irai**	faire: **je ferai**
avoir: **j'aurai**	savoir: **je saurai**
être: **je serai**	falloir: **il faudra**
envoyer: **j'enverrai**	tenir: **je tiendrai**
pouvoir: **je pourrai**	venir: **je viendrai**

voir: **je verrai**
mourir: **je mourrai**
courir: **je courrai**
s'asseoir: **je m'assiérai**
(*or:* **je m'assoirai**)

vouloir: **je voudrai**
devoir: **je devrai**
recevoir: **je recevrai**
apercevoir: **j'apercevrai**
! prévoir: **je prévoirai**

Usage:
The futur simple expresses events in the future – from a point of view of the present. (see IV.4.4, p. 183)

Example:
L'année prochaine, j'irai au Sénégal. *(Next year I will be going to Senegal.)*

NOTE: The futur simple is also used for **conditional clauses** (V.2, p. 220).

For absolute perfectionists:
The futur simple may be used for **polite toning down**.
Example:
Je vous ferai remarquer une petite erreur.
(= Vous avez fait une erreur.)
Vous me permettrez bien une dernière recommandation?
(= Je vous donne un conseil.)

It may also be found as a **stylistic alternative to the passé simple** for relating historical events that are, from a given point of view in the past, set in the future.
Example:
Émile Zola naquit en 1840. Il deviendra le chef de l'école naturaliste et prendra publiquement parti dans l'Affaire Dreyfus.

Like the futur proche, the futur simple may be used to express an **order** or **request**.
Example:
Tu ne tueras pas.
(You shall not kill.)

4.3 Futur antérieur: form

The futur antérieur is a **compound tense**. Revise chapter IV.2, p. 158,: auxiliaries, forms of the participe passé and rules of agreement.

avoir/être (futur simple) + participe passé

Examples:

j'**aurai** été
tu **auras** fini
il **aura** changé
nous **aurons** rangé
vous **aurez** répondu
ils **auront** mangé

je **serai** parti(e)
tu **seras** monté(e)
il **sera** sorti
nous **serons** entré(e)s
vous **serez** venu(e)s
ils **seront** nés

Usage:
The futur antérieur expresses events in the future that will be completed before other events in the future. The futur antérieur is therefore **earlier than the futur simple** (4.4, p. 183).

Example:
Demain, **j'aurai fini** mon travail, alors je pourrai m'amuser.
(Tomorrow I will have finished my work, then...)

For perfectionists:
With the futur antérieur you can also speculate on a past event (used instead of "peut-être" or "probablement").
Example:
Marc a l'air sombre. Il se sera disputé avec sa copine. (= Il s'est peut-être disputé avec sa copine)
(Marc looks gloomy. He will have had an argument with his girlfriend.)

4.4 Usage: the sequence of tenses for the future

The basic principle has been explained at IV.0, p. 147, with the following charts:

<=	**Present**	=>
earlier	*"now"*	*later*
passé composé/ imparfait	présent	futur simple /futur antérieur (/futur proche)

And with a point of view in the future:

<=	**Future**	=>
earlier	*"now"*	*later*
futur antérieur	futur simple	(futur simple)

(Narratives from a point of view exclusively in the future are obviously rare. This chart serves mainly to show that the futur antérieur is "earlier" than the futur simple.)

Example:
Mathieu est un étudiant qui passe une année à l'étranger, à l'université de Francfort. Il a commencé ses études il y a deux ans, mais ce qu'il voulait, c'était voyager. Il a déjà décidé que l'année prochaine, quand il aura mieux appris l'anglais, il ira aux U.S.A. Après, il apprendra l'italien et ira à Rome. Après, ...

Exercises

A. Mettez le verbe au futur simple ou au futur antérieur. (solution p. 185)

1. Quand je ______ (être) grand, je ______ (passer) d'abord mon permis de conduire. Quand je l'______ (passer), je ______ (prendre) la voiture de mes parents et je ______ (faire) un grand voyage. Tu ______ (voir)!
2. Ah bon? Moi, je ______ (devenir) célèbre. Tout le monde ______ (vouloir) me serrer la main, mais je ne ______ (recevoir) que mes amis. Quand je ______ (mourir), des gens dans le monde entier _______ (pleurer).
3. Emporte des jouets, ou le petit ______ (s'ennuyer). Nous ______ (devoir) aussi faire plus de pauses sur l'autoroute.
4. Vous ______ (promener) le chien, mais vous le ______ (tenir) en laisse. Il ______ (falloir) aussi ramasser... Enfin, vous me comprenez. Vous ______ (employer) des petits sacs en plastique.
5. Je _______ (s'asseoir) au premier rang, comme cela je ______ (pouvoir) bien voir. Et je ne ______ (être) pas gênée par des gens qui ______ (se lever) à l'entracte.
6. Nos amis ______ (avoir) sans doute faim et ______ (préférer) aller d'abord au restaurant. Moi, j'______ (acheter) une quiche chez le traiteur, mais seulement quand nous _______ (finir) de travailler.
7. Le mois prochain, nous ______ (aller) en Belgique. Nous vous ______ (envoyer) une carte postale.
8. Elles ne ______ (jeter) pas l'éponge. Elles ______ (courir) le marathon et elles ______ (gagner) peut-être. *(jeter l'éponge = to give up, to throw in the towel)*
9. Quand tu ______ (finir) ton livre, tu ______ (s'apercevoir) qu'il ne valait pas la peine d'être lu. Peut-être que tu _______ (savoir) mieux choisir tes bouquins à l'avenir. *(ne pas valoir la peine = not to be worthwhile)*
10. Vous ______ (appeler) votre tante pour l'inviter. Puis, vous _______ (acheter) une tarte et vous ______ (faire) du café. Moi, je ______ (ranger) le salon. Si ce goûter n'est pas réussi, je ______ (mourir) de honte!

B. Traduisez en employant le futur simple ou le futur antérieur. (solution p. 185)

1. As soon as (dès que) we have eaten, we will go to sleep.
2. He will leave tomorrow. (partir)
3. In fifteen years I will be in retirement. (être à la retraite)
4. You will not hope in vain. (espérer en vain)
5. As soon as I have vacuumed (passer l'aspirateur), someone with dirty shoes will come in. (entrer)
6. In future (à l'avenir) I will be careful. (faire attention)
7. This catastrophe will recur. (se répéter)
8. One more exercise and I will have finished. (finir)

Answer Keys

Solutions for A

L1. Quand je serai grand, je passerai d'abord mon permis de conduire. Quand je l'aurai passé, je prendrai la voiture de mes parents et je ferai un grand voyage. Tu verras!
L2. Ah bon? Moi, je deviendrai célèbre. Tout le monde voudra me serrer la main, mais je ne recevrai que mes amis. Quand je mourrai (*or*: serai mort), des gens dans le monde entier pleureront.
L3. Emporte des jouets, ou le petit s'ennuiera. Nous devrons aussi faire plus de pauses sur l'autoroute.
L4. Vous promènerez le chien, mais vous le tiendrez en laisse. Il faudra aussi ramasser... Enfin, vous me comprenez. Vous emploierez des petits sacs en plastique.
L5. Je m'assiérai (*or* m'assoirai) au premier rang, comme cela je pourrai bien voir. Et je ne serai pas gênée par des gens qui se lèveront à l'entracte.
L6. Nos amis auront sans doute faim et préféreront (*N.O.:* préfèreront) aller d'abord au restaurant. Moi, j'achèterai une quiche chez le traiteur, mais seulement quand nous aurons fini de travailler.
L7. Le mois prochain, nous irons en Belgique. Nous vous enverrons une carte postale.
L8. Elles ne jetteront pas l'éponge. Elles courront le marathon et elles gagneront peut-être.
L9. Quand tu auras fini ton livre, tu t'apercevras qu'il ne valait pas la peine d'être lu. Peut-être que tu sauras mieux choisir tes bouquins à l'avenir.
L10. Vous appellerez votre tante pour l'inviter. Puis, vous achèterez une tarte et vous ferez du café. Moi, je rangerai le salon. Si ce goûter n'est pas réussi, je mourrai de honte!

Solutions for B

L1. Dès que nous aurons mangé, nous irons dormir.
L2. Il partira demain.
L3. Dans quinze ans, je serai à la retraite.
L4. Tu n'espéreras (*N.O.:* espèreras) pas en vain.
L5. Dès que j'aurai passé l'aspirateur, quelqu'un entrera avec des chaussures sales.
L6. À l'avenir, je ferai attention.
L7. Cette catastrophe se répétera (*N.O.:* répètera).
L8. Encore un exercice et j'aurai fini.

5. Conditionnel

The forms of the conditionnel are used for **different purposes**:

=> as a **tense** they play the part of the "futur du passé" (IV.3.6, 174)
=> as a **mood** they are used for politeness, possibility, wish or desire, advice and conjecture (IV.5.3, 188)
=> and they are important if you want to use **conditional clauses** (V.2, 220)

CAUTION!
Though the two conditionnels are called "conditionnel présent" and "conditionnel passé", both indicate a future when used as tenses! (The terms refer in fact to their usage as a mood.)
futur simple and antérieur
= future from a point of view in the present
conditionnel présent and passé
= future from a point of view in the past

5.1 Conditionnel présent: form

Did you learn the forms of the futur simple? If not, go back to the previous chapter because now you will need to know the stems – they are the same for the conditionnel présent! If you learned the imparfait, you already know the right endings.

Stem: like futur simple
+
Endings: -ais, -ais, -ait, -ions, -iez, -aient

Examples:

attendre	**finir**
j'attendr**ais**	je finir**ais**
tu attendr**ais**	tu finir**ais**
il attendr**ait**	il finir**ait**
nous attendr**ions**	nous finir**ions**
vous attendr**iez**	vous finir**iez**
ils attendr**aient**	ils finir**aient**

Usage:
(1) As a tense ("futur du passé")
The conditionnel présent indicates **future events from a point of view in the past**. See also indirect/reported speech (IV.6, p. 192).

Example:
Daniel a dit *(p.c.)* qu'il réussirait *(conditionnel).*
(= that he would succeed)
Compare with a point of view in the present:
Daniel dit *(présent)* qu'il réussira *(futur simple).*

=> **see also the sequence of tenses of the past tenses** (IV.3.6, p. 174)

(2) Usage as a mood: politeness, etc.
=> see 5.3, p. 188

5.2 Conditionnel passé: form

The conditionnel passé is a **compound form**. Review chapter IV.2, p. 158: auxiliaries, forms of the participe passé and rules of agreement.

avoir/être (conditionnel présent) + participe passé

Examples:

j'**aurais** été	je **serais** parti(e)
tu **aurais** fini	tu **serais** monté(e)
il **aurait** changé	il **serait** sorti
nous **aurions** rangé	nous **serions** entré(e)s
vous **auriez** répondu	vous **seriez** venu(e)s
ils **auraient** mangé	ils **seraient** nés

Usage:
(1) As a tense ("futur du passé")
From a point of view in the past, the conditionnel passé indicates **future events that will be completed before other events in the future**. The conditionnel passé is therefore earlier than the conditionnel présent.

Example:
Daniel a dit que dans deux ans, il aurait réussi.
(= that he would have succeeded)

=> **see also the sequence of tenses of the past tenses** (IV.3.6, p. 174)

(2) Usage as a mood: unreal possibility in the past, etc.
=> see below at 5.3 (6), p. 189

> **For perfectionists:**
> As an alternative there is also the "conditionnel 2e forme" – very rare and very formal. Its forms are the same as the forms of the subjonctif plus-que-parfait (V.3.1, p. 228), another form that is seldom used.
> *Example:* j'eusse pu

5.3 Conditionnel as a mood

(1) Polite statements, requests and orders

Examples:
Vous **feriez** bien de venir rapidement.
(It would be a good idea to come quickly.)
Pourrais-tu m'aider?
(Would you help me?)
Voudriez-vous me passer le sel, s'il vous plaît?
(Would you pass me the salt, please?)

(2) Desire/wish

Examples:
Marc **aimerait** partir en vacances.
(Marc would like to go on holiday.)
Je **voudrais** un kilo de pommes, s'il vous plaît.
(I would like a kilo of apples, please.)
Je **désirerais** parler à Mme Bertrand, s'il vous plaît.
(I would like to talk to Mme Bertrand, please.)

(3) Conjectures, doubtful questions, unconfirmed reports

Examples:
M. Clocher n'est pas venu. **Serait-il** malade?
(M. Clocher didn't come. Could he be sick?)
Me **serais**-je **trompé**?
(Could I have been mistaken? => past)
D'après les rumeurs, le président **aurait démissionné**.
(Rumour/Rumor has it that the president resigned. => past)

(4) Polite advice, cautious comment

Example:
À votre place, **j'irais** me plaindre.
(If I were you, I would complain.)
On **dirait** qu'il est en colère.
(It looks like he is angry.)
On **pourrait** croire qu'il n'y connaît rien.
(One could think that he doesn't know the first thing about it.)

(5) To consider a possibility

Examples:
Nous **pourrions** prendre le train de 9 h, mais alors nous **arriverions** trop tôt. Il **faudrait** prendre la voiture pour arriver exactement à l'heure, mais le prix de l'essence...
(We could take the 9 o'clock-train, but then we would be early. To be exactly on time one would

have to take the car, but the petrol/gas prices...)
Ce médecin? Il **pourrait** t'aider, oui.
(That doctor? He (probably) could help you, yes.)

(6) Unreal possibilities in the past

With the **conditionnel passé** you can express **what possibly could have happened in the past** (but did not).

Example:
Marc **aurait pu** devenir ingénieur. Mais alors, il **aurait dû** renoncer à la musique.
(Marc could have become an engineer. But then he would have had to give up music.)
À ta place, **j'aurais mis** un manteau plus chaud.
(If I were you, I would have put on a warmer coat.)

=> Do not forget to look up the **conditional clauses** (V.2, p. 220)!

Exercises

A. Complétez par le futur simple ou par une forme du conditionnel. (solution p. 190)

1. Mme Bonnot dit: «Je me suis plainte du bruit que font mes voisins. Qu'est-ce que vous ______ (faire) à ma place? Vous _______ (ne rien dire)? Mais alors, ils _______ (continuer) à faire du bruit encore pendant longtemps!»
2. Nadja dit qu'elle ______ (ranger) sa chambre demain. Mais hier, elle a dit qu'elle _______ (ranger) sa chambre aujourd'hui!
3. Pour l'anniversaire de Zazie, qu'est-ce qu'il faut faire? Nous ______ (pouvoir) faire un gâteau. Mais Zazie ______ (préférer) peut-être aller à la crêperie, non?
4. Je ______ (vouloir) te demander de faire le travail de Patrick tant qu'il ______ (être) malade. *(tant que = as long as)*
5. Les filles ______ (aimer) aller à l'opéra, mais toutes les places sont prises.
6. On ______ (dire) que M. Lemerle est pressé. ______ (avoir)-il un rendez-vous important?
7. Tu ______ (devoir) aller voir dehors, j'ai entendu sonner.
8. J'entends une sirène. Y ______ (avoir)-il un incendie?
9. Au restaurant: Je ______ (désirer) une soupe aux oignons sans oignons, s'il vous plaît. Ah bon, impossible? Alors, ce ______ (être) l'assiette de charcuterie végétarienne.
10. J'______ (aimer) beaucoup que vous ayez l'amabilité de cesser de me marcher sur les pieds. Merci.

B. Traduisez en employant le futur simple ou une forme du conditionnel. (solution p. 191)

1. He claimed (prétendre, p.c.) that he would come. Today he says that he will not come! (venir)
2. Would you (polite vous) be so kind as to help me? (avoir l'amabilité de faire qc.; question with inversion)
3. He really could be more polite! (pouvoir; être poli)
4. I would like to come earlier. (aimer venir plus tôt)
5. If I were you, I would go to the doctor. (aller)
6. If I were you, I would have gone to the doctor. (aller)
7. Could he succeed?! (réussir; question with inversion)

Answer Keys

Solutions for A

L1. Mme Bonnot dit: «Je me suis plainte du bruit que font mes voisins. Qu'est-ce que vous auriez fait à ma place? Vous n'auriez rien dit? Mais alors, ils auraient continué à faire du bruit encore pendant longtemps!»
L2. Nadja dit qu'elle rangera sa chambre demain. Mais hier, elle a dit qu'elle rangerait sa chambre aujourd'hui!
L3. Pour l'anniversaire de Zazie, qu'est-ce qu'il faut faire? Nous pourrions faire un gâteau. Mais Zazie préférerait peut-être aller à la crêperie, non?
L4. Je voudrais te demander de faire le travail de Patrick tant qu'il sera malade.
L5. Les filles aimeraient aller à l'opéra, mais toutes les places sont prises.
L6. On dirait que M. Lemerle est pressé. Aurait-il un rendez-vous important?

L7. Tu devrais aller voir dehors, j'ai entendu sonner.
L8. J'entends une sirène. Y aurait-il un incendie?
L9. Au restaurant: Je désirerais une soupe aux oignons sans oignons, s'il vous plaît. Ah bon, impossible? Alors, ce sera l'assiette de charcuterie végétarienne.
L10. J'aimerais beaucoup que vous ayez l'amabilité de cesser de me marcher sur les pieds. Merci.

Solutions for B

L1. Il a prétendu qu'il viendrait. Aujourd'hui, il dit qu'il ne viendra pas!
L2. Auriez-vous l'amabilité de m'aider?
L3. Il pourrait vraiment être plus poli!
L4. J'aimerais venir plus tôt.
L5. À ta place, j'irais chez le médecin.
L6. À ta place, je serais allé chez le médecin.
L7. Réussirait-il?!

6. Indirect speech and its sequence of tenses

6.1 What is "indirect/reported speech"?

Example of direct speech:
Jean dit: **«Je rentre à dix heures.»**
(Jean says: "I am going back home at ten o'clock.")

Example of indirect speech:
Jean dit **qu'il rentre à dix heures.**
(Jean says that he is going back home at ten o'clock.)

If you convert direct speech into indirect speech you have to:
=> change the **person** of the pronouns (if need be)
=> depending on the tense of the main clause (Jean dit...) change the **tense** of the subordinate clause as explained further below
=> change some **expressions of time** if the main clause is in the past (6.3, p. 193)
=> adapt the interrogatives with indirect questions

IMPORTANT:
Look up everything about **indirect questions** in chapter I.2.3, p. 39, and learn in which way the **interrogatives need to be changed**. Do exercise C, p. 42.

6.2 Main clause in the present or future

With **main clauses in the présent, futur or impératif** (as well as in the conditionnel présent) the **tenses are the same** in indirect speech as in direct speech.

Examples:
Lina pense: «Olivier **est** un joli garçon.»
=> Lina pense qu'Olivier **est** un joli garçon.
Christian prétendra: «Je **n'ai rien vu**!»
=> Christian prétendra qu'il **n'a rien vu**.
Dis-moi: «Je t'**aime**!»
=> Dis-moi que tu m'**aimes**.
Adrien demande: «Est-ce que le dîner **sera** prêt?»
=> Adrien demande si le dîner **sera** prêt.
(*Adrien asks if* ... look up everything about the interrogatives at I.2.3, p. 39!)

NOTE:
An imperative in direct speech often becomes a construction with an infinitive in indirect speech (III.1.6, p. 116); if there is no person as an object in the main clause it may also become a subordinate clause with subjonctif (V.3, p. 227).

Examples:
Papa demande à Marc: «Viens m'aider.»
=> Papa demande à Marc de venir l'aider.
(demander à qn. de faire qc.; to ask s.o. to do s.th.)
Papa demande: «Venez m'aider!»
=> Papa demande qu'on vienne l'aider.
(demander que + subjonctif; verb of volition)

6.3 Main clause in the past

With a main clause in a **past tense** (imparfait, passé composé, passé simple, plus-que-parfait, passé antérieur, conditionnel passé) the **sequence of tenses** comes into effect (IV.0, 147). This is because you change the point of view in time when you convert direct speech (present) into indirect speech (past).

Synopsis of shifts in the sequence of tenses:

Direct speech	Indirect speech
présent =>	**imparfait**
futur simple =>	**conditionnel présent**
futur antérieur =>	**conditionnel passé**
imparfait =>	imparfait
passé composé =>	**plus-que-parfait**
plus-que-parfait =>	plus-que-parfait
conditionnel présent =>	conditionnel présent
conditionnel passé =>	conditionnel passé

NOTE:
Both of the last entries concern the **conditionnel as a mood** (IV.5.3, p. 188), not a tense. Just as the conditionnel remains conditionnel, the **subjonctif** présent or passé (V.3, p. 227) remains the same – unless you choose to use a very refined language, then you would shift these moods to subjonctif imparfait and subjonctif plus-que-parfait.

Examples:
Bastien a dit: «Je **suis** fatigué.»
=> Bastien a dit qu'il **était** fatigué.
M. Clocher prétendait toujours: «Je **serai** à l'heure.»
=> M. Clocher prétendait toujours qu'il **serait** à l'heure.
Maman avait dit: «Bientôt, j'**aurai fini** mon travail.»
=> Maman avait dit que bientôt, elle **aurait fini** son travail.
Patrick a affirmé: «Je **suis** malade. J'**ai attrapé** un virus dans le train qui **était** plein de gens enrhumés.»
=> Patrick a affirmé qu'il **était** malade et qu'il **avait attrapé** un virus dans le train qui **était** plein de gens enrhumés.

Expressions of time that change because of the shift:

Direct speech	Indirect speech
maintenant	à ce moment-là
aujourd'hui	ce jour-là
ce matin	ce matin-là
ce mois-ci	ce mois-là
demain	le lendemain
après-demain	deux jours plus tard
après-demain	le surlendemain
hier	la veille/le jour d'avant
hier soir	la veille au soir
avant-hier	deux jours plus tôt
le mois dernier	le mois d'avant/précédent
le mois prochain	le mois d'après/suivant
dans une heure	une heure plus tard
il y a un an	un an plus tôt/auparavant

NOTE: Precise dates like "en 2007" obviously do not change.

Example:
Maud a dit: «**Ce matin**, je vais prendre du café.»
=> Maud a dit que **ce matin-là**, elle allait prendre du café.

For perfectionists:
discours indirect libre:
This is a kind of interior monologue that functions like indirect speech but without "he said/she thought", etc. It keeps the expressions of time of direct speech and questions keep the form of the direct questions. For example, in a novel, the reader gets to know the feelings, perceptions, thoughts and so on of a character.
Example:
Xavier s'impatientait. Cette idiote de Caroline allait-elle téléphoner, oui ou non? Est-ce qu'elle ne comprenait pas qu'il attendait depuis ce matin?

Exercises

A. Mettez au discours indirect. (solution p. 196)

1. Philippe a admis: «C'est vrai, je me suis trompé.»
2. Valérie a pensé: «Dès que j'aurai réussi mon bac, je deviendrai mannequin.»
3. Le prof a demandé à François: «Est-ce que tu as fait tes devoirs pour aujourd'hui?»
4. Dis-moi: Suis-je bien coiffée?
5. Le directeur confirmera: L'entreprise prospère.
6. Anaïs grogna: «J'aurais bien voulu battre cette idiote de Zoé au saut en longueur.» (long/broad jump; grogner = to grumble)
7. M. Lenormand a prévenu: «Demain, je rentrerai tard parce qu'il y aura une conférence.» *(prévenir = to let know, also: to warn)*
8. Xavier cria: «Dans deux ans, je serai loin!»
9. Grand-père affirmait toujours: «C'était mieux avant.»
10. Le médecin a prétendu: «Dans une semaine, on ne verra plus rien.» *(prétendre = to claim)*
11. Le témoin a déclaré: «Il y a une semaine, il n'y avait pas encore de graffiti.» *(le témoin = witness)*
12. Marc demande à Bastien: «Qui est-ce que tu as vu?»
13. Bastien demande à Marc: «Qu'est-ce qui t'inquiète?»
14. Le philosophe a demandé: «Quel est le but de l'existence?»
15. Le barman a demandé au client: «Qu'est-ce que vous voulez boire?»

B. Traduisez. (solution p. 196)

1. The artist *(le peintre)* said that he would take a break *(faire une pause).*
2. The student said that he already had had many practical training periods. *(raconter; faire des stages)*
3. My friend asked if I had already read the book.
4. I answered that I hadn't had time yet. *(ne pas avoir le temps)*
5. My friend claimed *(affirmer)* that he read three books a day.
6. I said: "Liar!" And I added *(ajouter)* that comics didn't count. *(ne pas compter)*

Answer Keys

Solutions for A

L1. Philippe a admis que c'était vrai, qu'il s'était trompé.
L2. Valérie a pensé que dès qu'elle aurait réussi son bac, elle deviendrait mannequin.
L3. Le prof a demandé à François s'il avait fait ses devoirs pour ce jour-là.
L4. Dis-moi si je suis bien coiffée. *(si = if; I.2.3, p. 39)*
L5. Le directeur confirmera que l'entreprise prospère.
L6. Anaïs grogna qu'elle aurait bien voulu battre cette idiote de Zoé au saut en longueur. *(grogna = passé simple of grogner)*
L7. M. Lenormand a prévenu que le lendemain, il rentrerait tard parce qu'il y aurait une conférence.
L8. Xavier cria que deux ans plus tard, il serait loin. *(cria = passé simple of crier)*
L9. Grand-père affirmait toujours que c'était mieux avant.
L10. Le médecin a prétendu qu'une semaine plus tard, on ne verrait plus rien.
L11. Le témoin a déclaré qu'une semaine avant (/plus tôt /auparavant), il n'y avait pas encore de graffiti.
L12. Marc demande à Bastien qui il a vu. ("est-ce que" is dropped; see indirect questions at I.2.3, p. 39)
L13. Bastien demande à Marc ce qui l'inquiète.
L14. Le philosophe a demandé quel était le but de l'existence.
L15. Le barman a demandé au client ce qu'il voulait boire.

Solutions for B

L1. Le peintre a dit qu'il allait faire (/ferait) une pause.
L2. L'étudiant a raconté qu'il avait déjà fait beaucoup de stages.
L3. Mon ami a demandé si j'avais déjà lu le livre.
L4. J'ai répondu que je n'avais pas encore eu le temps.
L5. Mon ami a affirmé qu'il lisait trois livres par jour.
L6. J'ai dit: «Menteur!» Et j'ai ajouté que les bandes dessinées ne comptaient pas.

7. Passive voice

Definition:
Active = the subject does s.th.
Passive = s.th. happens to the subject

Examples:
Active: The police (S) caught the thief.
Passive: The thief (S) was caught by the police.

7.1 Construction

(1) Form
The passive is constructed with être and the participe passé.

être + participe passé

Example:
j'aime (I love) => je suis aimé(e) (I am loved)

You identify the tense by looking at the form of être.
CAUTION: Do not confuse the passive with the active compound tenses! Also be careful with the agreement of the participe passé (IV.2, p. 158).

présent:	**je suis** invité(e)
impératif:	**soyez** aimé(e)s
infinitif:	**être** aimé(e)
imparfait:	**j'étais** invité(e)
passé composé:	**j'ai été** invité(e)
plus-que-parfait:	**j'avais été** invité(e)
futur simple:	**je serai** invité(e)
futur antérieur:	**j'aurai été** invité(e)
conditionnel prés.:	**je serais** invité(e)
conditionnel passé:	**j'aurais été** invité(e)
passé simple:	**je fus** invité(e)
subjonctif présent:	que **je sois** invité(e)
subjonctif passé:	que **j'aie été** invité(e)

Example: infinitif passif
On **va réparer** la voiture.
=> La voiture **va être réparée**.

(2) Changing active into passive
If you change an active sentence into a passive one, the direct object of the active sentence becomes the new subject of the passive sentence. The agent (= the former subject of the active sentence) may be attached with "**par**" (= by; in some cases with "de", see "For perfectionists").

La police arrête le voleur.
<=>
Le voleur est arrêté par la police.

Therefore, only **verbs with a direct object** can form a passive.
CAUTION: Indirect objects of active sentences cannot become subjects of passive sentences. Some English constructions therefore must be turned into French active constructions.

> *Example:*
> **Marc** was told by his teacher to do s.th.
> => dire **à qn**. de faire qc.
> => Le prof a dit **à Marc** de faire qc.

For perfectionists:
Exception: The **verbs with indirect object** obéir à qn. and pardonner à qn. may be turned into a passive.
Examples:
Le prof est obéi.
Le pécheur est pardonné.

With verbs of personal esteem the **agent may be attached with "de" instead of "par"**, e.g.,
être aimé de qn., être connu de qn., être estimé de qn., être détesté de qn., etc.
The same is possible if the following verbs are used **in a figurative sense** or when they emphasize a **state**:
être assailli, atteint, écrasé, menacé, abandonné, accablé, blessé, précédé, suivi, accompagné, entouré, pris, couvert, etc.
Examples:
Le gorille est menacé de disparition.
(Gorillas are threatened by extinction.)
Le cheval est pris de panique.
(The horse is panic-stricken.)
Il est atteint d'une maladie incurable.
(He is suffering from an incurable disease.)
M. Dupuis est couvert de dettes.
(M. Dupuis is heavily in debt.)
Je me sens écrasé de honte.
(I feel filled with shame.)

7.2 Usage and alternative constructions

The passive is used more often in written language than in spoken language. With it you can hide the agent (by avoiding to mention him) or on the contrary emphasize him (by attaching him with "par"). Look at these examples which show alternative constructions:

(1) No agent mentioned
Passive: Grand-mère a été transportée à l'hôpital.
Active: On a transporté grand-mère à l'hôpital.
=> impersonal agent ("one, someone"); these "on"-sentences are very common when the agent is not mentioned

(2) Agent is mentioned/emphasized
Passive: Versailles a été construit **par Louis XIV**.
Active: C'est Louis XIV **qui** a construit Versailles.
=> as explained in III.1.4, p. 110, elements that you put at the end of a sentence are emphasized; therefore using the passive automatically highlights the mentioned agent

(3) Reflexive verbs with a passive meaning
Passive: Ce livre est beaucoup vendu.
Active: Ce livre se vend bien.
=> (III.2, p. 127); this active construction with a passive meaning is quite common and usually has a thing as a subject and expresses a general statement.
Other examples:
Les chandails en laine se lavent à la main.
(Wool pullovers are to be washed by hand.)
Le vin blanc se boit avec du poisson.
(White wine is drunk with fish.)
Noël se fête en décembre.
(Christmas is celebrated in December.)
Ce mot se prononce différemment.
(This word is pronounced differently.)

Exercises

A. Mettez les phrases au passif. Attention à l'accord du participe passé. (solution p. 201)

1. C'est mon grand-père qui a planté cet arbre.
2. On a volé ma voiture!
3. Ce manteau se porte en hiver.
4. Philippe écrira une lettre.
5. Quelqu'un aurait déjà trouvé la solution?
6. Cette nouvelle vous étonnera.
7. C'était le président qui a pris cette décision.
8. On a découvert un squelette de mammouth dans mon jardin.
9. Cette bouteille de bière se vend avec un décapsuleur en prime. *(un décapsuleur = bottle-opener; en prime = as a bonus)*
10. Un témoin *(= witness)* avait reconnu le coupable.
11. Cette nageuse a battu le record. *(nageuse = swimmer, f.)*
12. Un orage a coupé l'électricité.
13. C'est la foudre *(lightning)* qui a provoqué un incendie.
14. On doit construire une autoroute par ici.
15. On devrait nettoyer les trottoirs plus souvent.

B. Mettez les phrases à l'actif. (solution p. 201)

1. Le résultat aurait été truqué. *(truquer = to fake)*
2. La Tour Eiffel a été construite par Gustave Eiffel.
3. Ma tante a été opérée par un grand chirurgien.
4. Cette robe est portée en été.
5. Les vendanges seront faites en automne. *(vendanges = vintage, grape harvest)*
6. Cette armoire avait été bricolée par mon frère. *(bricoler = to hand-make)*
7. Ce roman à succès a été écrit par mon amie.
8. Cette lotterie a été organisée par M. Simon.
9. La fête sera préparée par tout le monde.
10. Ma patience a été mise à l'épreuve par cet exercice. *(to test someone's patience)*

C. Traduisez. (solution p. 201)

1. I was sent an invoice *(= une facture)* by an unknown firm. (envoyer qc. à qn.)
2. The private detective was hit by a bullet *(= la balle)*. (toucher qn.)
3. She was told to go home. (dire à qn. de rentrer)
4. The car will be repaired tomorrow. (réparer qc.)
5. I was asked to come. (demander à qn. de venir)

Answer Keys

Solutions for A

L1. Cet arbre a été planté par mon grand-père.
L2. Ma voiture a été volée!
L3. Ce manteau est porté en hiver.
L4. Une lettre sera écrite par Philippe.
L5. La solution aurait déjà été trouvée (par quelqu'un)?!
L6. Vous serez étonné(e)s par cette nouvelle.
L7. Cette décision a été prise par le président.
L8. Un squelette de mammouth a été découvert dans mon jardin.
L9. Cette bouteille de bière est vendue avec un décapsuleur en prime.
L10. Le coupable avait été reconnu par un témoin.
L11. Le record a été battu par cette nageuse.
L12. L'électricité a été coupée par un orage.
L13. Un incendie a été provoqué par la foudre.
L14. Une autoroute doit être construite par ici.
L15. Les trottoirs devraient être nettoyés plus souvent.

Solutions for B.

L1. On aurait truqué le résultat.
L2. Gustave Eiffel a construit la Tour Eiffel. (Or: C'est Gustave Eiffel qui a construit la Tour Eiffel.)
L3. Un grand chirurgien a opéré ma tante. (Or: C'est un grand chirurgien qui a opéré ma tante.)
L4. On porte cette robe en été. (Or: Cette robe se porte en été.)
L5. Les vendanges se feront en automne. (Or: On fera les vendanges en automne.)
L6. Mon frère avait bricolé cette armoire. (Or: C'est mon frère qui avait bricolé cette armoire.)
L7. C'est mon amie qui a écrit ce roman à succès. (Or: Mon amie a écrit ce roman à succès.)
L8. M. Simon a organisé cette lotterie. (Or: C'est M. Simon qui a organisé cette lotterie.)
L9. Tout le monde préparera la fête. (Or: Ce sera tout le monde qui préparera la fête.)
L10. Cet exercice a mis ma patience à l'épreuve. (Or: C'est cet exercice qui a mis ma patience à l'épreuve.)

Solutions for C

L1. Une firme inconnue m'a envoyé une facture. (*Or:* Une facture m'a été envoyée par une firme inconnue.) *(the indirect object cannot be the subject of a passive sentence)*
L2. Le détective privé a été touché par une balle.
L3. On lui a dit de rentrer. *(the indirect object cannot be the subject of a passive sentence; therefore you need an active sentence with "on", as the agent is unknown)*
L4. La voiture sera réparée demain.
L5. On m'a demandé de venir. *(same as L3)*

V. Complex sentences

0. Connecting clauses

0.1 Main clauses

What are main clauses?
Main clauses are the clauses you were primarily dealing with up to this chapter. Their structure is generally **S-P-O** (III.1, p. 108). They aren't dependent on other clauses.
=> Look at III.1.6, p. 116, to learn about **infinitive constructions**; in French they are used to avoid subordinate clauses (to be used if the subject in the main clause is the same as that in the subordinate clause; see explanation at V.3.2, p. 230).

Connection of main clauses
Two main clauses are of **equal value**; therefore a connection of main clauses is called "**coordination**". **Conjunctions** are words that serve to connect clauses.

et *(and)*	Marc est fatigué et il a faim.
ou *(or)*	Il viendra mardi ou il ne viendra pas.
soit... soit... *(either... or)*	Soit il viendra demain, soit (il viendra) après-demain.
ou... ou... *(either... or)*	Ou (bien) il est intéressé, ou (bien) il ne l'est pas.
car *(for)*	Je rentre, car je suis fatigué.
mais *(but)*	Il aime lire, mais il n'a pas le temps.
donc *(so)*	Je pense, donc je suis. *(Descartes)*

Other possibilities:
d'une part... d'autre part *(on one hand,.../on the other hand)*
et... et... *(both... and...; ... as well as ...)*
ne... ni... ni *(neither... nor, see negations at I.3, p. 44)*
tantôt... tantôt *(sometimes... sometimes...)*
par contre *(however, on the other hand)*
en revanche *(however, on the other hand, but then)*
cependant *(yet, still, nevertheless, however)*
quand même *(though, still, nevertheless)*
pourtant *(though, still, nevertheless)*
néanmoins *(nevertheless, yet)*
toutefois *(yet, still, nevertheless, however)*
par conséquent *(consequently)*
c'est pourquoi *(that's why)*

pour cela *(that's why, so; as SC: c'est pour cela que)*
pour cette raison *(that's why, so; as SC: c'est la raison pour laquelle)*
aussi *(at the beginning of a sentence: that's why, so; often with inversion: Il est fatigué, aussi va-t-il se coucher.)*
or *(now, yet)*
en effet *(indeed)*
ainsi *(thus, like this, therefore)*
sinon/autrement *(or else, otherwise, if not)*
=> Most of these words also may be used to link simple sentences by their meaning.

Example:
J'aime les chats. **C'est pourquoi** j'en ai treize. *(I like cats. That's why I own thirteen of them.)*

Obviously main clauses can also be connected with **a comma**.

Example:
Mme Durand est occupée, elle viendra plus tard.

0.2 Subordinate clauses

What are subordinate clauses?
Subordinate clauses are **dependent on a main clause** (therefore this kind of connection is called subordination). They always start with a **conjunction** (very often: que = that) or an **interrogative** (see indirect questions at I.2.3,p. 39). Then the structure is also S-P-O.

In a compound sentence the subordinate clause may **take on the place of one part of the sentence of the main clause** (see III.1, p. 108).

Examples:

Subject:
Nous verrons. *(We will see.)*
=> **Qui vivra** verra. *(Live and learn. Or: Wait and see. literally: Who will live will see. V.1.6, 215)*

Object:
Je sais la réponse. *(I know the answer.)*
=> Je sais **ce qu'il faut répondre**. *(I know what it is necessary to answer.)*

Adverbial element:
Je pars à l'aube. *(I set off at dawn.)*
=> Je pars **quand le soleil se lève**. *(I set off when the sun rises.)*

Complement to the predicate:
Mon chien est dangereux. *(My dog is dangerous.)*
=> Mon chien est **ce qu'on appelle un chien à problèmes**. *(My dog is what you would call a problem dog.)*

Attribute (= adjectival phrase belonging to a noun):
Ce sont des lunettes de plongée. *(These are diving goggles.)*
=> Ce sont des lunettes **avec lesquelles on peut voir sous l'eau**. *(These are goggles with which you can see under water.)*

Different kinds of subordinate clauses:

IMPORTANT:
This list provides only an idea about what kinds of conjunctions there are. **Explanations**, for example, about the subjonctif and the gérondif, **are to be found in the corresponding chapters.**

(1) Relative clauses
=> V.1 Relative clauses, p. 209

(2) Clauses with "que" (= that)
=> V.3 Indicatif ou subjonctif? p. 227

(3) Infinitive clauses
=> V.4 Infinitive clauses, p. 241

(4) Clauses with indirect speech
=> I.2.3 (indirect questions) and IV.6, p. 39/192

(5) Conditional clauses
=> V.2 Conditional clauses with "si", p. 220
Other conjunctions for conditional clauses:
au cas où/dans le cas où/pour le cas où *(if, in case; most of the time with conditionnel)*
pourvu que *(provided that; subjonctif)*
à condition que *(on condition that; subjonctif)*
à moins que... ne *(unless; subjonctif; Example:* Je viendrai, à moins qu'il ne neige. "ne" see p. 232*)*

(6) Temporal clause (time)
Example:
Quand je suis arrivé, le magasin était déjà fermé.
(When I arrived, the shop had already closed.)
Conjunctions:
quand *(when)*
lorsque *(when)*
comme *(as; simultaneity, therefore in the past: imparfait)*
pendant que *(while; events that happen simultaneously)*
tandis que/alors que *(while; also contrast: whereas)*
dès que/ aussitôt que *(as soon as)*
depuis que *(since)*
tant que *(as long as)*
un jour que *(one day when...)*
au moment où *(in the moment when)*
maintenant que *(now that...)*
chaque fois que/toutes les fois que *(every time that...)*
il y a longtemps que *(it was a long time ago that .../for a long time...)*
après que *(after)*
avant que *(before; SUBJONCTIF V.3.2, p. 230)*
=> *V.4 Infinitive clauses instead of après/avant que, p. 241*

jusqu'à ce que/en attendant que *(until; subjonctif)*
jusqu'au moment où *(until the moment at which; indicatif; don't confuse with jusqu'à ce que, subjonctif)*

(7) Causal clause
Examples:
Comme il pleuvait, j'ai pris un parapluie. *(=> with "comme" the SC has to be before the MC)*
J'ai pris un parapluie **parce qu'**il pleuvait. *(=> with "parce que" the SC is after the MC most of the time)*
Conjunctions:
parce que, comme *(because; see above)*
puisque *(since, as)*
likewise:
étant donné que/vu que/du moment que
=> When certain requirements are met, a causal clause with comme or parce que may be replaced with a **participe présent** (V.5.3, p. 246).

(8) Final clauses (purpose)
Example:
J'ouvre la porte **pour que** mon chat puisse rentrer.
(I open the door so that my cat can come in.)
Conjunctions:
pour que/afin que *(so that; subjonctif)*
de peur que/de crainte que *(for fear that; subjonctif)*
=> V.4, p.241, Infinitive clauses (pour, afin de, de peur de)

(9) Consecutive clauses (consequence, effect)
Example:
Il s'habille **de façon qu'**on le remarque.
(He dresses in a way that everybody notices him.)
Conjunctions:
de façon que/de manière que/en sorte que *(so that)*
=> indicatif for real consequences; subjonctif (V.3, p. 227) for intended consequences (= see final clause)
assez/trop/trop peu + Adj. pour que
(too... to; (not) ... enough to; subjonctif; *Example:* Il n'est pas assez beau pour que les femmes fassent attention à lui. = *He isn't handsome enough to make women notice him.)*
si bien que *(so that; do not confuse with* bien que = although*)*

(10) Modal clause (mode; means)
Examples:
Le chat est rentré **sans que** je m'en sois aperçu.
(*The cat returned without me noticing it*. subjonctif)
J'apprends le français **en parlant** avec des amis français.
(I learn French by talking with French friends.) => V.5 **Gérondif**, p. 244
Other conjunctions:
comme *(like, likewise)*
de même que/ainsi que *(like, likewise)*
selon que/suivant que *(according to, depending on)*
à mesure que *(as)*
sauf que/excepté que *(except that)*
outre que *(apart from)*

(11) Concessive clause (“although”)
Example:
Bien qu’il soit malade, cet arriviste vient travailler.
(Although he is ill, that go-getter goes to work.)
Conjunctions:
bien que/quoique/malgré que *(though, although; subjonctif)*
encore que *(though, although; subjonctif)*
quand même (even if*; mostly with conditionnel; Example*: Je ne peux pas l’expliquer, quand (bien) même je le voudrais. = *I can’t explain it, even if I wanted to.*)
alors que *(whereas)*
tandis que *(whereas)*
=> Lui, il se repose, tandis que moi, je travaille!

Rules for commas: see the introduction to relative clauses at V.1, p. 209, and in the appendix the section on punctuation, p. 251.

For perfectionists: how to shorten
Temporal, causal and conditional clauses that contain a **participe passé** may be **shortened** if they have the same subject as their main clause – and if they have a different subject, provided that this subject is neither a personal pronoun nor “ce”.
With “**être”** often the auxiliary is dropped (but with a causal clause or a negated clause you need the participe présent “étant”); with “**avoir”** you need the auxiliary in the participe présent (V.5, p. 244).
Example with être:
Quand je suis arrivé au bureau, je me suis mis à travailler.
=> Arrivé au bureau, je me suis mis à travailler.
Comme je suis parti trop tard, j’ai dû courir.
=> Étant parti trop tard, j’ai dû courir.
Example with avoir:
Comme l’expérience a échoué, les chercheurs ont recommencé.
=> L’expérience ayant échoué, les chercheurs ont recommencé.
See how to shorten a **relative clause with “qui”,** For perfectionists V.1.1.

Juxtaposition of two similar SCs:
Either each clause gets its own conjunction:
Comme il faisait beau et comme je voulais faire du sport, j’ai sorti mon vélo.
Or you can repeat the conjunction only with “que”:
Comme il faisait beau et ***que*** *je voulais faire du sport, j’ai sorti mon vélo.*
=> The latter is not possible with si = whether that needs to be repeated. (Je ne sais pas s’il viendra et s’il sera à l’heure.) It is possible with si = if.

0.3 Conjunction or preposition?

Did some of the conjunctions listed above seem familiar? That is maybe because you already know prepositions (I.6, p. 67) which look very similar. Watch out: for a subordinate clause you need a conjunction.

Conjunction	**Preposition**
après que *(after)* avant que *(before)* depuis que *(since)* dès que *(as soon as)* jusqu'à ce que *(until)* lorsque *(when)* pendant que *(while)* malgré que *(although)* pour que *(so that)* sans que *(without)* selon que *(according to)*	après *(after)* avant *(before)* depuis *(since, for)* dès *(from... on)* jusqu'à *(until)* lors de *(at the time of)* pendant *(during)* malgré *(in spite of)* pour *(for)* sans *(without)* selon *(according to)*

Examples:
Depuis les vacances, je me sens bien.
=> ***No subordinate clause** but an expression of time in a main clause* (see III.1.1, p. 108)
Depuis que nous avons été en vacances, je me sens bien.
=> ***Subordinate clause**. Hint: it contains a conjugated verb. Note also that there are two different subjects.*

Exercises

A. Mettez la préposition ou la conjonction. (solution p. 208)

1. ______ (after) la sieste, je travaillerai.
2. Je me sens plus tranquille ______ (since) j'ai été chez le médecin.
3. Mon ami est resté ______ (until after) minuit.
4. Les coqs *(= roosters)* chantent ______ (from... on) l'aube *(= dawn).*
5. Je mets la table ______ (while) maman fait la cuisine.
6. ______ (despite) le froid, Marc sort en sandales.
7. Nous agirons ______ (according to) la loi.
8. Je t'aiderai _______ (until) tu réussisses.
9. J'ai tout préparé ______ (before) le petit déjeuner.
10. J'ai rangé ______ (after) tout le monde est parti.

B. Choisissez la bonne conjonction selon le sens de la phrase. (according to the sense; solution p. 208)

1. *sans que – quand – quoique*
______ Marc était petit, il est tombé dans l'étang *(= pond)* du village.
2. *parce que – quand – pour que*

______ sa fille puisse aller à l'université, M. Clocher a pris un crédit.
3. *bien que – puisque – de façon que*
______ notre voiture soit très vieille, elle marche encore très bien.
4. *bien que – comme – selon que*
______ Béatrice est amie avec Natalie, elle l'aide à préparer ses examens.
5. *selon que – quoique – sans que*
Natalie dit: «Béatrice m'a aidée _______ je le lui aie demandé. C'était vraiment sympa!»
6. *de façon que – puisque – depuis que*
M. Papon gare sa voiture _______ elle ne gêne personne.

Answer Keys

Solutions for A

L1. 1. Après la sieste, je travaillerai.
L2. Je me sens plus tranquille depuis que j'ai été chez le médecin.
L3. Mon ami est resté jusqu'après minuit.
L4. Les coqs chantent dès l'aube
L5. Je mets la table pendant que maman fait la cuisine.
L6. Malgré le froid, Marc sort en sandales.
L7. Nous agirons selon la loi.
L8. Je t'aiderai jusqu'à ce que tu réussisses.
L9. J'ai tout préparé avant le petit déjeuner.
L10. J'ai rangé après que tout le monde est parti.

Solutions for B

L1. Quand Marc était petit, il est tombé dans l'étang du village.
L2. Pour que sa fille puisse aller à l'université, M. Clocher a pris un crédit.
L3. Bien que notre voiture soit très vieille, elle marche encore très bien.
L4. Comme Béatrice est amie avec Natalie, elle l'aide à préparer ses examens.
L5. Natalie dit: «Béatrice m'a aidée sans que je le lui aie demandé. C'était vraiment sympa!»
L6. M. Papon gare sa voiture de façon qu'elle ne gêne personne.

1. Relative clauses and relative pronouns

What are relative clauses?
Relative clauses are subordinate clauses that **give further information about a part of the main clause** – in some cases they refer even to the main clause as a whole. They begin with a **relative pronoun**.

Examples:
Paulette est la femme **que j'aime**.
Le mécanicien **qui a réparé ma voiture** a fait du bon travail.
Le village **où je suis né** se trouve dans les montagnes.
L'affaire **dont je veux te parler** est grave.
La discussion s'est envenimée *(to become acrimonious)*, **ce que je regrette**.
La chaise **sur laquelle je m'assois** est bancale *(wobbly)*.

Essentials:

qui	*who, which*	people, things; S
que	*whom, which*	people, things; dir. O.
où (prep.+ où)	*where*	places
dont	*whose*	complements with "de"
Prep.+lequel	*e.g., with which*	compl. with other prep.
Prep.+qui	*e.g., to whom*	*likewise*, people
ce qui/que/dont	*what/that which*	whole sentence

Important: This is only an overview! Everything is explained in the following chapters.

YOU NEED TO KNOW:
=> what a subject is and what an object is as well as **which complement a given verb may get, i.e., which object with which preposition** (/, à, de, avec, sur etc.). See chapter III.1, p. 108!
(=> see also the chapter about the agreement of the participe passé (IV.2, p. 158) – because "que" is a direct object)

Commas in relative clauses:

(1) The relative clause gives *indispensable* information about the part of the sentence it refers to => no comma
Example:
La chaise **que j'ai réparée hier** est de nouveau cassée.

(2) The relative clause gives *additional* information or explains s.th. => comma
Example:
M. Merlot a décidé de devenir acrobate, **ce qui m'étonne**.

(3) Furthermore, you always need a comma if a subordinate clause is placed before the main clause.
Example:
Quand je suis arrivé, le train était déjà parti.

1.1 qui and que (and emphasis with c'est... qui/que)

"qui" (= who, which, that) as well as "que" (= whom, which, that) may refer **to persons or to things**.

Examples:
L'ami **qui m'a aidé** est malade.
L'ami **que j'ai aidé** est malade.
La voiture **qui marchait bien hier** est cassée aujourd'hui.
La voiture **que j'ai achetée hier** est déjà cassée.

(1) "qui" is always the subject of a relative clause:
qui (= S) m'a aidé
qui (= S) marchait bien hier
=> Hint: there is **no other subject** in the relative clause!
(=> instead of a relative clause with "qui" you may use a participe présent; V.5, p. 244)

(2) "que" is always a direct object in the relative clause:
que j' (= S) ai aidé *(aider qn.)*
que j' (= S) ai achetée hier *(acheter qc.)*
=> Hint: there is already a subject.
=> Compound tenses: remember the agreement of the participe passé – "que" is a direct object placed before the verb! (IV.2, p.158)

DON'T CONFUSE:
qui and que are also interrogatives; I.2, p. 35

(3) Emphasis with c'est... qui/que
It's the same principle.

Examples:
C'est Amélie qui (= S) a fait ce gâteau.
C'est ma voiture qui (= S) est cassée.
C'est Amélie qu'il a entendu chanter ce soir.
C'est ma voiture que ce chauffard *(reckless driver)* a cassé.
(Remember: the plural of "c'est" is only used in the 3rd p.pl. C'est nous. C'est vous. Ce sont mes amis.)

=> Disjunctive personal pronouns II.1.2 (2), p. 86
=> Other possibilities to emphasize III.1.4 (2), p. 111

ce qui/ ce que
=> the same principle (see below at 1.5, p. 214)

For perfectionists:
You can **shorten a relative clause with "qui"** if there is a participe passé. With "être" the auxiliary is dropped, with "avoir" you need a participe présent (V.5, p. 244).
Example with être:
La voiture **qui est cassée** a été dépannée.
=> La voiture **cassée** a été dépannée.

Example with a negated être:
La voiture **qui n'est pas cassée** n'a pas été dépannée.
=> La voiture **non cassée (/pas cassée)** n'a pas été dépannée.
Example with avoir:
L'étudiant **qui a réussi l'examen écrit** devra encore passer l'oral.
=> L'étudiant **ayant réussi l'examen écrit** devra encore passer l'oral.

AN ALTERNATIVE: Instead of qui/que you may also use a form of lequel; however, this is only done if it is necessary to make clear to which part of the main clause the relative clause refers.
Example:
J'ai fait la connaissance de l'amie de Marc, laquelle m'a fait une bonne impression. *(it was the girlfriend who made a good impression, not Marc)*

1.2 où; par/pour/vers/jusqu'/d'+ où

"où" (= where) and its combinations refer mostly to **places**, rarely to **times**

(1) Places
As an alternative you can use preposition + lequel (1.4, p. 213).

Examples:
Le village **où** (/dans lequel) **je suis né** se trouve en Alsace.
(... where I was born...)
Le cinéma **où** (/auquel) **je vais régulièrement** va fermer.
(... to which I often go...)
La porte **par où** (/par laquelle) **je suis entré** grince.
(.. .through which I came in...)
La ville **pour où** (/pour laquelle) **je pars** est située dans le Nord.
(...to which I set off for...)
L'endroit **vers où** (/vers lequel) **nous nous dirigeons** est célèbre.
(...where we head for.../ towards which we...)
Nous atteignons le croisement **jusqu'où** (/jusqu'auquel) **je devais te conduire**.
(... up to where....)
Le pays **d'où je viens** est en guerre.
(... where I come from...)

=> The alternative to "d'où" would be "dont" (1.3, 212), but this is rare and cannot be used in every case.

(2) Times
You will find this mostly in combinations like **à l'heure où, au moment où, le jour où, etc.**; look up the true temporal conjunctions like "quand" at V.0.2, p. 203.

Examples:
À l'heure où le crime à été commis, j'étais avec des amis.
(At the time the crime was committed,...)
C'est **la saison où tout le monde part en voyage**.
(It's the season in which everyone...)
À l'époque où j'étais malade, mon frère venait me voir souvent.
(At the time I was sick.../ when I was sick...)

1.3 dont

"dont" (= whose, of which etc.) refers to all kinds of **complements with "de"** and to **expressions of quantity/number**

Examples:
Verb with "de":
Nous parlons d'un film. (parler de qc.)
=> Le film **dont nous parlons** n'a pas beaucoup de succès. *(The film about which we are speaking...)*
Adjective with "de":
Je suis responsable de ce projet. (être responsable de qn./qc.)
=> Le projet **dont je suis responsable** n'avance pas. *(The project of which I'm in charge...)*
Noun with "de":
C'est le mari de Mme Lafleur.
=> Mme Lafleur, **dont le mari est pharmacien**, est venue me voir. *(Mme Lafleur, whose husband is...)*
Expression of quantity:
Je mange trois biscuits. Deux au chocolat et un à la vanille.
=> Je mange trois biscuits **dont deux au chocolat.** *(I'm eating three biscuits, two of which with chocolate/ among them two are with chocolate.)*

REVISE if need be:
=> verbs with "de" (III.1.5 (3) and (4), p. 111)
=> and the following adjectives:
être...
content de *(to be pleased with)*
satisfait de *(satisfied with)*
étonné de *(surprised at)*
fier de *(proud of)*
surpris de *(surprised at)*
heureux de *(happy with)*
inquiet de *(worried about)*
responsable de *(responsible for)*
sûr de *(certain about)*
typique de *(typical of)*
synonyme de *(synonymous with)*

IMPORTANT:
If the noun with "de" has a preposition before it you cannot use "dont"; in this case you have to use "de + lequel" (1.4, p. 213).

> *Example:*
> Ce château, **dans le sous-sol duquel se trouve un passage secret**, a été construit au douzième siècle.

=> The same is valid if "de" is part of a prepositional expression, e.g., près de, autour de, à côté de (1.4).

> *Example:*
> La maison, **à côté de laquelle se trouve un garage**, est en construction.

ALTERNATIVES:
With **persons**: **de qui** (1.4, p. 213)

Example:
L'homme dont je te parle est mort.
L'homme de qui je te parle est mort.

(With **things: de + lequel;** THIS IS RARE!

Example:
Le livre dont j'ai besoin a été volé.
Le livre duquel j'ai besoin a été volé.)

NOTE: With **places** you should prefer **d'où** (1.2, p. 211)

Example:
Le village **d'où je viens** est très petit.

1.4 Preposition + lequel (/qui)

If you have **another preposition as a complement** (pour, avec, à, sans, sur, par, etc.; I.6, p. 67) you need a form of lequel. Just like the identical interrogative pronoun lequel (I.2.2 e, p. 38) **it agrees with the word it refers to and gets contracted with "de" and "à"**.

Examples:
C'est la maison **dans laquelle je suis né**.
C'est un événement **auquel je ne suis pas préparé**.
Voilà les médicaments **sans lesquels je ne peux plus vivre**.
Voici les maisons **au bord desquelles on va construire une autoroute**. (au bord de; see below)

NOTE: As already stated in 1.3, prepositional expressions (= prepositions with two or more words) that contain "de" cannot take a relative clause with "dont"!
e.g., près de *(close to)*; loin de *(far from)*; à côté de *(by, next to)*; autour de *(around)*; au milieu de *(among, in the middle of)*; au bout de *(at the end of; after);* à cause de *(because of)*; en raison de *(on account of);* grâce à *(thanks to)*
=> for others see I.6, p. 67

ALTERNATIVE:
With people it is often less awkward to use **preposition + qui**.

Examples:
L'ami **de qui je veux te parler** habite à Lyon.
L'homme **avec qui je suis venu** est reparti.
La personne **grâce à qui j'ai réussi**, c'est ma mère.

EXCEPTION:
With the prepositions "parmi" and "entre" you have to use lequel for people and things.

Example:
J'ai des amis **parmi lesquels il y a beaucoup d'artistes**.

Concerning places, the alternative is **où**, but only for a limited number of prepositions; 1.2, p. 211.

NOTE: Unlike in English, French relative pronouns cannot be omitted and prepositions cannot be placed elsewhere.

Example:
La dame à qui nous parlons est gentille.
(The lady we are talking to is kind.)

1.5 ce qui, ce que, ce dont

With **ce + relative pronoun** you do not refer to a part of a main clause but to a whole sentence or line of thought. As with "qui" and "que", "ce qui" is the subject and "ce que" the direct object of the relative clause. You already saw these two in the chapter on **indirect questions** (I.2.3, p. 39). "Ce dont" is used with complements with "de", as is "dont".

ce qui/que = what/that which
ce dont = of what/ of which

Examples:
Je regrette tout **ce qui s'est passé**.
*(I regret **what** happened.)*
Il ne m'a rien laissé, **ce que je trouve injuste**.
*(He didn't leave me anything, **which** I think is unfair.)*
Il ne s'est rien passé, **ce dont je suis content**. (être content de)
*(Nothing happened, **which** I'm glad about.)*

For perfectionists:
ce + preposition + quoi is used for things
(as long as the prep. is not "de"):
ce à quoi = about what
ce sur quoi = on what
ce contre quoi = against what
etc.
Example:
Ce sur quoi je compte, c'est ma chance. (compter sur qc.)
(What I rely on is my luck.)
=> See also the the following set phrases instead of "ce":
voilà + prep. + quoi
tout ce + prep. + quoi
quelque chose + prep. + quoi
rien + prep. + quoi
faute de quoi/sans quoi *(otherwise)*
après quoi = ensuite *(then, afterwards)*
en quoi *(in which)*
Examples:
Rien à quoi je pense n'apporte de solution.
(Nothing I can think of resolves the difficulty.)
Il croyait à la réussite, **en quoi il se trompait**.
(He believed he would succeed, in which he was mistaken.)

1.6 Usage of celui, celle, ceux, celles

Relative clauses that refer to indefinite people are often to be found with a form of "celui" (demonstrative pronouns II.3.2, p. 97) + relative pronoun.

Example:
who/whoever/the one who => celui qui
Celui qui veut venir doit se dépêcher. (/Ceux qui veulent...)
(Whoever wants to come along has to hurry.)
=> In set phrases you also will find "qui" alone; e.g., Sauve qui peut!

whom/whomever => celui que
Ceux que nous aimons le plus, ce sont nos enfants.
(The ones whom we love most are our children.)

celui dont (here: about whom)
Celle dont tout le monde parle, c'est cette chanteuse à la mode. (parler de qn.)

For perfectionists: Inversion in the relative clause
As long as the subject is not a personal pronoun, inversion of the subject and the predicate is possible (P-S instead of S-P). This is quite common if the verb does not have a complement at all (as it is more elegant); however, no inversion is possible if the verb of the relative clause has a direct object.
Examples:
L'idée **qu'a eue Philippe** n'a pas été acceptée.
Not possible with a direct object:
Le pâtissier **chez qui M. Durand commande *une tarte*** est très réputé.

Set phrases with relative pronouns
comme quoi = cela prouve que
Mon partenaire m'a trompé; comme quoi il faut toujours être prudent en affaires.
(...which proves that...)
avoir de quoi = avoir suffisamment d'argent
J'ai de quoi payer mes factures. *(I have enough money to pay the bills.)*
"distributive" qui
Les invités prenaient, qui du café, qui du thé, qui du cacao.
(Some guests drank coffee, others drank tea, others...)
Set phrases with où
au cas où *(in case...)*
à la vitesse/au train/à l'allure où *(at the speed...)*
au train où vont les choses *(at this rate,...)*
dans la mesure où *(to a certain extent.../depending on...)*
Voilà où j'en suis. *(That's my situation.)*

Furthermore, in some cases a relative clause may require the **subjonctif**. See For perfectionists at the end of V.3.2, p. 236.

Exercises

A. Complétez par le pronom relatif qui convient. (solution p. 218)

Hints:
(1) Grasp the **meaning** of the sentence.
(2) Look for **prepositions**.
(3) qui or que: Look for the **subject** of the relative clause.

1. Le livre ______ j'ai lu dernièrement m'a passionné.
2. Le livre ______ je t'ai parlé m'a passionné.
3. Le livre ______ m'a passionné appartient à la bibliothèque.
4. Le livre avec ______ j'ai appris le français est tout abîmé *(damaged)*.
5. ______ tu penses de ce livre m'intéresse.
6. Mon ami parle tout le temps de livres, ______ ne m'intéresse pas.
7. La maison ______ j'habite est très grande.
8. La maison dans ______ j'habite est très grande.
9. La maison, au bord ______ coule un fleuve, est souvent inondée *(flooded)*. (au bord de)
10. La maison ______ mon grand-père est le propriétaire *(owner)* sera peut-être vendue en mars.
11. Je ne trouve pas ______ j'ai besoin. (avoir besoin de qc.)
12. Je trouve ______ je n'ai pas cherché.
13. Je trouve des choses ______ je n'ai pas cherchées.
14. La voiture ______ je rêve est trop chère pour moi. (rêver de qc.)
15. Mon ami est la personne sur ______ je compte le plus.
16. Le village ______ je viens est dans les montagnes. (venir de)
17. Le même jour ______ j'ai passé mon permis de conduire *(driving licence /driver's license)*, j'ai eu aussi mon premier accident.
18. Je voudrais trois croissants ______ un aux amandes (*almonds*), s'il vous plaît.
19. La police a arrêté plusieurs suspects (m.) parmi ______ doit se trouver le voleur.
20. Voilà un problème ______ je n'avais pas pensé. (penser à qc.)

B. Transformez la phrase soulignée en proposition relative. (relative clauses; solution p. 218)

Exemple:
Le coiffeur ferme à midi. J'ai rendez-vous chez lui demain.
=> Le coiffeur **chez qui** (/chez lequel) **j'ai rendez-vous demain** ferme à midi.

1. J'éteins la lampe. Marc l'avait allumée.
2. Mme Daspremont vend des gâteaux. Son mari est pâtissier.
3. Le train entre en gare. Il est en retard.
4. Le portail *(gate)* est ouvert. Les moutons *(sheep)* passent par là.
5. La voiture roule sur le pont. Le pont tremble dangereusement.
6. Je dois choisir entre deux possibilités (f.). Aucune des deux possibilités ne me plaît.
7. M. Maréchal doit laver sa salle de bain. Il déteste faire ça.
8. Grand-mère boite *(to limp)* à cause d'un accident. L'accident est arrivé il y a deux ans.

9. J'ai demandé au plombier *(plumber)* de déboucher mon évier *(to unblock my sink)*. Le plombier a oublié de venir.
10. Mon fils prétend avoir fini ses devoirs. J'en doute. (douter de qc.)
11. Je viendrai avec des amis. Tu ne les connais pas encore.
12. Les amis n'ont pas eu le temps. Je voulais venir avec eux.
13. Mon frère était fâché *(angry)*. Je lui ai téléphoné en pleine nuit. (téléphoner à qn.)
14. Je voyage en Grèce. Là-bas, il fait chaud.
15. Le chat est malade. Je m'occupe de lui.
16. François veut venir me voir. J'en suis heureux. (être heureux de qc.)
17. Malheureusement, il ne pourra venir qu'une semaine. Ça me rend triste.
18. Les enfants de la classe jouent au basket. Trois sont handicapés.
19. La rue est embouteillée *(blocked with a traffic jam)*. Au bout de cette rue, il y a le cinéma.
20. Natalie m'a offert un stylo. Je l'aime beaucoup (le stylo).

C. Traduisez. (solution p. 219)

1. I am looking for a book whose title I've forgotten. (chercher qc.; le titre; oublier qc.)
2. The reason I left is clear. (la raison; pour; partir; clair)
3. The man I helped was brought to the hospital. (aider qn.; être amené à l'hôpital)
4. The way he works isn't very effective. (travailler de façon efficace)
5. Many people I know don't have a car.
6. I'm jealous of the guy my wife smiled at. (être jaloux de qn.; le type; sourire à qn.)
7. The museum guide whom I'm following through the exhibition is talkative. (le guide; suivre qn. à travers l'exposition; bavard)
8. I'm apologizing to my friend, whom I lied to. (s'excuser auprès de qn.; mentir à qn.)
9. The dog which the postman is afraid of is in the house. (avoir peur de qc.; le facteur)
10. The motorway(/highway) project which people are protesting against will be modified. (le projet; protester contre qc.; être modifié)
11. The singer I am listening to is singing out of tune. (écouter qn.; chanter faux)
12. The dentist I phoned gave me an appointment. (le dentiste; téléphoner à qn.; un rendez-vous)
13. The exercise I start with is always the easiest one. (commencer par qc.; facile)
14. The tunnel I came through is dark. (le tunnel; venir par; sombre)
15. The day I leave (partir) I need the car. (avoir besoin de qc.)
16. I know what I want. (savoir qc., vouloir qc.) That is what I'm proud of. (être fier de qc.)
17. I am buying two pairs of shoes, one of them with high heels. (la paire de chaussures; les talons hauts)
18. I read the book you told me about. (parler de qc.)
19. I know neither where this water comes from nor where it goes to. (l'eau, f.; ne... ni... ni; venir de; partir)
20. The friend whom I asked isn't answering. (demander qc. à qn.)

Answer Keys

Solutions for A

L1. Le livre que j'ai lu dernièrement m'a passionné. (j'= subject)
L2. Le livre dont je t'ai parlé m'a passionné. (parler de qc.)
L3. Le livre qui m'a passionné appartient à la bibliothèque.
L4. Le livre avec lequel j'ai appris le français est tout abîmé.
L5. Ce que tu penses de ce livre m'intéresse. *(indirect question)*
L6. Mon ami parle tout le temps de livres, ce qui ne m'intéresse pas. *(refers to the whole sentence, the meaning being: ... a topic that doesn't interest me. Also, two things prevent the use of "qui" refering to "livres" here: the comma and the 3rd person sg. of the verb s'intéresser. Get rid of the comma and change the verb to plural and you are free to make a sentence that says My friend talks about books that don't interest me.)*
L7. La maison où j'habite est très grande.
L8. La maison dans laquelle j'habite est très grande.
L9. La maison, au bord de laquelle coule un fleuve, est souvent inondée.
L10. La maison dont mon grand-père est le propriétaire sera peut-être vendue en mars. *(of which*; le propriétaire de la maison*)*
L11. Je ne trouve pas ce dont j'ai besoin. *(... what I need.)*
L12. Je trouve ce que je n'ai pas cherché. *(... what I didn't look for.)*
L13. Je trouve des choses que je n'ai pas cherchées. *(... things I didn't look for.)*
L14. La voiture dont je rêve est trop chère pour moi.
L15. Mon ami est la personne sur qui (/sur laquelle) je compte le plus.
L16. Le village d'où je viens est dans les montagnes.
L17. Le même jour où j'ai passé mon permis de conduire, j'ai eu aussi mon premier accident. *(temporal use of où, 1.2, p. 211)*
L18. Je voudrais trois croissants dont un aux amandes, s'il vous plaît. *(dont with expression of quantity, 1.3, p. 212)*
L19. La police a arrêté plusieurs suspects parmi lesquels doit se trouver le voleur.
L20. Voilà un problème auquel je n'avais pas pensé.

Solutions for B

L1. J'éteins la lampe que Marc avait allumée.
L2. Mme Daspremont, dont le mari est pâtissier, vend des gâteaux.
L3. Le train qui est en retard entre en gare.
L4. Le portail par où (/par lequel) les moutons passent est ouvert. *(For perfectionists: this is a good opportunity to use inversion: Le portail par où passent les moutons...)*
L5. Le pont sur lequel la voiture roule tremble dangereusement. *(For perfectionists: this is a good opportunity to use inversion: Le pont sur lequel roule la voiture...)*
L6. Aucune des deux possibilités entre lesquelles je dois choisir ne me plaît.
L7. M. Maréchal doit laver sa salle de bain, ce qu'il déteste faire.
L8. L'accident à cause duquel grand-mère boite est arrivé il y a deux ans.
L9. Le plombier à qui (/auquel) j'ai demandé de déboucher mon évier a oublié de venir.
L10. Mon fils prétend avoir fini ses devoirs, ce dont je doute.

L11. Je viendrai avec des amis que tu ne connais pas encore.
L12. Les amis avec lesquels (/avec qui) je voulais venir n'ont pas eu le temps.
L13. Mon frère, à qui j'ai téléphoné en pleine nuit, était fâché.
L14. Je voyage en Grèce où il fait chaud.
L15. Le chat dont je m'occupe est malade.
L16. François veut venir me voir, ce dont je suis heureux.
L17. Malheureusement, il ne pourra venir qu'une semaine, ce qui me rend triste.
L18. Les enfants de la classe, dont trois sont handicapés, jouent au basket.
L19. La rue au bout de laquelle il y a le cinéma est embouteillée.
L20. Natalie m'a offert un stylo que j'aime beaucoup.

Solutions for C

L1. Je cherche un livre **dont** j'ai oublié le titre.
L2. La raison **pour laquelle** je suis parti(e) est claire.
L3. L'homme **que** j'ai aidé a été amené à l'hôpital.
L4. La façon **dont** il travaille n'est pas très efficace.
L5. Beaucoup de gens **que** je connais n'ont pas de voiture.
L6. Je suis jaloux du type **à qui (/auquel)** ma femme a souri.
L7. Le guide (du musée) **que** je suis à travers l'exposition est bavard.
L8. Je m'excuse auprès de mon ami **à qui (/auquel)** j'ai menti.
L9. Le chien **dont** le facteur a peur est dans la maison.
L10. Le projet d'autoroute **contre lequel** les gens protestent sera modifié.
L11. Le chanteur **que** j'écoute chante faux. *(adverbs I.5.2 (4), p. 61, about set phrases like chanter faux)*
L12. Le dentiste **à qui (/auquel)** j'ai téléphoné m'a donné un rendez-vous.
L13. L'exercice **par lequel** je commence (c')est toujours le plus facile.
L14. Le tunnel **par lequel** je suis venu(e) est sombre.
L15. **Le jour où** je pars, j'ai besoin de la voiture.
L16. Je sais ce que je veux. C'est ce dont je suis fier (/fière).
L17. J'achète deux paires de chaussures, **dont** une avec des talons hauts.
L18. Je lis le livre **dont** tu m'as parlé.
L19. Je ne sais ni **d'où** cette eau vient, ni **où** elle part. *(For perfectionists: this is a good opportunity to use inversion: Je ne sais ni d'où **vient cette eau**, ni où elle part.)*
L20. L'ami **à qui (/auquel)** j'ai demandé quelque chose ne répond pas.

2. Conditional clauses

IMPORTANT:
To master this chapter you have to know the forms of the following tenses and moods:
=> futur simple and futur antérieur (IV.4, p. 180)
=> conditionnel présent and conditionnel passé (IV.5, p. 186)
=> présent and impératif (IV.1, p. 149)
=> passé composé, imparfait and plus-que-parfait (IV.2 and IV.3, p. 158/168)

2.1 Basic forms

A compound sentence with a conditional meaning consists of **two parts** that are connected with the conjunction "**si**" (= if; 2.2, p. 222; for other possibilities see For perfectionists).

Subordinate clause: the condition (can be met OR cannot be met)
Main clause: the result (real/possible OR only imaginary)

Example:
Si tu réussis ton examen, nous ferons la fête. *(If you pass your exam, we will celebrate.)*
=> Also possible in reverse order (MC-SC)! (Nous ferons la fête si tu réussis ton examen.)

Type I: Real/possible conditional clause, present	
SC: condition can be met présent (passé composé)	**MC: real/possible result** futur/futur antérieur (impératif, présent, p.c.)
Si tu le **veux**, Si tu **es** rapide, Si j'**ai réussi**, Si tu **as** le temps, Si tu **veux** venir,	=> je t'**aiderai**. => tu **auras fini** plus tôt. => je te **téléphonerai**. => **aide**-moi. => tu **dois** te dépêcher.

Type II: Unreal present conditional clause	
SC: condition can't be met imparfait	**MC: imaginary result** conditionnel présent
Si j'**avais** le temps, *(If I had the time,)*	=> je **viendrais**. *(I would come.)*

NOTE: This pattern (imparfait-conditionnel présent) may ALSO get the meaning of a condition that can be met with a possible result. The key factor is the context.

Example: a hypothesis whose realization is possible
Si tu lisais ce livre, tu l'aimerais sûrement.
(If you read this book, you would surely like it.)

Type III: Unreal past conditional clause	
SC: condition is not met plus-que-parfait	**MC: imaginary result** conditionnel passé
Si elle **était venue**, *(If she had come,)*	=> nous lui **aurions parlé**. *(we would have talked to her.)*

Combinations of types II and III are possible, e.g., if the result is in the present and the condition in the past.

Example:
Si mon grand-père n'**avait** pas **planté** *(plus-que-parfait)* de pommier il y a trente ans, je n'**aurais** *(conditionnel présent)* pas de pommes aujourd'hui.
(If my grandfather hadn't planted an apple tree thirty years ago, I wouldn't have apples today.)

Essentials:

SC (si...) =>	**MC**	**meaning**
présent* imparfait plus-que-parfait	futur* conditionnel prés. conditionnel passé	real unreal, present unreal, past

* other possibilities see type I above

GENERAL RULE:
There never is futur or conditionnel in the SC (i.e., the clause with "si").

2.2 The conjunction si

"Si" may have other meanings, i.e., not every sentence with si in it has to follow the patterns described above.
There is:

(1) si = introduction to an indirect question (I.2.3, p. 39)
also: comme si = as if (mostly with imparfait or p.-q.-p.)
Example: comme si de rien n'était (= as if nothing happened)

(2) concessive si (= even if; it's true that..., but...)
Example:
Si la situation économique est préoccupante, le taux de chômage reste pourtant étonnamment bas.
(It's true that the economic situation is worrying, still the unemployment rate stays surprisingly low.)

(3) si as a suggestion (= how about...?)
In spoken language si + imparfait is often used to make a suggestion.
Example:
Si on allait au cinéma?
(How about going to...?/Shall we go...?)

(4) explaining set phrase "si..., c'est que..."
Example:
Si je ne suis pas venu hier, c'est (parce) que j'étais malade.
(The reason I didn't come yesterday is... I didn't come yesterday because...)

For perfectionists: Alternative structures

(1) Other conjunctions

These ones require the conditionnel:
au cas où; pour le cas où; dans le cas où
= if; in the event that
Example:
Au cas où tu **aurais** le temps, viens me voir.
(If you have time, come to see me.)

These ones require the subjonctif (V.3, p. 227):
à (la) condition que; pourvu que; (à) supposer que
= on condition that; provided that

(2) Conditional clauses without conjunction

Two main clauses (rare):
Tu aurais passé ton bac, tu ne serais peut-être pas au chômage aujourd'hui.
(If you had/Had you taken your secondary school final exam maybe you wouldn't be jobless now.)
=> conditionnel présent or passé in both of them

Formulations without verb in the SC:
À ta place, je serais parti.
= Si j'avais été à ta place, je serais parti.
Sans ton aide, je n'aurais pas réussi.
= Si tu ne m'avais pas aidé, je n'aurais pas réussi.
Avec plus de patience, tu aurais réussi.
= Si tu avais eu plus de patience, tu aurais réussi.

Conditional meaning through gérondif or infinitif:
À l'entendre parler, il est (/serait) le plus grand inventeur de tous les temps.
(According to what he says, he is the greatest inventor of all times./If you believe what he says...)
En prenant le train, nous passerons un voyage plus agréable.
= Si nous prenons le train, nous passerons un voyage plus agréable. (V.5 Gérondif, p. 244)

Exercises

A. Si ou quand? Mettez la bonne conjonction selon le sens et conjuguez les verbes. (solution p. 225)

1. ______ nous ______ (avoir) un grand jardin, je ______ (planter) beaucoup de légumes. Malheureusement, nous habitons en ville.
2. Ma sœur a eu un accident il y a deux ans. ______ elle ______ (sortir) de l'hôpital au bout de quatre semaines, elle ______ (devoir) faire de la rééducation.
3. Ma maison a été endommagée *(damaged)* par une tempête. ______ je _______ (ne pas contracter) une bonne assurance *(to take out insurance)* il y a cinq ans, je ______ (être) bien ennuyé maintenant.
4. Bonjour M. Moreau. Ça fait longtemps qu'on ne s'est pas vus. ______ vous ______ (avoir) le temps maintenant, ______ (venir) prendre un verre avec moi.
5. ______ Marcel ______ (être) petit, il ______ (rêver) de devenir pilote d'avion.
6. M. Hugo vit seul. ______ il _______(se marier) quand il était plus jeune, il ______ (ne pas pouvoir) faire carrière. Mais maintenant qu'il est à la retraite, il regrette.
7. Je veux un gâteau! ______ tu ______ (ne pas en acheter), je ______ (pleurer)!
8. Je ______ (ne pas acheter) de gâteau ______ tu me ______ (parler) sur ce ton. Qu'est-ce qu'on dit ______ on ______ (demander) quelque chose?
9. Hier, Violette a pris le train. ______ elle ______ (prendre) la voiture, elle ______ (être) très en retard à cause des embouteillages.
10. Vous êtes malade? Je vous conseille ce médicament. ______ vous en ______ (prendre) pendant une semaine, vous ______ (être) guéri.

B. Transformez en propositions conditionnelles. (solution p. 225)

Exemple:
Je n'ai pas faim. Alors, je ne mange pas de sandwich.
=> Si j'avais faim, je mangerais un sandwich.

1. Tu n'as pas rangé ta chambre hier. Maintenant, tu ne trouves plus ton sac de sport.
2. Viens avec moi. Tu en as envie?
3. Je veux me reposer. Mais je n'ai pas le temps.
4. Marc a froid. Son manteau n'est pas assez épais.
5. Il pleut. Nous ne pouvons pas faire de pique-nique.
6. Je ne peux pas aller au cinéma parce que je n'ai pas d'argent.
7. Mme Damien n'ouvre pas la porte pour que son chat ne sorte pas.
8. Grand-père n'a jamais fait de sport quand il était jeune. Alors, il a eu des problèmes au cœur dès trente ans.
9. Tu es fatigué? Va dormir.
10. Cette pomme n'est pas mûre *(ripe)*. Tu ne peux pas la manger.

C. Traduisez. (solution p. 226)

1. If I had been lucky, I would have won. (avoir de la chance, gagner)
2. If you go shopping, bring something back for me. (aller faire les courses, apporter qc. à qn.)
3. If my sister had been a boy, she would have played football/soccer with me. (jouer au foot)
4. If the parcel/package arrives tomorrow, you will have to unpack it immediately. (arriver, déballer)
5. If the window is closed, open it. (être fermé, ouvrir)

6. Don't get on this boat if you can't swim. (monter dans un bateau, savoir nager)
7. If I were wearing boots, I would walk through the puddles. (porter des bottes, marcher dans les flaques d'eau)
8. If this is a joke, I don't think it's funny. (une blague, trouver qc. drôle)
9. If I have time, I will come to see you. (avoir le temps, venir voir qn.)
10. If I had had time, I would have come to see you. (avoir le temps, venir voir qn.)

Answer Keys

Solutions for A

Note: If you cannot remember when to use passé composé and when to use imparfait, review chapter IV.3.5. p. 172.

L1. Si nous avions un grand jardin, je planterais beaucoup de légumes. Malheureusement, nous habitons en ville.
L2. Ma sœur a eu un accident il y a deux ans. Quand elle est sortie de l'hôpital au bout de quatre semaines, elle a dû faire de la rééducation.
L3. Ma maison a été endommagée par une tempête. Si je n'avais pas contracté une bonne assurance il y a cinq ans, je serais bien ennuyé maintenant.
L4. Bonjour M. Moreau. Ça fait longtemps qu'on ne s'est pas vus. Si vous avez le temps maintenant, venez prendre un verre avec moi.
L5. Quand Marcel était petit, il rêvait de devenir pilote d'avion.
L6. M. Hugo vit seul. S'il s'était marié quand il était plus jeune, il n'aurait pas pu faire carrière. Mais maintenant qu'il est à la retraite, il regrette.
L7. Je veux un gâteau! Si tu n'en achètes pas, je vais pleurer (/pleurerai/pleure)!
L8. Je n'achèterai pas de gâteau si tu me parles sur ce ton. Qu'est-ce qu'on dit quand on demande quelque chose?
L9. Hier, Violette a pris le train. Si elle avait pris la voiture, elle aurait été très en retard à cause des embouteillages.
L10. Vous êtes malade? Je vous conseille ce médicament. Si vous en prenez pendant une semaine, vous serez guéri.

Solutions for B

L1. Si tu avais rangé ta chambre hier, tu trouverais (maintenant) ton sac de sport.
L2. Viens avec moi si tu en as envie.
L3. Je me reposerais si j'avais le temps.
L4. Marc n'aurait pas froid si son manteau était assez épais.
L5. S'il ne pleuvait pas, nous pourrions faire un pique-nique.
(=> You didn't change "de" to "un"? See chapter I.1.5, p. 30, Article and negation.)
L6. J'irais au cinéma si j'avais de l'argent. *(=> likewise if you didn't change "d'" to "de l'")*
L7. Si Mme Damien ouvrait la porte, son chat sortirait.
L8. Si grand-père avait fait du sport quand il était jeune, il n'aurait pas eu de problèmes au cœur dès trente ans.
(=> likewise!)
L9. Si tu es fatiqué, va dormir.
L10. Si cette pomme était mûre, tu pourrais la manger.

Solutions for C

L1. Si j'avais eu de la chance, j'aurais gagné.
L2. Si tu vas faire les courses, apporte-moi quelque chose.
(=> pronouns with imperatives: III.3.6, p. 140)
L3. Si ma sœur avait été un garçon, elle aurait joué au foot avec moi.
L4. Si le paquet arrive demain, tu devras le déballer tout de suite.
L5. Si la fenêtre est fermée, ouvre-la.
L6. Ne monte pas dans ce bateau si tu ne sais pas nager.
L7. Si je portais des bottes, je marcherais dans les flaques d'eau.
L8. Si c'est une blague, je ne la trouve pas drôle.
(=> object pronouns like "la" III.3.1, p. 134)
L9. Si j'ai le temps, je viendrai te voir. *(=> likewise "te")*
L10. Si j'avais eu le temps, je serais venu(e) te voir.

3. Indicatif or subjonctif?

3.0 Basics

Remember:
Concerning verb forms, you must distinguish between **tenses** and **moods**; IV.0, p. 147.

While tense refers to time, **mood** refers to an attitude expressed towards the content of the sentence. The impératif e.g., is a mood that turns a sentence into an order, the conditionnel e.g., is a mood that turns a statement into a polite request or ties it to a condition.

There are four moods in French:
l'indicatif (certainty; reality of the events)
=> you already know its forms: présent, imparfait, futur, passé composé and the other tenses; see chapter IV, p. 147
le subjonctif (doubt, wish, etc.; subjectivity of the events)
=> the topic of this chapter; see below
l'impératif (requests, orders etc.)
=> see chapter IV.1, p. 149
le conditionnel (possibility or impossibility; also: politeness)
=> see chapter IV.5 and conditional clauses at V.2, p. 186/220

The subjonctif
=> it is mostly to be found in subordinate clauses
=> its use is triggered by a phrase in the main clause that expresses doubt or some sort of subjectivity (a request, a feeling, an opinion, a wish, etc.).

Example:
Indicatif (présent): Maman **vient** avec nous.
Subjonctif (présent): Je voudrais que maman **vienne** avec nous. *(= I would like that...)*

How annoying! Can't I skip it?
No! The subjonctif is used very often in French. It's not that hard. As you will see in 3.2, there is a pattern, and you just need to practise it.

3.1 Forms and sequence of tenses of the subjonctif

(1) Subjonctif présent

The endings are the same as those of the présent of the verbs in -er, except the 1st and 2nd persons plural, which take the endings of the imparfait.

Stem: 3rd person pl. (présent)
+
Endings: -e, -es, -e, -ions, -iez, -ent

Examples:

	parler ils parl-ent	**répondre** ils répond-ent	**finir** ils finiss-ent
que je que tu qu'il/elle que nous que vous qu'ils/elles	parle parl**es** parle parl**ions** parl**iez** parl**ent**	répond**e** répond**es** répond**e** répond**ions** répond**iez** répond**ent**	finiss**e** finiss**es** finiss**e** finiss**ions** finiss**iez** finiss**ent**

CAUTION!
Every verb that has a second stem in the présent of its 1st and 2nd p.pl. keeps that particularity in the subjonctif (IV.1, p. 149)**!**
Example:

	prendre => ils prennent; **nous prenons**	**acheter** => ils achètent; **nous achetons**
que je/j' que tu qu'il/elle que nous que vous qu'ils/elles	prenne prennes prenne **prenions** **preniez** prennent	achète achètes achète **achetions** **achetiez** achètent

Likewise : devoir, venir, voir, tenir, croire, boire, employer, payer, (se) lever, emmener, mener, enlever, ramener, peser, achever, se promener, jeter, appeler, se rappeler, projeter, rejeter, préférer, espérer, céder, s'inquiéter, répéter, protéger, exagérer, compléter, posséder, etc.

The most commonly used irregular forms:

	avoir	**être**	**aller**	**faire**
que je/j'	aie	sois	aille	fasse
que tu	aies	sois	ailles	fasses
qu'il/elle	ait	soit	aille	fasse
que nous	ayons	soyons	allions	fassions
que vous	ayez	soyez	alliez	fassiez
qu'ils/elles	aient	soient	aillent	fassent
	pouvoir	**savoir**	**vouloir**	
que je	puisse	sache	veuille	**falloir**
que tu	puisses	saches	veuilles	qu'il
qu'il/elle	puisse	sache	veuille	faille
que nous	puissions	sachions	voulions	**pleuvoir**
que vous	puissiez	sachiez	vouliez	qu'il
qu'ils/elles	puissent	sachent	veuillent	pleuve

See the table of verbs in the appendix, p. 257.

(2) Subjonctif passé

The subjonctif passé is a **compound form**. See as usual chapter IV.2, p. 158: auxiliaries, forms of the participe passé and rules of agreement.

avoir/être (subjonctif présent) + participe passé

Examples:
que j'aie fini, que tu sois monté(e); qu'elle ait fait; que nous soyons parti(e)s; que vous ayez mangé; qu'ils aient dormi

(3) Sequence of tenses of the subjonctif

What is the sequence of tenses? => IV.0, p. 147

Nowadays, only subjonctif présent and passé are used for every point of view in time (present, past, future).

<= <= <=	**Present** **Past** **Future**	=> => =>
earlier	*"now"*	*later*
subjonctif passé	subjonctif présent	subjonctif présent

Example:
Je ne crois pas que Marc vienne aujourd'hui.
Je ne crois pas que Marc soit venu hier.
Je ne crois pas que Marc vienne demain.
Je ne croyais pas que Marc vienne.

For perfectionists:
In very formal written language there are also the **subjonctif imparfait** and the **subjonctif plus-que-parfait**, which occur mainly in older texts.
Point of view in the past:
subjonctif imparfait = "now"
subjonctif plus-que-parfait = earlier
(later: subj. présent)
They are to be found almost exclusively in the 3rd persons because the others sound awkward nowadays.
Example:
Je ne croyais pas qu'ils **eussent** raison. (avoir raison)
Je ne croyais pas qu'ils **eussent eu** raison.

3.2 What triggers the subjonctif?

These are the kinds of phrases in the main clause that trigger the subjonctif in the subordinate clause: expressions of will/volition, expressions of emotion/feeling and judgement (= subjectivity), verbs of thought/opinion that express doubt (most of the time negated). There are some conjuctions that require the subjonctif as well.

Basic pattern:
MC (any tense) with subj. trigger + **que** + SC with subj.

=> Note that although this pattern is very common in French, there may be different possibilities to translate it in English.

CAUTION:
If a main clause and a subordinate clause have the same subject, you should opt for a construction with an infinitive instead.
Example:
two subjects: **Je** trouve important que **tu** viennes.
=> trouver important que + subordinate clause
one subject: **Je** trouve important de venir.
=> trouver important de faire qc.
(More examples below.)
! See the verbs that get an infinitive as a complement at III.1.6, 116; see also the infinitive clauses in V.4.

That's not very clear. What shall I do?
=> Learn the following expressions to get a feeling for what triggers the subjonctif. Do the exercises several times with intervals. Then read, listen and talk a lot in French. Sooner or later you will use the subjonctif without thinking much about it.

(1) Will/volition

Example:
Je veux que tu **fasses** tes devoirs.
(I want you to do your homework.)

vouloir que *(to want that)*
aimer que *(to like that)*
aimer mieux que *(to prefer that)*
préférer que *(to prefer that)*
désirer que *(to wish that)*
souhaiter que *(to wish that)*
attendre que *(to expect that)*
demander que *(to require that)*
interdire que *(to forbid that)*
défendre que *(to forbid that)*
permettre que *(to allow that)*
autoriser que *(to allow that)*
proposer que *(to propose that)*
faire attention que *(to be careful that)*
accepter que *(to accept that)*
avoir envie que *(to desire that)*
empêcher que *(to prevent that)*
exiger que *(to require that)*
refuser que *(to refuse that)*
tenir à ce que *(to attach importance to)*
(dés)approuver que *(to (dis)approve that)*
etc.

EXCEPTION:
espérer que *(to hope that)*
=> J'espère que tu vas bien.

NOTE:
Remember that many of these verbs can take an infinitive construction. **If you don't have different subjects you can avoid a subordinate clause with subjonctif!** See the list at III.1.6, p. 116.

> ***Therefore do not write:***
> J'aimerais que je devienne mannequin. (same subject)
> ***Write instead:***
> J'aimerais devenir mannequin. (aimer faire qc.)

(2) Subjectivity: Feeling and judgement

Example:
Je suis content que mon ami **ait** réussi son examen.
(I'm happy that my friend passed his exam.)

regretter que *(to regret that)*
trouver bien/mauvais/important/naturel/insupportable que
(to think it's good/bad/important/normal/unbearable that)
avoir peur que *(to be afraid that)*
avoir honte que *(to be ashamed that)*
craindre que *(to fear that)*
être (mal)heureux que *(to be (un)happy that)*
être (mé)content que *(to be glad that/displeased that)*
être triste que *(to be sad that)*
être déçu que *(to be disappointed that)*
être surpris/étonné que *(to be surprised that)*
être fier que *(to be proud that)*
(ne pas) comprendre que *((not) to understand that)*
se plaindre que *(to complain that)*
critiquer que *(to criticize that)*
détester que *(to hate that)*
admirer que *(to admire that)*
etc.

EXCEPTION:
heureusement que *(it's fortunate that/fortunately)*
=> Heureusement que tu es là!

Note about the "ne" explétif:
In subordinate clauses that express a fear or a warning, you often find an additional **"ne" explétif**. It is not part of a negation and it does not change the meaning of the sentence (often it strengthens it). You do not need to put it in, just do not get confused if you see it!

Example:
J'ai peur qu'il **n'**ait eu un accident. (= ... qu'il ait eu...)
(I fear that he might have had an accident.)

=> There are other circumstances in which you may find a "ne" explétif, for example, after the conjunctions **avant que** and **à moins que**.

Example: Viens vite avant qu'il **ne** soit trop tard. (= ... avant qu'il soit...)

(3) Impersonal phrases that express volition/ emotion/ judgement

Example:
Il faut que tu viennes!
(It is necessary for you to come!)

il faut que/il faudrait que *(it is necessary that)*
il vaut/vaudrait mieux que *(it is/would be better that)*
il suffit que *(it is sufficient that)*
peu importe que *(it does not matter that)*
il est temps que *(it is time that)*
il est important que *(it is important that)*
il est nécessaire que *(it is necessary that)*
il est/c'est agréable que *(it is pleasant that)*

il est/c'est bon/mauvais que *(it is good/bad that)*
il est/c'est faux/juste que *(it is wrong/right that)*
il est/c'est (mal)heureux que *(it is (un)fortunate that)*
il est/c'est honteux que *(it is a shame that)*
il est/c'est intéressant que *(it is interesting that)*
il est/c'est (in)juste que *(it is (un)fair that)*
il est/c'est (im)possible que *(it is (im)possible that)*
il est/c'est normal que *(it is normal that)*
il est/c'est surprenant que *(it is surprising that)*
il est/c'est curieux que *(it is strange that)*
il est/c'est logique que *(it is logical that)*
il est/c'est (in)utile que *(it is useful/useless that)*
c'est une chance que *(it is lucky that)*
cela m'énerve/m'amuse/m'étonne/me plaît/me gêne/me dérange que
(it annoys me/amuses me/surprises me/pleases me/embarrasses me/disturbs me that)
etc.

SOME EXCEPTIONS:
il paraît que *(it appears that)*
il est vrai que *(it is true that)*
il est certain que *(it is certain that)*
il est évident que *(it is obvious that)*
il est sûr que *(it is sure that)*
il est exact que *(it is right that)*
=> These expressions refer to **facts** (= certainty, objectivity, probability) and require some form of the indicatif; on the contrary, if they are negated (il n'est pas certain que), they express **doubt** and then trigger the subjonctif (see (4) below).
=> An expression like "il semble que" *(it seems that)* can trigger the subjonctif if you want to call in question the content; or it doesn't if you want to express that you consider the content to be sure.

Constructions with infinitive are possible in this case too if there is not another (mentioned) subject.

Example:
Il est mauvais de s'énerver.
(It's bad to get worked up.)

(4) Negated verbs of thought/opinion (=> doubt)

Example:
affirmative: indicatif (expresses certainty)
Je pense que Marc a raison.
negated: subjonctif (expresses doubt)
Je ne pense pas que Marc ait raison.
=> This is only the case if you really want to express doubt, uncertainty, a hypothesis or a fear.

ne pas penser que *(not to think that)*
ne pas croire que *(not to believe that)*
ne pas trouver que *(not to think/believe that)*
ne pas être sûr(e) que *(not to be sure that)*

ne pas avoir l'impression que *(not to be under the impression that)*
ne pas admettre que *(not to admit that)*
etc.

And the other way round:
douter que *(to doubt that)* => subjonctif
ne pas douter que *(not to doubt that)* => indicatif, because now it expresses certainty
=> Je doute que tu aies raison. *(I doubt that...)*
=> Je ne doute pas que tu as raison. *(I don't doubt that...)*

Furthermore:
Verbs of statement may trigger the subjonctif if they are not (as usual) used to inform, but rather to make a **request**.
dire que
téléphoner que
écrire que
=> Dites-lui qu'il fasse attention.
(Tell him to be careful.)
NOTE:
(a) This can be shortened to a single sentence (see (6): subjonctif in a main clause).
=> Qu'il fasse attention. *(Make him be careful./ He has to be careful.)*
(b) In most cases it is possible to use a construction with infinitive instead (dire à qn de faire qc.).
=> Dites-lui de faire attention. *(Tell him to be careful.)*

For perfectionists:
There are many additional rules of less importance, such as:
Que tu aies envie de partir, je le crois bien.
=> SC in front = subjonctif
Je crois bien que tu as envie de partir.
=> SC behind = indicatif
Or concerning questions:
Crois-tu qu'il vienne? (expresses doubt)
Crois-tu qu'il viendra? (neutrality)

(5) Conjunctions that trigger the subjonctif

Example:
Bien que Marc soit malade, il va au travail.
(Although Marc is sick, he goes to work.)

bien que *(though; do not confuse with* si bien que *= so that)*
quoique *(though; do not confuse with* quoi que *= whatever)*
malgré que *(though)*
avant que *(before)*
pour que *(so that, in order that)*
afin que *(so that, in order that)*
jusqu'à ce que *(until)*

sans que *(without)*
encore que *(though)*
en attendant que *(while waiting for... to)*
à supposer que *(supposing that)*
de peur/crainte que *(for fear that)*
à moins que *(unless)*
à condition que *(on condition that)*
pourvu que *(provided that; let's hope)*
=> the last two are alternatives to the conditional clause as described in V.2, p. 220

NOT WITH:
parce que *(because)*
pendant que *(while)*
après que *(after)*
alors que *(whereas)*
peut-être que *(maybe)*
and others like si, quand, comme, lorsque, tant que, dès que, aussitôt que, depuis que, tandis que, etc., see the introduction of V.0.2, p. 203

Infinitive clauses:
If with **pour**, **avant**, **sans, afin** (as well as après) and **à condition** there is the same subject in the MC and in the SC, you should use an infinitive clause; V.4, p. 241

(6) Subjonctif in a main clause

There are some set phrases with subjonctif in a main clause.
Without "que":
Vivent les vacances! *(Hurrah for the holidays!)*
Puissiez-vous réussir. (*May you be successful.*)
La paix soit avec vous. (*Peace be with you.*)
Soit! (*All right/Alright! So be it!* => pronounce the t!)
Sauve qui peut! *(Run away everyone! It's every man for himself!)*
Soit dit entre nous... *(Between you and me...)*

With "que":
Que tout le monde vienne à l'heure. (request; see also (4))
=> This is used quite often.
Coûte que coûte. *(At all costs.)*
Advienne que pourra. *(Come what may.)*

For perfectionists:
Superlatives and other special cases in relative clauses
Superlatives and expressions with a superlative meaning often trigger the subjonctif – also in a relative clause with qui or que.
le seul/la seule qui/que *(the only one that)*
le premier/la première *(the first one that)*
le dernier/la dernière *(the last one that)*
=> Annie est la seule qui ait réussi.
=> C'est la plus longue lettre que j'aie écrite de ma vie.
Also if the main clause contains a negation or a restriction that expresses doubt, etc.
peu de
ne... pas de (ne... pas un seul/pas une seule)
ne... rien
ne... aucun
ne... personne
=> Il n'y a aucune idée qui me plaise.
Also if the relative clause contains a request or a wish (but conditionnel is also possible).
=> Je voudrais un manteau qui tienne bien chaud.
Other set phrases:
Où que tu ailles, je te suivrai.
(Wherever you go...)
Qui que soit le coupable/Qui que ce soit, la police le trouvera.
(Whoever is the culprit/Whoever it is...)
Si rapide qu'il soit, il ne peut pas gagner.
(As fast as he is, he can't win.)
Je serai là, qu'il neige ou qu'il vente.
(I will be there, come hell or high water.)
Il n'a pas encore perdu, que je sache.
(... as far as I know. => after a negated MC)

Exercises

A. Mettez les verbes au temps et au mode convenable. Si nécessaire, révisez les temps avant (IV, p. 147)**!** (solution p. 239)

1. *Le soir:* J'espère que tu ______ (passer) une bonne journée. Maintenant, il faut que nous ______ (discuter) un peu d'une chose importante.
2. Je pense que Marc ______ (être) un fainéant *(= a lazy person).*
3. Ah bon? Moi, je ne crois pas qu'il ______ (être) si fainéant que ça. Même si c'est vrai qu'on le ______ (voir) souvent dans les cafés.
4. Mme Lampion veut que son fils _______ (pouvoir) faire des études plus tard. Elle est déçue qu'il ne ______ (faire) pas très attention en cours.
5. Quoi, M. Clocher a encore des réclamations? Qu'il ______ (aller) se faire cuire un œuf!! *(fam.; in the sense of, but funnier than "He can go to hell!", literally "May he go away to cook an egg for himself (and leave me alone)!".)*
6. Je vais te dessiner un plan pour que tu ______ (savoir) comment arriver ici.
7. *Deux jours plus tard:* Heureusement que tu m'______ (dessiner) un plan! Je _______ (ne jamais trouver) si tu ne _______ (ne pas le faire).
8. Brigitte a raté son examen parce qu'elle ______ (être) tellement nerveuse qu'elle ne ______ (se souvenir) plus de rien. Je lui souhaite qu'elle ______ (avoir) une meilleure note la prochaine fois.
9. Comme je voudrais que Zoé ______ (choisir) la biologie plutôt que les maths! C'est trop tard maintenant!
10. Le chef demande que nous ______ (finir) ce travail aujourd'hui.
11. C'est une chance que Vincent ______ (vouloir) bien nous aider.
12. Je viendrai à pied, à moins qu'il ne ______ (pleuvoir).
13. M. Briscard tient à ce que nous ______ (boire) un verre ensemble. Mais moi, je crains qu'il ne ______ (prendre) un verre de trop. Je me rappelle que la dernière fois, il a fallu que nous le _______ (ramener) en taxi.
14. Il n'est pas certain que Mme Daspremont ______ (prendre) la bonne décision. Je crains qu'elle n'______ (faire) de mauvaises expériences par le passé.
15. J'exige que vous me ______ (faire) des excuses!
16. Mon collègue propose que nous ______ (changer) de bureau. Il trouve que le nôtre ______ (devoir) être remis à neuf *(redecorated/ reconditioned).*
17. Je trouve insupportable que Xavier ______ (ne pas réfléchir) avant de faire des bêtises.
18. Que tout le monde ______ (sortir) d'ici!
19. Que cette gêneuse (*intruder*, f.) ______ (boire) son café et puis qu'elle ______ (s'en aller)!
20. Je suis surprise que tu ______ (mettre) un gros manteau par un temps aussi chaud.

B. Reliez les deux phrases à l'aide des mots entre parenthèses. Changez le mode si nécessaire. (solution p. 239)

1. Je suis inquiet. Isabelle est malade. (parce que)
2. Je regrette. Vous n'avez pas été reçu à l'examen. (que)
3. Mme Jouvert ouvre la porte. Son chat peut entrer. (afin que)
4. Max faisait le ménage. Mireille préparait le petit déjeuner. (pendant que)
5. Max faisait le ménage. Mireille lui avait proposé de le faire à sa place. (bien que)
6. Nadja viendra à sept heures – *ou bien* elle ne viendra pas. (instead of ou bien: à moins que)
7. Je t'aiderai *si* tu me dis ce qu'il faut faire. (instead of si: à condition que)
8. L'accident s'est produit. Nous avons tout fait pour l'empêcher. (malgré que)

9. Tante Germaine repeindra *(= to repaint)* sa maison. Il fera plus chaud. (dès que)
10. Nous devons rentrer les chaises du jardin. *Après*, il fera trop froid. (instead of après: avant que)
11. Nous continuerons à chercher un appartement. Nous en trouverons un avec un loyer acceptable. (jusqu'à ce que)
12. Je vais te faire un thé. Guéris vite! (pour que)
13. Zoé range sa chambre en ronchonnant *(= to grumble)*. Sa mère a menacé de jeter toutes ses affaires à la poubelle. (après que)
14. Nous avons pris l'avion. Il *n'*y a *pas* eu de problèmes. (instead of ne... pas: sans que)
15. Je refuse. Votre chien *ne* viendra *pas* dans mon jardin. (instead of ne... pas: que)
16. Mme Loiseau ferme les volets de ses fenêtres. Il y a des cambrioleurs *(= burglars)*. (de peur que)
17. Tu es triste. Ton meilleur ami est parti. (que)
18. Il y a déjà des fleurs dans le jardin. Nous ne sommes qu'en mars. (quoique) *(ne... que = only)*
19. Viens manger chez moi. *Une autre fois*, je pourrai te payer le restaurant. (instead of une autre fois: en attendant que)
20. Marcel est en forme. Il fait du sport. (depuis que)

C. Faites des phrases avec ces mots en désordre. Décidez s'il faut une construction infinitive ou une phrase subordonnée. (construction with infinitive or subordinate clause; solution p. 240)

Hint: Are there two subjects?

1. ne pas être sûr – Danielle – passer – avec succès – son permis de conduire
2. préférer – tout de suite après l'école – maman – ses enfants – faire – leurs devoirs
3. dire – la voiture est devant la porte – à son chef – le chauffeur
4. être content – avoir fini – je – mon travail
5. avoir envie – aller bien – je – tout
6. avoir envie – aller – au cinéma – je – avec toi
7. il est important – avec ses voisins– bien s'entendre
8. espérer – je – tu – venir – avec moi

D. Traduisez. Attention, quelquefois il faut faire une construction infinitive. (solution p. 240)

1. He is to be silent! (se taire)
2. Maybe Pierre is already at home. (peut-être que; à la maison)
3. I don't think that I'm seriously ill. (ne pas penser; gravement malade)
4. It is pleasant to rest. (agréable; se reposer)
5. I hope that André has succeeded. (souhaiter; réussir)
6. Everyone shall know what he has to do. (chacun; savoir)
7. It is strange that Marc didn't phone us. (curieux)
8. Patrick doesn't admit that he is too fat. (admettre; trop gros)
9. I'm afraid I forgot my keys. (craindre; oublier; mes clés)
10. It is normal for you to be tired.
11. Aurélie regrets that she got angry. (regretter; se mettre en colère)
12. Aurélie regrets that she didn't get angry.

E. Faites aussi les exercices du chapitre V.4 (p. 241)**!**

Answer Keys

Solutions for A

=> The numbers refer to the groups listed in this chapter so that you can look for explanations.
(1) = will/volition
(2) = emotion and judgement
(3) = impersonal phrases
(4) = negated or affirmative verbs/doubt or certainty
(5) = conjunctions
(6) = subj. in main clauses

L1. *Le soir:* J'espère que tu as passé (1) une bonne journée. Maintenant, il faut que nous discutions (3) un peu d'une chose importante.
L2. Je pense que Marc est (4) un fainéant.
L3. Ah bon? Moi, je ne crois pas qu'il soit (4) si fainéant que ça. Même si c'est vrai qu'on le voit (3) souvent dans les cafés.
L4. Mme Lampion veut que son fils puisse (1) faire des études plus tard. Elle est déçue qu'il ne fasse (2) pas très attention en cours.
L5. Quoi, M. Clocher a encore des réclamations? Qu'il aille (6) se faire cuire un œuf!!
L6. Je vais te dessiner un plan pour que tu saches (5) comment arriver ici.
L7. *Deux jours plus tard:* Heureusement que tu m'avais dessiné (2) un plan! Je n'aurais jamais trouvé si tu ne l'avais pas fait. (conditional clause type III; V.2.1, p. 220).
L8. Brigitte a raté son examen parce qu'elle était (5) tellement nerveuse qu'elle ne se souvenait plus de rien. Je lui souhaite qu'elle ait (1) une meilleure note la prochaine fois.
L9. Comme je voudrais que Zoé ait choisi (1) la biologie plutôt que les maths! C'est trop tard maintenant!
L10. Le chef demande que nous finissions (/ayons fini; (1)) ce travail aujourd'hui.
L11. C'est une chance que Vincent veuille (3) bien nous aider.
L12. Je viendrai à pied, à moins qu'il ne pleuve (5).
L13. M. Briscard tient à ce que nous buvions (1) un verre ensemble. Mais moi, je crains qu'il ne prenne (2) un verre de trop. Je me rappelle que la dernière fois, il a fallu que nous le ramenions (3) en taxi.
L14. Il n'est pas certain que Mme Daspremont prenne (3) la bonne décision. Je crains qu'elle n'ait fait (2) de mauvaises expériences par le passé. *(You do not know what that "ne" is doing there? The explanation is to be found at (2), p. 232!)*
L15. J'exige que vous me fassiez (1) des excuses!
L16. Mon collègue propose que nous changions (1) de bureau. Il trouve que le nôtre devrait (conditionnel; (4)) être remis à neuf.
L17. Je trouve insupportable que Xavier ne réfléchisse pas (2) avant de faire des bêtises.
NOTE: trouver que = verb of thought/opinion (4); BUT: trouver + adj. + que = emotion and judgement (2)
L18. Que tout le monde sorte (6) d'ici!
L19. Que cette gêneuse boive (6) son café et puis qu'elle s'en aille (6)!
L20. Je suis surprise que tu mettes (/aies mis) (2) un gros manteau par un temps aussi chaud.

Solutions for B

L1. Je suis inquiet parce qu'Isabelle est malade.
L2. Je regrette que vous n'ayez pas été reçu à l'examen.

L3. Mme Jouvert ouvre la porte afin que son chat puisse entrer.
L4. Max faisait le ménage pendant que Mireille préparait le petit déjeuner.
L5. Max faisait le ménage bien que Mireille lui ait proposé de le faire à sa place.
L6. Nadja viendra à sept heures – à moins qu'elle ne vienne pas.
L7. Je t'aiderai à condition que tu me dises ce qu'il faut faire.
L8. L'accident s'est produit malgré que nous ayons tout fait pour l'empêcher.
L9. Tante Germaine repeindra sa maison dès qu'il fera plus chaud.
L10. Nous devons rentrer les chaises du jardin avant qu'il (ne) fasse trop froid.
L11. Nous continuerons à chercher un appartement jusqu'à ce que nous en trouvions (/ayons trouvé) un avec un loyer acceptable.
L12. Je vais te faire un thé pour que tu guérisses vite!
L13. Zoé range sa chambre en ronchonnant après que sa mère a menacé de jeter toutes ses affaires à la poubelle.
L14. Nous avons pris l'avion sans qu'il y ait eu de problèmes.
L15. Je refuse que votre chien vienne dans mon jardin.
L16. Mme Loiseau ferme les volets de ses fenêtres de peur qu'il y ait des cambrioleurs.
L17. Tu es triste que ton meilleur ami soit parti.
L18. Il y a déjà des fleurs dans le jardin quoique nous ne soyons qu'en mars.
L19. Viens manger chez moi en attendant que je puisse te payer le restaurant.
L20. Marcel est en forme depuis qu'il fait du sport.

Solutions for C

NOTE: If you cannot get the order of your sentence right, see chapter III.1, p. 108.

L1. Danielle n'est pas sûre de passer son permis de conduire avec succès. (être sûr de faire qc.)
L2. Maman préférerait (/préfère) que ses enfants fassent leurs devoirs tout de suite après l'école.
L3. Le chauffeur dit à son chef que la voiture est devant la porte.
L4. Je suis content(e) d'avoir fini mon travail. (être content de qc.)
L5. J'ai envie que tout aille bien.
L6. J'ai envie d'aller au cinéma avec toi. (avoir envie de faire qc.)
L7. Il est important de bien s'entendre avec ses voisins.
L8. J'espère que tu viens (/viendras) avec moi.

Solutions for D

L1. Qu'il se taise!
L2. Peut-être que Pierre est déjà à la maison.
L3. Je ne pense pas être gravement malade. (penser faire/être qc.)
L4. Il est (/C'est) agréable de se reposer. (s. (3); il est agréable de faire qc.)
L5. Je souhaite qu'André ait réussi.
L6. Que chacun sache ce qu'il a à faire. (6)
L7. Il est (/C'est) curieux que Marc ne nous ait pas téléphoné.
L8. Patrick n'admet pas être trop gros. (admettre faire/être qc.)
L9. Je crains d'avoir oublié mes clés. (craindre de faire qc.)
L10. Il est (/C'est) normal que tu sois fatigué(e).
L11. Aurélie regrette de s'être mise en colère. (regretter de faire qc.)
L12. Aurélie regrette de ne pas s'être mise en colère.

4. Infinitive clauses

Remember:
In the previous chapter (V.3, p. 227) you learned that **if there is the same subject in the main clause and in the subordinate clause,** a construction with an infinitive is preferable – provided that the verb allows it (for lists with verbs that can have an infinitive as a complement see III.1.6, p. 116).

Therefore do not say:
Je regrette que **j'**arrive en retard. (same subject)
But rather:
Je regrette d'arriver en retard. (regretter de faire qc.)

The following conjunctions can take an infinitive clause instead of a subordinate clause with "que" – provided that the subject is the same.
Benefits:
=> It is more elegant.
=> In many cases you avoid the subjonctif.

pour que + subj. => pour + inf.
Two subjects: Je crie pour que mon ami fasse attention.
One subject: Je me lève tôt **pour être à l'heure**.
English: I get up early (in order) to be on time.

afin que + subj. => afin de + inf.
Two subjects: M. Pigeon travaille dur afin que son chef soit content.
One subject: Marc travaille dur **afin d'avoir une bonne note**.
English: ... (in order) to ...

sans que + subj. => sans + inf.
Two subjects: Tu es arrivé sans que je l'aie remarqué.
One subject: Tu es parti **sans dire au revoir**.
! Gerund in English: You left without saying goodbye.

avant que + subj. => avant de + inf.
Two subjects: Je mange mon gâteau avant que mon petit frère (ne) prenne ma part.
One subject: Je mange **avant de partir**.
! Gerund in English: I eat before leaving.

après que + indicatif => après + inf. passé (avoir/être + p.p.)
Two subjects: Je suis venu après que mon chef est parti.
One subject: Marc s'amuse **après avoir fini son travail**.
! Gerund in English: Marc has fun after doing his work.

à condition que + subj. => à condition de + inf.
Two subjects: Je viens avec toi à condition que nous prenions ta voiture.
One subject: Tu peux participer à la fête **à condition d'apporter un gâteau**.

Likewise:
de crainte que + subj. => de crainte de + inf.
de peur que + subj. => de peur de + inf.
de façon que + subj./ind. => de façon à + inf.
de manière que + subj./ind. => de manière à + inf.
à moins que + subj. => à moins de + inf.

Exercises

A. Reliez les phrases à l'aide des mots entre parenthèses et changez le mode si nécessaire. (drop the words that are in italics; solution p. 243)

1. Ce magasin ferme tard le soir. Ceux qui travaillent toute la journée peuvent faire leurs courses aussi. (pour)
2. Ce magasin ferme tard le soir. Il permet *ainsi* aux gens de faire les courses après le travail. (pour)
3. Brigitte a pris la voiture des ses parents. Ceux-ci *ne* le savaient *pas*. (sans)
4. J'achèterai cette voiture *si* j'ai les pneus d'hiver en prime. (à condition) *(= ... if I get the snow tyres/tires for free.)*
5. Préviens-moi *d'abord* par téléphone. *Puis,* viens me voir. (avant)
6. Le jardinier est reparti. Il a coupé un arbre. (après)
7. Marc téléphone à son dentiste. Il veut fixer un rendez-vous. (afin)
8. Je viendrai à cette fête. *Mais seulement si* tu viens aussi. (à condition)
9. J'ai dû repartir. Je *n'*ai *pas* eu l'occasion de parler à mon ami. (sans)
10. Je me lève tôt *parce que* j'ai peur d'arriver en retard. (de peur)
11. Xavier met une annonce dans le journal. Tout le monde saura qu'il vend sa voiture. (afin)
12. Le plombier est enfin venu. Il s'est fait prier longtemps. (après) *(meaning: I had to ask him several times to come, I practically had to beg)*
13. J'ai préparé la chambre. *Puis*, tu es venu. (avant)
14. J'ai préparé la chambre. Puis, j'ai fait la cuisine. (avant)
15. Mme Dubois coince la porte d'entrée. Comme ça, elle peut sortir les valises plus facilement. (de manière) *(coincer = to wedge)*
16. *Si* je *n'*en fais *pas* trois, je n'aurai pas assez de tartes pour tout le monde. (à moins)
17. M. Juliard lance une balle. Il amuse son chien. (afin)
18. Je ferme la fenêtre. Le vent la claquerait. (de peur) *(claquer = to slam shut)*
19. Nadia lit les annonces. Trouvera-t-elle un appartement pas trop cher? (pour)
20. Je regarde la solution. Avant, j'ai fait l'exercice, bien sûr. (après)

B. Traduisez. (solution p. 243)

1. I water the flowers after planting them. (arroser qc.)
2. I buy a ticket before taking the train. (acheter qc.)
3. He leaves without looking at me. (s'en aller; regarder qn.)

C. Faites les exercices C et D du chapitre V.3, p. 238!

Answer Keys

Solutions for A

L1. Ce magasin ferme tard le soir pour que ceux qui travaillent toute la journée puissent faire leurs courses aussi.
L2. Ce magasin ferme tard le soir pour permettre aux gens de faire les courses après le travail.
L3. Brigitte a pris la voiture des ses parents sans que ceux-ci le sachent.
L4. J'achèterai cette voiture à condition d'avoir les pneus d'hiver en prime.
L5. Préviens-moi par téléphone avant de venir me voir.
L6. Le jardinier est reparti après avoir coupé un arbre.
L7. Marc téléphone à son dentiste afin de fixer un rendez-vous.
L8. Je viendrai à cette fête à condition que tu viennes aussi.
L9. J'ai dû repartir sans avoir eu l'occasion de parler à mon ami.
L10. Je me lève tôt de peur d'arriver en retard.
L11. Xavier met une annonce dans le journal afin que tout le monde sache qu'il vend sa voiture.
L12. Le plombier est enfin venu après s'être fait prier longtemps.
L13. J'ai préparé la chambre avant que tu viennes (/sois venu).
L14. J'ai préparé la chambre avant de faire la cuisine.
L15. Mme Dubois coince la porte d'entrée de manière à pouvoir sortir les valises plus facilement.
L16. À moins d'en faire trois, je n'aurai pas assez de tartes pour tout le monde.
L17. M. Juliard lance une balle afin d'amuser son chien.
L18. Je ferme la fenêtre de peur que le vent la claque.
L19. Nadia lit les annonces pour trouver un appartement pas trop cher.
L20. Je regarde la solution après avoir fait l'exercice, bien sûr.

Solutions for B

1. J'arrose les fleurs après les avoir plantées.
2. J'achète un ticket avant de prendre le train.
3. Il s'en va sans me regarder.

5. Gérondif, participe présent, adjectif verbal

What is the use of gérondif and participe présent?
Both serve **to shorten subordinate clauses**. The gérondif is frequently used as it is essential for modal clauses (i.e., to express **manner**).

Are there other advantages?
Both are **invariable** (= they do not get conjugated and do not need an extra -e or -s, etc.) and there are only three irregular forms.

CAUTION:
You cannot translate every English gerund into a French gérondif or participe présent. Therefore, take a very close look at how to use them (see exercise C).

5.1 Forms

(1) Derivation
The stem is derived from the 1st p.pl. of the présent. The only difference between participe présent and gérondif is that the gérondif takes "en" in front of it.

Stem: 1st person pl. (présent)
+
Ending: -ant

participe présent:
nous finissons => finiss**ant**
gérondif:
nous finissons => **en** finiss**ant**

(2) The three irregular forms

être (en) étant	**avoir** (en) ayant	**savoir** (en) sachant

(adjectif verbal 5.4, p. 248)

(3) Position of negations and pronouns

The negation encloses the part with -ant:
n'ayant **pas** (past: **n'**ayant **pas** fait)
en **n'**ayant **pas**

The object, reflexive and adverbial pronouns are to be placed before the part with -ant.
me levant (negated past: ne **m'**étant pas levé)
en **y** allant (negated: en n'**y** allant pas)

=> more about negations: I.3, p. 44
=> more about the mentioned pronouns: III, p. 108

(4) Sequence of tenses?

Gérondif and participe présent are **neutral concerning tenses** and therefore may be used with any tense.

Example:
En marchant sur le trottoir, je **suis** en sécurité.
En marchant sur le trottoir, je **serai** en sécurité.
En marchant sur le trottoir, j'**étais** en sécurité.

You can build with étant and ayant a compound form that expresses the notion of **"earlier"** events (i.e., past), but only for the participe présent.

Example:
N'étant pas allé à la pharmacie hier, j'ai dû y aller aujourd'hui.
(Because I didn't go to the chemist's/to the pharmacy yesterday, I had to go there today.)

5.2 Usage of the gérondif

Requirement:
With the gérondif you can shorten only subordinate clauses that **do have the same subject as the main clause**!

(1) Modal clauses (manner, means)

The gérondif is very important to express manner and means.

Example:
Victor apprend le français **en parlant** avec des amis francophones.
*(Victor learns French **by talking** with French-speaking friends.)*

Alternatives:
=> Victor parle avec des amis francophones; **comme ça**, il apprend le français. (also: ainsi; de cette manière/façon)
=> Victor parle avec des amis francophones **de manière à/de façon à apprendre** le français. (Infinitive clauses V.4, p. 241)

(2) Shortening temporal clauses

Important:
Used in a temporal meaning, the gérondif expresses **simultaneity** of two events. You can shorten subordinate clauses with **pendant que** and **quand** and you can connect two main clauses – as long as the events they relate take place simultaneously.

Examples:
Quand je suis entré dans la maison, j'ai vu un cambrioleur.
=> **En entrant dans la maison**, j'ai vu un cambrioleur.
(As I entered/Upon/When entering the house, I saw a burglar.)

Pendant que j'attendais la police, je tremblais de peur.
=> **En attendant la police**, je tremblais de peur.
*(**While** waiting for the police, I shook with fear.)*

Je m'en vais. **En même temps**, je salue mes amis.
=> Je m'en vais **en saluant mes amis**.
(I set off, waving to my friends.)

"TOUT EN":
If you place "tout" before the gérondif, you put further emphasis on the simultaneity. By doing this your sentence may get an additional concessive meaning (= "although"); this depends on its content.

Example:
Je pose une question **bien que** je sache déjà la réponse.
=> Je pose une question **tout en sachant** déjà la réponse.
(I am asking a question although I already know the answer.)

(3) Shortening conditional clauses

Conditional clauses: V.2, p. 220
Infinitive clauses with "à condition de + inf.": V.4, p. 241

Examples:
Si j'avais pris le train de 9 h, je serais arrivé à temps.
=> **En prenant le train de 9 h**, je serais arrivé à temps.
(If I had taken the 9 o'clock train, I would have arrived on time.)

À condition de travailler dur, nous réussirons.
=> **En travaillant dur**, nous réussirons.
(If we work hard, we will succeed.)

5.3 Usage of the participe présent

Important:
The participe présent cannot stay alone; **it always has a complement** (e.g., an object). (If you find one alone, it is probably an adjectif verbal; 5.4, p. 248)

(1) Shortening a relative clause with "qui"

ONLY with "qui", not with "à qui"!
Remember that relative clauses may also refer to objects, and they are placed with the word they refer to.
=> In this particular case, the MC and the SC **do not necessarily have the same subject**!

Example:
Je cherche une personne **qui habite à Paris**.
=> Je cherche une personne **habitant à Paris**.
(I am looking for a person who lives in Paris/ a person living in Paris.)

DISTINGUISH:
J'ai retrouvé Philippe **en sortant** de la maison.
= J'ai retrouvé Philippe quand je suis sorti de la maison.
(= I met Philippe again as I was leaving the house.)

J'ai retrouvé Philippe **sortant** de la maison.
= J'ai retrouvé Philippe qui sortait de la maison.
(= I met Philippe, who was just leaving the house.)

(2) Shortening a causal clause

The SC has to have the same subject as the MC. (See "For perfectionists".)

Examples:
Comme j'avais faim, je me suis fait un sandwich.
=> **Ayant faim**, je me suis fait un sandwich.
(Hungry, I made myself a sandwich.)

Je suis venu te voir **parce que** j'étais inquiet.
=> **Étant inquiet**, je suis venu te voir.
(I came to see you because I was worried.)

For perfectionists:
Sometimes the SC with a participe présent in it may have its own subject as long as it is not "ce" or a personal pronoun. (= absolute participial construction)
Example:
Cette école (subject of the SC) **étant** une institution reconnue, **beaucoup d'élèves** (subject of the MC) veulent y entrer.
(Because this school is of high standing, many students want to go there.)

Apart from causal clauses and relative clauses with qui you may find other kinds of clauses that are shortened with a participe présent, like temporal clauses, conditional clauses, modal clauses, etc. For them the use of the gérondif as explained above is far more common.

5.4 L'adjectif verbal

Few verbs can form adjectives ending in -ant.
These adjectives agree in gender and number with the noun they refer to, just like every adjective (I.5.1, p. 55). Do not confuse them with the gérondif or the participe présent.

Example:
intéresser => intéressant,e; des histoires intéressantes
amuser => amusant,e; des filles amusantes

DISTINGUISH:
des histoires intéressantes (adjectif verbal)
= ces histoires sont intéressantes

des histoires intéressant **les gens** (participe présent)
= des histoires qui intéressent les gens
(The participe présent always has a complement, in this case: les gens.)

SPELLING:
Some verbs have different forms for their adjectif verbal and their participe présent forms. Also, the meaning may be different (éclater = to burst; un rouge éclatant = a vivid red).
When in doubt look up the adjectif verbal form in a dictionary.

Example:
précéder
participe présent: précédant
adjectif verbal: précédent,e

fatiguer
participe présent: fatiguant
adjectif verbal: fatigant,e

différer
participe présent: différant
adjectif verbal: différent,e

provoquer
participe présent: provoquant
adjectif verbal: provocant,e

Exercises

A. Remplacez la proposition subordonnée (= SC) **ou une des propositions coordonnées** (= MC) **soit par un gérondif, soit par un participe présent.** (solution p. 250)

1. Comme il avait fait déborder le lait, Philippe a dû passer la serpillière. *(déborder = here: to boil over; la serpillière = mop)*
2. Le chien du voisin aboie toujours quand il m'entend ouvrir la porte. *(aboyer = to bark)*
3. J'ai travaillé dur et j'ai réussi mon examen.
4. M. Lemalin a acheté une voiture qui consomme le moins d'essence possible.
5. Si vous ne faites pas votre travail aujourd'hui, vous risquez de devoir en faire le double demain.
6. Pendant que je me promenais, je réfléchissais à mon avenir. *(l'avenir, m. = future)*
7. M. Clocher a changé de métier parce qu'il ne trouvait plus d'emploi dans son ancienne profession.
8. Vous éviterez les embouteillages si vous prenez le train. *(un embouteillage = traffic jam)*
9. J'accepte l'invitation à dîner bien que je n'aie pas l'intention de venir.
10. À condition d'être persévérant, tu réussiras dans ton entreprise.

B. Reliez les phrases à l'aide d'un gérondif ou d'un participe présent. (solution p. 250)

1. J'entends sonner la cloche d'entrée. Je vais ouvrir la porte.
2. Je m'habille déjà. Comme ça, je serai prêt. *(prêt,e = ready)*
3. Je vais faire mes courses à pied. De cette manière, je fais un peu de sport. *(faire les courses = to go shopping)*
4. Tu commandes un plat de frites. *Pourtant,* tu sais que c'est mauvais pour ta santé. *(pourtant = yet, though)*
5. Je fais réparer la voiture. Comme ça, je pourrai venir te voir.
6. J'ouvre mon courrier. En même temps, je pense à autre chose. *(le courrier = mail, post, letters)*
7. Mme Baudoin est malade. Elle ne viendra pas aujourd'hui.
8. Marche plus vite. *Ainsi*, tu seras à l'heure. *(ainsi = in this way)*
9. Je cherche une personne. Cette personne comprend mieux le français que moi.
10. Alexandre fait une déclaration d'amour à Isabelle. Il cherche ses mots. *(chercher ses mots = to struggle for words)*

C. Traduisez par un gérondif ou par un participe présent – si possible. (solution p. 250)

1. I learn by listening.
2. As she wrote this letter, Nadja wept. *(to weep = pleurer)*
3. He was busy doing his homework (être occupé à faire qc.)
4. Wipe your feet before entering (s'essuyer les pieds).
5. Smoking is bad for your health. (fumer; la santé)
6. My being late annoys everyone. (ennuyer qn.)

Answer Keys

Solutions for A

L1. Ayant fait déborder le lait, Philippe a dû passer la serpillière.
L2. Le chien du voisin aboie toujours en m'entendant ouvrir la porte.
L3. En travaillant dur, j'ai réussi mon examen.
L4. M. Lemalin a acheté une voiture consommant le moins d'essence possible.
L5. En ne faisant pas votre travail aujourd'hui, vous risquez de devoir en faire le double demain.
L6. En me promenant, je réfléchissais à mon avenir.
L7. M. Clocher a changé de métier, ne trouvant plus d'emploi dans son ancienne profession.
L8. Vous éviterez les embouteillages en prenant le train.
L9. J'accepte l'invitation à dîner tout en n'ayant pas l'intention de venir.
L10. En étant persévérant, tu réussiras dans ton entreprise.

Solutions for B

L1. Entendant sonner la cloche d'entrée, je vais ouvrir la porte.
L2. En m'habillant déjà, je serai prêt.
L3. En faisant mes courses à pied, je fais un peu de sport.
L4. Tu commandes un plat de frites tout en sachant que c'est mauvais pour ta santé.
L5. En faisant réparer la voiture, je pourrai venir te voir.
L6. J'ouvre mon courrier en pensant à autre chose.
L7. Étant malade, Mme Baudoin ne viendra pas aujourd'hui.
L8. En marchant plus vite, tu seras à l'heure.
L9. Je cherche une personne comprenant mieux le français que moi.
L10. Alexandre fait une déclaration d'amour à Isabelle en cherchant ses mots.

Solutions for C

L1. J'apprends en écoutant.
L2. En écrivant cette lettre, Nadja pleurait.
L3. Il était occupé à faire ses devoirs.
=> French infinitive construction that translates into an English gerund (III.1.6, p. 116)
L4. Essuie tes pieds avant d'entrer.
=> French infinitive clause that translates into an English gerund (V.4, 241)
L5. Fumer est mauvais pour la santé.
=> A gerund as the subject translates into an infinitive in French.
L6. Mon retard ennuie tout le monde.
=> English gerunds with possessives like the one in this example have to be translated differently, e.g., with a noun or a subordinate clause.

Appendix

Punctuation

.	le point	?	le point d'interrogation
,	la virgule	!	le point d'exclamation
;	le point-virgule	–	le tiret
:	les deux points	-	le trait d'union
( )	les parenthèses	« »	les guillemets

Some indications about the usage:

The comma
The comma marks a pause in a sentence. Use it especially with:
(1) Adverbial elements placed at the beginning of a sentence (III.1.1, p. 108)

Examples:
Ce soir, j'irai au cinéma.
À la boulangerie, j'ai rencontré Mme Martineau.
À cause de mon rhume, j'ai dû rester au lit.
Heureusement, j'avais pris mes précautions.

(2) Relative clauses that give additional information or that explain s.th. (V.1, p. 209) (i.e., non-dependent or extra information relative clauses).
=> NOT if the relative clause gives *indispensable* information about the part of the sentence it refers to (i.e., dependent relative clauses).

Example without comma:
La chaise que j'ai réparée hier est de nouveau cassée.
Example with comma:
M. Merlot a décidé de devenir acrobate, ce qui m'étonne.

(3) Subordinate clauses that are placed before the main clause.

Example:
Quand je suis arrivé, le train était déjà parti.

(4) Enumerations

Example:
J'ai acheté du pain, du lait et des œufs.

(5) Segmented parts of the clause (= parts that get repeated for emphasis) (II.1.2, p. 86)

Example:
Toi, tu n'es jamais d'accord.
J'ai fait ma part de travail, moi.
Ta voiture, je ne l'ai pas vue.

Direct speech, quotation marks:
There are different ways to mark direct speech in French. «...» is a possibility, but very often you will see dialogues that begin with a dash.
(Note: inversion of the subject and the predicate is possible if "he says" etc. is put after the direct speech; no need to do so, but it is more elegant.)
Examples:
«Tu as faim?», me demande Marc. (... Marc me demande.)
— Tu es un menteur, ai-je dit à Xavier, tu racontes n'importe quoi.
— Répète un peu, m'a-t-il répondu en me regardant de travers.
(... j'ai dit.../... il m'a répondu...)

Numbers

Cardinal numbers:

0	zéro		
1	un, une	11	onze
2	deux	12	douze
3	trois	13	treize
4	quatre	14	quatorze
5	cinq	15	quinze
6	six	16	seize
7	sept	17	dix-sept
8	huit	18	dix-huit
9	neuf	19	dix-neuf
10	dix	20	vingt
21	vingt et un,e	70	soixante-dix *(B*: septante)*
22	vingt-deux	71	soixante et onze
23	vingt-trois	72	soixante-douze
24	vingt-quatre	...	...
25	vingt-cinq	79	soixante-dix-neuf
26	vingt-six	80	quatre-vingts *(B: octante)*
27	vingt-sept	81	quatre-vingt-un,e
28	vingt-huit	82	quatre-vingt-deux
29	vingt-neuf	...	...
30	trente	90	quatre-vingt-dix *(B: nonante)*
40	quarante	91	quatre-vingt-onze
50	cinquante	92	quatre-vingt-douze
60	soixante	99	quatre-vingt-dix-neuf

B = Belgium (and French-speaking Switzerland, where 80 is also "huitante")

100 cent
101 cent un,e
200 deux cent**s**
201 deux cent un
329 trois cent vingt-neuf

1000 mille
2311 deux mille trois cent onze
100.000 cent mille
1.000.000 un million
2.000.000 deux millions

N.O.: The 1990 spelling reform allows to hyphenate *all* compound numbers: vingt-et-un,e, deux-cent-un, deux-mille-trois-cent-onze, etc.

Ordinal numbers:

NOTE: *First* is irregular and with *second* there are two possible forms; after this it is usually *ordinal number = cardinal number + ième*, shortened to e.g., 4e or to 4ème.

1er	le premier	10e	le/la dixième
1re	la première	11e	le/la onzième
2nd	le second	17e	le/la dix-septième
2nde	la seconde	20e	le/la vingtième
2e	le/la deuxième	21e	le/la vingt et unième
3e	le/la troisième	60e	le/la soixantième
4e	le/la quatrième	70e	le/la soixante-dixième
5e	le/la cinquième	80e	le/la quatre-vingtième
9e	le/la neuvième	100e	le/la centième

Usage:

Dates: The very first day of a month gets an ordinal number, the others get cardinal numbers!
Examples: le 1er janvier; le 3 mars

Dozens and the like:
une douzaine (a dozen)
une trentaine (about thirty)
une quarantaine, une cinquantaine etc.
=> possible with 8, 9, 10, 12, 15, 20, 30, 40, 50, 60 and 100, une neuvaine being a novena (devotion of nine days); une huitaine de jours = about a week; une quinzaine de jours = about two weeks

une centaine (about hundred)
des centaines (hundreds of)
un millier (about thousand)
des milliers (thousands of)

Fractions:

1/2 un demi	3/4 trois quarts
1/3 un tiers	4/5 quatre cinquièmes
1/4 un quart	
1/5 un cinquième	1 1/2 un et demi
1/6 un sixième	3 1/4 trois un quart

NOTE:
E: a quarter => F: trois mois/un trimestre
E: a half-year => F: six mois/un semestre
E: half an hour => F: une demi-heure
E: one and a half hours => F: une heure et demie
E: a fortnight => F: quinze jours
E: 1 person out of 4 => F: une personne sur quatre

Time:

1 h => Il est une heure.
2 h => Il est deux heures.
3.05 h / 3 h 05 => Il est trois heures cinq.
3.55 h / 3 h 55 => Il est trois heures cinquante-cinq.

5.15 h / 5 h 15 => Il est cinq heures **et quart**.
5.45 h / 5 h 45 => Il est six heures **moins le quart**.
4.30 h /4 h 30 => Il est quatre heures **et demie**.
6.20 h/6 h 20 => Il est six heures vingt.
6.40 h/ 6 h 40 => Il est sept heures **moins vingt**.

12.30 h/ 12 h 30 => Il est midi et demie.
0 h => Il est minuit. *(midnight)*
20 h => Il est vingt heures/huit heures du soir.
15 h => Il est quinze heures/trois heures de l'après-midi.
3 h => Il est trois heures du matin.

Capitalization

Although the use of capital letters may vary (e.g., to put emphasis: l'Histoire avec un grand «H»), you should capitalize the following groups of words.

1. Names (persons, countries, cities, streets, rivers, mountains, residents, peoples, nations, products etc.) as long as they are not used as adjectives.
Examples: les Français (but: la langue française), la Loire, la France, Paris, rue Saint-Honoré (but: saint Pierre), place de la Concorde, le pôle Sud, l'Amérique du Nord (= region; but: le vent du nord = cardinal point)

2. Holidays, religious names
Examples: Noël, Pâques, la Pentecôte, la Toussaint, Dieu

3. Historic events, Ages
Examples: la Première Guerre mondiale, la Belle Époque

4. Addresses, official functions
Examples: Monsieur le Directeur, le Premier Ministre (but: le roi Henri IV, le comte de Monte-Cristo)

5. Institutions, titles (e.g., newspapers or books)
Examples: l'Institut Pasteur, l'O.N.U. (= l'Organisation des Nations Unies), l'Assemblée nationale, l'État, Le Monde (newspaper), le Malade imaginaire (Molière)

Table of verbs

A. How to derive verb forms

First learn the forms of the **présent** (IV.1, p. 149). Then you can derive from it the regular forms of other tenses and moods, as shown in this table!

	Stem	Ending
Imparfait (IV.3.1, p. 168)	**1st person pl.** (présent)	**-ais, -ais, -ait,** **-ions, -iez, -aient**
Futur simple (IV.4.2, p. 181)	**Infinitive** (+1st p.sg. prés.)	**-ai, -as, -a,** **-ons, -ez, -ont**
Conditionnel prés. (IV.5.1, p. 186)	**Infinitive** (+1st p.sg. prés.)	**-ais, -ais, -ait,** **-ions, -iez, -aient**
Subjonctif prés. (V.3.1, p. 228)	**3rd person pl.** (présent)	**-e, -es, -e,** **-ions, -iez, -ent**
Participe prés. (V.5.1, p. 244)	**1st person pl.** (présent)	**-ant**
Participe passé (IV.2.1, p. 158)	verbs in **-er** verbs in **-dre** verbs in **-ir**	**-é** **-u** **-i**

Look up particularities in the corresponding chapters.

Compound tenses (IV.2.1, p. 158):
Learn the forms of avoir and être in every simple tense and know the participes passés, then you can derive every compound tense!

avoir/être (corresp. tense) + participe passé

passé composé = avoir/être in the **présent** + p.p.
=> IV.3.2, p. 169
plus-que-parfait = avoir/être in the **imparfait** + p.p.
=>IV.3.3, p. 170
futur antérieur = avoir/être in the **futur simple** + p.p.
=> IV.4.3, p. 182
conditionnel passé = avoir/être in the **conditionnel prés.** + p.p.
=> IV.5.2, p. 187
subjonctif passé = avoir/être in the **subjonctif prés.** + p.p.
=> V.3.1 at (2), p. 229

B. Table of most commonly used verbs

NOTE: If you often need to look up special verbs, get a reference book dedicated to that usage. It will be more complete and will come in handy. (=> there is one in progress in this series of books)

1. Verbs ending in -er: parler (p.p. parlé)

	présent	imparfait	futur simple	subj.
je	parle	parlais	parlerai	parle
tu	parles	parlais	parleras	parles
il	parle	parlait	parlera	parle
ns	parlons	parlions	parlerons	parlions
vs	parlez	parliez	parlerez	parliez
ils	parlent	parlaient	parleront	parlent

Likewise: regarder, porter, tomber, arriver, penser, entrer, monter, rester and many others!
=> With the impératif of the 2nd p.sg. the -s is dropped (Parle. Parlons. Parlez. IV.1.1, p. 149)

(a) Particularities with -ger and -cer: manger and lancer

	présent	imparfait	futur simple	subj.
je	mange	mangeais	mangerai	mange
ns	mangeons	mangions	mangerons	mangions
ils	mangent	mangeaient	mangeront	mangent
je	lance	lançais	lancerai	lance
ns	lançons	lancions	lancerons	lancions
ils	lancent	lançaient	lanceront	lancent

like manger: nager, partager, diriger, songer, s'engager, plonger, changer, ranger, charger, bouger, juger, obliger, se venger
like lancer: commencer, avancer, forcer, placer, prononcer, annoncer, menacer

(b) Verbs with a second stem:

lever, jeter, espérer

	présent	imparfait	futur simple	subj.
je	lève	levais	lèverai	lève
ns	levons	levions	lèverons	levions
ils	lèvent	levaient	lèveront	lèvent
je	jette	jetais	jetterai	jette
ns	jetons	jetions	jetterons	jetions
ils	jettent	jetaient	jetteront	jettent

j' ns ils	espère espérons espèrent	espérais espérions espéraient	espérerai* espérerons espéreront	espère espérions espèrent

like lever: acheter, emmener, mener, enlever, ramener, peser, achever, se promener
like jeter: appeler (j'appelle), se rappeler, projeter, rejeter
like espérer: préférer, céder, s'inquiéter, répéter, exagérer, compléter, posséder
* *accepted as well (N.O.):* j'espèrerai, *etc.*

(c) Particularities with -yer: essayer

	présent	imparfait	futur simple	subj.
je ns ils	essaie essayons essaient	essayais essayions essayaient	essaierai essaierons essaieront	essaie essayions essaient

Likewise: payer, s'ennuyer, employer, nettoyer, aboyer, (se) noyer, effrayer
(With -ayer the older form "j'essaye" is also possible.)

2. Verbs ending in -dre: rendre (p.p. rendu)

	présent	imparfait	futur simple	subj.
je tu il ns vs ils	rends rends rend rendons rendez rendent	rendais rendais rendait rendions rendiez rendaient	rendrai rendras rendra rendrons rendrez rendront	rende rendes rende rendions rendiez rendent

Likewise: attendre, confondre, défendre, descendre, entendre, pendre, perdre, répondre, tendre, vendre

3. Verbs ending in -ir

(a) Group sortir (p.p. sorti)

	présent	imparfait	futur simple	subj.
je tu il ns vs ils	sors sors sort sortons sortez sortent	sortais sortais sortait sortions sortiez sortaient	sortirai sortiras sortira sortirons sortirez sortiront	sorte sortes sorte sortions sortiez sortent

Likewise: partir, dormir, servir, sentir, mentir

(b) Group finir (p.p. fini)

	présent	imparfait	futur simple	subj.
je tu il ns vs ils	finis finis finit finissons finissez finissent	finissais finissais finissait finissions finissiez finissaient	finirai finiras finira finirons finirez finiront	finisse finisses finisse finissions finissiez finissent

Likewise: choisir, réagir, remplir, réussir, réfléchir, nourrir, ralentir, unir, envahir

4. Irregular verbs

aller (p.p. allé)

	présent	imparfait	futur simple	subj.
je tu il ns vs ils	vais vas va allons allez vont	allais allais allait allions alliez allaient	irai iras ira irons irez iront	aille ailles aille allions alliez aillent

impératif: va, allons, allez

(s')asseoir (p.p. assis)
=> two forms are possible

	présent	imparfait	futur simple	subj.
j' ns ils	assieds asseyons asseyent	asseyais asseyions asseyaient	assiérai assiérons assiéront	asseye asseyions asseyent
j' ns ils	assois assoyons assoient	assoyais assoyions assoyaient	assoirai assoirons assoiront	assoie assoyions assoient

Likewise: se rasseoir
N.O.: The 1990 spelling reform permits dropping the e in the infinitive: assoir, se rassoir.

avoir (p.p. eu)

	présent	imparfait	futur simple	subj.
j' tu il ns vs ils	ai as a avons avez ont	avais avais avait avions aviez avaient	aurai auras aura aurons aurez auront	aie aies ait ayons ayez aient

impératif: **aie, ayons, ayez**

battre (p.p. battu)

	présent	imparfait	futur simple	subj.
je ns ils	bats battons battent	battais battions battaient	battrai battrons battront	batte battions battent

Likewise: combattre, abattre, débattre etc.

boire (p.p. bu)

	présent	imparfait	futur simple	subj.
je ns ils	bois buvons boivent	buvais buvions buvaient	boirai boirons boiront	boive buvions boivent

...

connaître => see paraître

courir (p.p. couru)

	présent	imparfait	futur simple	subj.
je ns ils	cours courons courent	courais courions couraient	courrai courrons courront	coure courions courent

Likewise: secourir, accourir, concourir, discourir, encourir, parcourir, recourir

craindre (p.p. craint)

	présent	imparfait	futur simple	subj.
je ns ils	crains craignons craignent	craignais craignions craignaient	craindrai craindrons craindront	craigne craignions craignent

Likewise: plaindre, contraindre
Likewise, but with e instead of a: peindre (je peins etc.), atteindre
Likewise, but with o instead of a: joindre (je joins etc.), rejoindre

croire (p.p. cru)

	présent	imparfait	futur simple	subj.
je ns ils	crois croyons croient	croyais croyions croyaient	croirai croirons croiront	croie croyions croient

...

cueillir (p.p. cueilli)

	présent	imparfait	futur simple	subj.
je ns ils	cueille cueillons cueillent	cueillais cueillions cueillaient	cueillerai cueillerons cueilleront	cueille cueillions cueillent

Likewise: accueillir, recueillir

cuire (p.p. cuit)

	présent	imparfait	futur simple	subj.
je ns ils	cuis cuisons cuisent	cuisais cuisions cuisaient	cuirai cuirons cuiront	cuise cuisions cuisent

Likewise: construire, détruire, conduire, traduire => every verb in -duire and -(s)truire

devoir (p.p. dû)

	présent	imparfait	futur simple	subj.
je ns ils	dois devons doivent	devais devions devaient	devrai devrons devront	doive devions doivent

...

dire (p.p. dit)

	présent	imparfait	futur simple	subj.
je tu il ns vs ils	dis dis dit disons **dites** disent	disais disais disait disions disiez disaient	dirai diras dira dirons direz diront	dise dises dise disions disiez disent

Likewise: redire
Caution: interdire, contredire, prédire => 2nd p.pl. présent = vous interdisez, vous contredisez, vous prédisez

écrire (p.p. écrit)

	présent	imparfait	futur simple	subj.
j' ns ils	écris écrivons écrivent	écrivais écrivions écrivaient	écrirai écrirons écriront	écrive écrivions écrivent

Likewise: décrire, inscrire, prescrire, souscrire etc.

envoyer (p.p. envoyé)

	présent	imparfait	futur simple	subj.
j' ns ils	envoie envoyons envoient	envoyais envoyions envoyaient	enverrai enverrons enverront	envoie envoyions envoient

Likewise: renvoyer

être (p.p. été)

	présent	imparfait	futur simple	subj.
je tu il ns vs ils	suis es est sommes êtes sont	étais étais était étions étiez étaient	serai seras sera serons serez seront	sois sois soit soyons soyez soient

impératif: **sois, soyons, soyez**

faire (p.p. fait)

	présent	imparfait	futur simple	subj.
je tu il ns vs ils	fais fais fait faisons **faites** font	faisais faisais faisait faisions faisiez faisaient	ferai feras fera ferons ferez feront	fasse fasses fasse fassions fassiez fassent

Likewise: refaire, défaire, satisfaire

falloir (p.p. fallu)

	présent	imparfait	futur simple	subj.
il	faut	fallait	faudra	faille

...

lire (p.p. lu)

	présent	imparfait	futur simple	subj.
je ns ils	lis lisons lisent	lisais lisions lisaient	lirai lirons liront	lise lisions lisent

Likewise: relire, élire, réélire

mettre (p.p. mis)

	présent	imparfait	futur simple	subj.
je ns ils	mets mettons mettent	mettais mettions mettaient	mettrai mettrons mettront	mette mettions mettent

Likewise: permettre, promettre, admettre, transmettre, remettre

mourir (p.p. mort)

	présent	imparfait	futur simple	subj.
je ns ils	meurs mourons meurent	mourais mourions mouraient	mourrai mourrons mourront	meure mourions meurent

...

naître => paraître

offrir (p.p. offert)

	présent	imparfait	futur simple	subj.
j' tu il ns vs ils	offre offres offre offrons offrez offrent	offrais offrais offrait offrions offriez offraient	offrirai offriras offrira offrirons offrirez offriront	offre offres offre offrions offriez offrent

Likewise: ouvrir, couvrir, souffrir, découvrir

paraître (p.p. paru)

	présent	imparfait	futur simple	subj.
je tu il ns vs ils	parais parais para**î**t paraissons paraissez paraissent	paraissais paraissais paraissait paraissions paraissiez paraissaient	paraîtrai paraîtras paraîtra paraîtrons paraîtrez paraîtront	paraisse paraisses paraisse paraissions paraissiez paraissent

Likewise: connaître (p.p. connu), apparaître; naître (p.p.: né; passé simple: je naquis)

N.O.: The 1990 spelling reform permits dropping the ^ before the t (paraitre, il parait, je paraitrai, etc.); this does not apply to the passé simple (nous parûmes, vous parûtes).

plaire (p.p. plu)

	présent	imparfait	futur simple	subj.
je tu il ns vs ils	plais plais plaît plaisons plaisez plaisent	plaisais plaisais plaisait plaisions plaisiez plaisaient	plairai plairas plaira plairons plairez plairont	plaise plaises plaise plaisions plaisiez plaisent

Likewise: déplaire, (se) taire (but 3rd p.sg.prés.: il (se) tait)
N.O.: The 1990 spelling reform permits dropping the ^ before the t (il/elle plait) etc.

pleuvoir (p.p. plu)

	présent	imparfait	futur simple	subj.
il	pleut	pleuvait	pleuvra	pleuve

...

pouvoir (p.p. pu)

	présent	imparfait	futur simple	subj.
je tu il ns vs ils	peux peux peut pouvons pouvez peuvent	pouvais pouvais pouvait pouvions pouviez pouvaient	pourrai pourras pourra pourrons pourrez pourront	puisse puisses puisse puissions puissiez puissent

...

prendre (p.p. pris)

	présent	imparfait	futur simple	subj.
je ns ils	prends prenons prennent	prenais prenions prenaient	prendrai prendrons prendront	prenne prenions prennent

Likewise: apprendre, comprendre, surprendre

recevoir (p.p. reçu)

	présent	imparfait	futur simple	subj.
je ns ils	reçois recevons reçoivent	recevais recevions recevaient	recevrai recevrons recevront	reçoive recevions reçoivent

Likewise: (s')apercevoir, décevoir, percevoir, concevoir

résoudre (p.p. résolu)

	présent	imparfait	futur simple	subj.
je ns ils	résous résolvons résolvent	résolvais résolvions résolvaient	résoudrai résoudrons résoudront	résolve résolvions résolvent

Likewise: dissoudre (p.p. dissous (*N.O.:* dissout), f. dissoute)

rire (p.p. ri)

	présent	imparfait	futur simple	subj.
je ns ils	ris rions rient	riais riions riaient	rirai rirons riront	rie riions rient

Likewise: sourire

savoir (p.p. su)

	présent	imparfait	futur simple	subj.
je ns ils	sais savons savent	savais savions savaient	saurai saurons sauront	sache sachions sachent

impératif: **sache, sachons, sachez**

suivre (p.p. suivi)

	présent	imparfait	futur simple	subj.
je ns ils	suis suivons suivent	suivais suivions suivaient	suivrai suivrons suivront	suive suivions suivent

Likewise: poursuivre

venir (p.p. venu)

	présent	imparfait	futur simple	subj.
je ns ils	viens venons viennent	venais venions venaient	viendrai viendrons viendront	vienne venions viennent

Likewise: devenir, prévenir, revenir, tenir, retenir, contenir

vivre (p.p. vécu)

	présent	imparfait	futur simple	subj.
je ns ils	vis vivons vivent	vivais vivions vivaient	vivrai vivrons vivront	vive vivions vivent

Likewise: revivre, survivre

voir (p.p. vu)

	présent	imparfait	futur simple	subj.
je ns ils	vois voyons voient	voyais voyions voyaient	verrai verrons verront	voie voyions voient

Likewise: revoir, entrevoir

vouloir (p.p. voulu)

	présent	imparfait	futur simple	subj.
je	veux	voulais	voudrai	veuille
tu	veux	voulais	voudras	veuilles
il	veut	voulait	voudra	veuille
ns	voulons	voulions	voudrons	voulions
vs	voulez	vouliez	voudrez	vouliez
ils	veulent	voulaient	voudront	veuillent

impératif: **veuille** (/veux), **veuillons** (/voulons), **veuillez** (/voulez). => "veuillez" for politeness; the forms in brackets appear mostly in set phrases

Abbreviations

f.	feminine
fam.	familier (colloquial)
imp.	imperative
m.	masculine
MC	main clause
N.O.	nouvelle orthographe*
p.	person
p.c.	passé composé
p.p.	participe passé
p.-q.-p.	plus-que-parfait
pl.	plural
qc.	quelque chose (something)
qn.	quelqu'un (someone)
s.o.	someone
s.th.	something
SC	subordinate clause
sg.	singular
subj.	subjonctif

* This refers to the 1990 spelling reform, which allows/recommends a different spelling for a very limited number of words. Until recently, adoption of the new spelling of words was variable across the French-speaking world, but its usage is likely to become more widespread.

Your notes:

Impressum: Details

Miriam Rodary
Wiesbadenerstr. 112
D - 61462 Königstein
Germany

Make suggestions or report errors by e-mail (via the website).

https://ambitiouslearners.jimdo.com

About the author:
I am a translator and a teacher with a degree in Romance languages and literature (French). French and German are my native languages. I will be producing other books in this series, so please take a look at the website.

Printed in Great Britain
by Amazon